누구나
한번쯤
읽어야할
사서삼경

삶을 일깨우는 고전산책 시리즈 04

누구나 한번쯤 읽어야 할 사서삼경

미리내공방 편저

읽으면 힘을 얻고
깨달음을 주는 지혜의 고전

정민
미디어

흔히 '사서삼경四書三經'을 유학의 지침서라고 한다. 분명 틀리지 않은 말이다. 그러나 사서삼경을 온전히 논하는 데 다소 부족한 정의이지 싶다. 유학 영역으로만 한정하기에는 사서삼경의 품이 너무 넓기 때문이다. 실상 사서삼경은 유학의 지침서를 넘어 동양인의 지침서, 더 나아가 동서고금을 아우르는 인생 지침서이다.

알다시피 사서삼경은 7권의 책을 한데 묶어 일컫는 것으로, 사서는 《논어論語》·《맹자孟子》·《중용中庸》·《대학大學》을, 삼경은 《시경詩經》·《서경書經》·《역경易經(주역周易)》을 의미한다. 여기에는 인仁과 예禮, 효孝와 충절, 믿음과 우애, 지식과 탐구 등 사람이 살아가면서 알아두어야 할 것이 총망라되어 있다. 그런 만큼 사서삼경은 인간의 정신적 양식서라고 해도 과언이 아니겠다.

《맹자》에 이런 구절이 있다.

'사람이 좋은 옷을 입고 배불리 먹으며 따뜻한 곳에서 잠만 잔다면 개돼지와 뭐가 다르겠는가?'

살아가는 데 무엇보다 중요한 것이 의식주다. 하지만 그것만 가지고는 사람답게 살 수 없다. 정신이 가난하면 아무리 풍족한 의식주를 누릴지라도 사람들에게 인정받지 못한다. 맹자는 바로 그 점을 꿰뚫어 보고 사람들에게 경고한 것이다.

오늘날에도 사서삼경은 우리의 정신을 풍요롭게 살찌우는 데 더없이 좋은 경전이다. 하지만 우리 대다수는 그 사실을 알면서도 그냥 지나치거나 접할 기회를 다음으로 미루기 일쑤다. 이는 '사서삼경은 난해하고 고루한 옛날 책'이라는 막연한 선입견 때문일 것이다.

'과연 어떻게 하면 사서삼경을 좀 더 많은 이에게 인생의 지침서로서 쉽게 전할 수 있을까?'

이 책은 바로 이 지점에서 출발했다. 이 책은 사서삼경이라는 7권이 어떤 경전이며, 무슨 내용을 담고 있고, 무엇을 강조하는지 총 7장에 걸쳐 쉬운 설명으로 일목요연하게 밝혀줄 것이다. 물론 7권의 전문을 온전히 다룬 것은 아니지만 각 권의 핵심 내용은 충분히 담아냈다. 이로써 사서삼경을 큰 틀에서 한 번씩 음미할 수 있을 것이다.

이 책을 통해 사서삼경에 입문하고 향후 조예가 깊어진다면 더 바랄 나위가 없겠다. 한 번 주어진 일생을 제대로 살고자 하는 이들에게, 특히 나름의 비전으로 인생을 펼쳐나갈 청소년들에게 이 책의 일독을 권한다.

미리내공방

論語

논어

논어란?

❀《논어》는 어떤 책인가

《논어》는 유가儒家의 성전聖典으로, 유교의 근본 사상을 다루고 있다. 이 책에는 공자孔子가 생전에 제자, 관료 들과 교감하면서 드러낸 사상과 언행이 압축적으로 수록되어 있다. 이 모든 내용은 공자가 죽은 뒤 그의 제자들이 편찬한 것인데, '논어'라는 책 제목을 누가 붙였는지는 불분명하다.

❀ 공자는 어떤 인물인가

공자는 기원전 551년에 오늘날 산동성山東省 곡부曲阜 지방인 노魯나라 추읍陬邑의 작은 마을에서 태어났다. 그의 아버지는 당시 추읍 대부大夫로서 연로한 숙량흘叔梁紇이었고, 어머니는 안징재顔徵在라는 젊은 후처였다.

공자의 원래 이름은 구丘였는데, 이는 머리가 움푹 들어간 데서 비롯되었다. 어린 시절 그는 놀 때 항상 제사에 쓰는 그릇인 조두俎 豆를 늘어놓고 그 의식에 맞는 예법을 흉내 내곤 했다. 열아홉 살 때 그는 곡식 창고를 관리하는 관원 '위리委吏'가 되었는데 계산이 매우 정확했다.

공자는 아들 공리孔鯉, 자는 백어(伯魚)를 낳았는데, 그는 공자보다 먼 저 세상을 떠났다. 이후 공리의 아들이자 공자의 손자인 공급孔伋, 자 는 자사(子思)이 대를 이었는데, 그는 《중용中庸》의 저자로 알려져 있다.

공자는 30대 때부터 60대 때까지 자신의 사상을 천하에 펼치고 자 제자들과 여러 나라를 전전하며 벼슬살이를 했다. 그는 천하를 주유하며 도덕에 근거한 인仁의 정치를 주장했다. 하지만 끝내 받아 들여지지 않았고, 말년에 귀향하여 학문과 후학 양성에 전념했다.

● 공자의 사상

공자의 핵심 사상은 인仁과 예禮이다. 여기에 애愛를 바탕으로 한 용서, 즉 서恕를 중요한 덕목으로 여겼다. 또한 정치에서는 덕德으 로써 백성을 다스리며, 정正을 기본으로 하여 모범을 보이라고 가르 쳤다.

❀《논어》의 구성

《논어》는 총 20편으로 구성되어 있다. 각 편의 제목은 주로 맨 처음의 2자 또는 3자를 따서 붙였다. 그러다 보니 제목만으로는 각 편의 내용을 한눈에 알아보기 어렵다. 그 구성은 다음과 같다.

1. 학이學而, 2. 위정爲政, 3. 팔일八佾, 4. 이인里仁, 5. 공야장公冶長, 6. 옹야雍也, 7. 술이述而, 8. 태백泰伯, 9. 자한子罕, 10. 향당鄕黨, 11. 선진先進, 12. 안연顏淵, 13. 자로子路, 14. 헌문憲問, 15. 위령공衛靈公, 16. 계씨季氏, 17. 양화陽貨, 18. 미자微子, 19. 자장子張, 20. 요왈堯曰

❀ 그밖에

《논어》의 문장은 간결할뿐더러 대단히 압축적이다. 뛰어난 수사修辭가 그 함축성을 더해주고 있어 여러 번 음미하며 읽어야 비로소 그 뜻을 헤아릴 수 있다. 그렇다고《논어》의 문장이 어렵다는 것은 아니다. 오히려 문장 자체는 아주 쉽다. 단지 읽을수록 새로운 영감이 새록새록 솟아나는 그런 문장이라는 뜻이다. 그래서 북송北宋의 철학자 정자程子, 정호(程顥)·정이(程頤) 형제는《논어》에 대해 이렇게 평했다.

'열일곱 살부터 논어를 읽었는데, 그때에도 이미 문장의 뜻은 알고 있었다. 그러나 논어를 오래도록 읽을수록 그 뜻이 더욱 의미심

장해짐을 느꼈다.'

　정자는《논어》를 읽고 난 뒤 네 부류의 사람이 나타난다고 했다.

　'첫째, 아무런 감흥을 느끼지 못하는 사람이 있다. 둘째, 그중 한두 구절을 얻고 기뻐하는 사람이 있다. 셋째, 그것을 좋아할 줄 알게 되는 사람이 있다. 넷째, 덩실덩실 손발이 절로 들썩이는 것도 모르는 사람이 있다.'

성인 공자

자 왈 십 실 지 읍
子曰 十室之邑

필 유 충 신 여 구 자 언 불 여 구 지 호 학 야
必有忠信 如丘者焉 不如丘之好學也

공자가 말했다.
열 집쯤 되는 작은 마을에도 나만큼 충직하고 믿을 만한 사람은 꼭 있을 것이다.
그러나 나만큼 배우기를 좋아하는 사람은 없을 것이다.

_공야장 公冶長 27

공자는 세 살 때 아버지를 여의었다. 그 때문에 그의 어머니가 홀로 집안 살림을 꾸려나가야 했는데, 자연히 매우 가난했다. 그러다 보니 글방에 다니며 공부하는 것은 언감생심이었다. 어떡하든 집안을 도와야 했기에 그는 어린 나이에도 공사장에 나가 돌을 나르거나 목공의 조수 노릇을 하며 돈을 벌었다.

하지만 그 불우한 환경에서도 공자는 학문을 포기하지 않았다. 일을 마치고 귀가할라치면 그는 녹초가 된 몸을 또다시 바로 세우며 늦은 밤까지 책을 읽었다.

'나만큼 배우기를 좋아하는 사람은 없을 것이다'라는 공자의 말을 통해, 우리는 그가 당시 학문에 얼마나 큰 자부심을 가졌었는지 알 수 있다. 분명 그는 대단한 노력가였다. 그는 길을 가는 행인 세 명 중에도 스승이 있다고 말할 정도로 누구에게든 배웠다. 선한 사람을 본받아 더욱 선해지려 노력했고, 악한 사람을 반면교사로 삼아 악해지지 않으려 부단히 수양했다.

결국 공자는 사람으로서 이를 수 있는 최고의 경지에 올랐으니, 예수 · 석가 · 소크라테스와 함께 세계 4대 성인이 되었다.

공자는 결코 신이 아니다. 다만, '신 같은 사람'일 뿐이다.

평생 학문에 뜻을 두고

<ruby>子<rt>자</rt></ruby><ruby>曰<rt>왈</rt></ruby> <ruby>我<rt>아</rt></ruby><ruby>非<rt>비</rt></ruby><ruby>生<rt>생</rt></ruby><ruby>而<rt>이</rt></ruby><ruby>知<rt>지</rt></ruby><ruby>之<rt>지</rt></ruby><ruby>者<rt>자</rt></ruby>

<ruby>好<rt>호</rt></ruby><ruby>古<rt>고</rt></ruby> <ruby>敏<rt>민</rt></ruby><ruby>以<rt>이</rt></ruby><ruby>求<rt>구</rt></ruby><ruby>之<rt>지</rt></ruby><ruby>者<rt>자</rt></ruby><ruby>也<rt>야</rt></ruby>

공자가 말했다.
나는 결코 나면서부터 아는 사람이 아니다.
단지 옛것을 좋아하여 부지런히 구하는 사람일 뿐이다.

_술이 述而 19

論語

위 문장은 공자의 인생관과 더불어 학자로서의 면모가 어떠했는
지를 잘 보여준다.

공자는 어려서부터 불우했지만 그럼에도 학문을 놓지 않았다.
배울 수만 있다면 물불을 가리지 않았다. 딱히 정해진 스승 또한 없
었으니, 누구나 다 공자의 스승이었다.

공자는 이렇게 말했다.

"세 사람이 함께 걸어가고 있다면 그중에 나의 스승이 반드시 있
게 마련이다. 나는 그들 가운데에서 착한 사람의 선한 행동은 본받

18

을 것이고, 허물이 있는 사람을 통해서는 그를 거울삼아 내 잘못을 고칠 것이다."

공자는 매사 받아들이려는 열린 자세를 취했기에 잘났든 못났든 누구나 공자의 스승이 될 수 있었다.

공자는 그 겸허한 자세를 유지하며 평생 학문을 탐했다. 학문에 임하면서 공자가 가장 중시한 것은 바로 '옛것'이었다. 옛것이란 고리타분한 옛날 학문을 가리키는 게 아니다. 이미 배운 것, 또는 과거의 훌륭한 글을 일컫는다.

'옛것을 열심히 익혀라. 그리하면 그것을 미루어서 새것을 알 수 있다.'

이것이 바로 '온고지신溫故知新'이다.

지나간 것을 제대로 알지 못하면, 현재 벌어지고 있는 새로운 상황을 온전히 파악할 수 없다. 또 현재의 상황을 정확히 파악하지 못하면, 향후 닥칠 일을 올바로 예단할 수 없다. 이런 점에서 옛것을 익힌다는 것은 현재뿐만 아니라 미래를 통찰하는 중요한 밑바탕이 된다.

공자가 인류의 위대한 스승이 될 수 있었던 것은 학문하는 법, 즉 '온고지신'을 그의 인생을 통해 보여줬기 때문이다.

무덤만이 사람이 쉴 곳

論語

학문을 하다가 싫증이 난 제자 자공이 공자에게 말했다.

"잠시라도 좋으니 좀 쉬었으면 합니다만……."

자공은 몹시 피곤한 표정을 지으며 말끝을 흐렸다.

"사람의 삶에는 쉴 곳이란 없는 법이다."

자공이 실망한 눈치로 다시 입을 열었다.

"그렇다면 사람이 살아가면서 잠시 쉬지도 못한단 말씀입니까?"

공자는 잠시 눈을 감더니 이내 대답했다.

"쉴 곳이 딱 한 군데 있기는 하지."

공자는 먼 곳의 한 지점을 가리켰다. 자공은 고개를 들어 공자의 검지를 따라갔다. 공자의 손끝이 향한 것은 잡초가 무성한 무덤이 었다.

"아니, 저건 무덤 아닙니까?"

"그렇다. 저곳이야말로 모든 사람이 편히 쉴 수 있는 곳이지."

자공은 그제야 깨닫고는 얼른 무릎을 꿇었다.

"스승님, 제가 잘못했습니다. 잠시 게으름병이 도져 정신이 나갔었나 봅니다. 용서해주십시오."

공자가 무덤을 가리킨 까닭은, 죽는 순간까지 학문을 계속해야 한다는 무언의 가르침을 주기 위해서였다. 학문을 그만둔다는 것은 곧 숨을 끊는 일과 같으니, 죽어서 눈을 감은 뒤에나 쉬라는 말이었다.

子曰 _{자왈}

學如不及 猶恐失之 _{학여불급 유공실지}

공자가 말했다

배울 때에는 아직 완전한 수준에 이르지 못했다는

겸허한 마음을 가져야 하며

이미 배운 것을 잊어버리지 않을까 하는

두려움을 가지고 임해야 한다

태백 泰伯
十七

군자는 고루 나누어준다

자왈 군자 식무구포 거무구안 민어사이신어언
子曰 君子 食無求飽 居無求安 敏於事而愼於言
취유도이정언 가위호학야이
就有道而正焉 可謂好學也已

공자가 말했다.
군자는 배부르게 먹는 것과 안락하게 머무는 것을 구하지 않고,
모든 일에 민첩하게 대응하면서 말을 삼가고, 도가 있는 이를 가까이하여
자신을 바로잡는다. 이 정도가 되어야만 가히 학문을 좋아하는 사람이라고 할 수 있다.

_학이 學而 14

조선 세조 때, 이조참판을 지낸 한계희韓繼禧는 매우 청렴한 인물이었다. 그는 여러 관직에 있으면서 적지 않은 녹봉을 받았지만, 그 재물에 집착하지 않았다. 그는 자신의 재물을 가난한 이들에게 고루 나누어주었고, 자신은 나물 반찬에 보리밥으로 끼니를 이어갔다. 그는 낮에는 관료로서 바른 정치를 펼쳤고, 밤에는 선비로서 묵묵히 학문에 정진했다. 사실, 그는 계유정난 때 수양대군세조을 도와 공신이 된 한명회韓明澮와 친척지간이었다.

어느 날, 가난뱅이처럼 생활하는 한계희의 문제를 논의하기 위

해 한씨 문중 사람 모두가 한자리에 모였다.

"양반 체면에 보리밥에 나물로 연명한다니, 이건 우리 가문에 누를 끼치는 일이오. 무슨 대책이 있어야 하지 않겠소?"

문중 사람들은 너나없이 가문의 명예를 걱정했다. 그때 한명회가 나섰다.

"가문의 명예도 살리고, 형님도 도우려면 이 자리에 계신 여러 어르신의 힘이 필요합니다. 모두 여기에 서명을 해주십시오."

한명회는 미리 작성해온 서찰을 그들 앞에 펼쳤다. 그것은 한계희에게 보낼 서찰이었다. 서찰에는 홍인문 밖 고암鼓岩이라는 마을의 논 열 섬지기를 드리겠으니 거두어달라는 내용이 적혀 있었다. 그는 서찰 밑에 하늘 같은 문중 어른들의 서명을 일일이 받았다.

한명회의 기지奇智가 담긴 서찰을 받고 한계희는 어쩔 수 없이 땅을 받아들였다. 그러나 강직한 성품의 그가 그 땅에서 나오는 곡식을 그대로 받아먹을 리 없었다.

이듬해 가을, 추수가 끝나자 한계희는 하인들에게 엄히 말했다.

"고암 땅에서 거둔 곡식을 내 집 안에 한 톨이라도 들이는 자는 용서하지 않을 것이다. 그 곡식들은 고암 주변의 어려운 이들에게 고루 나눠주라!"

결국 고암 땅에서 거둔 쌀들은 한 톨도 남김없이 인근의 가난한 사람들에게 전해졌다. 고암 마을 사람들은 감사의 뜻으로 한계희를 기리기 위해 마을 이름 첫 자를 '편안할 안' 자로 바꾸었다. 그렇게 마을은 새롭게 '안암安岩'이 되었다. 이것이 오늘날의 안암동 유래다.

임금 자리도 마다한 사람

자 왈 반 소 사 음 수 곡 굉 이 침 지 낙 역 재 기 중 의
子曰 飯疏食 飮水 曲肱而枕之 樂亦在其中矣

불 의 이 부 차 귀 어 아 여 부 운
不義而富且貴 於我 如浮雲

공자가 말했다.
거친 밥에 물을 마시고 팔을 굽혀 베개를 삼더라도 이 가운데 즐거움이 있다.
의롭지 않은 방법으로 얻은 부귀는 나에게 뜬구름 같은 것이다.

_술이 述而 15

論語

고대 중국, 소부巢父, 혹은 소보라고도 부름라는 사람과 허유許由라는 사
람이 자연에 묻혀 살고 있었다.

나이 든 요堯 임금은 후계자를 찾던 중 청렴하고 학식이 높은 허
유를 알게 되었다.

'그런 자라면 능히 이 나라를 이끌 수 있을 것이다.'

요 임금은 허유가 살고 있는 기산으로 직접 들어갔다. 허유의 집
에 당도한 그는 절로 고개를 끄덕였다. 과연 소문대로 허유는 청빈
한 생활을 하고 있었기 때문이다. 허유의 집은 도무지 사람이 살 수

없을 정도로 허름한 오두막이었다.

요 임금은 안으로 들어가 허유를 만났고, 나라를 맡아달라 간청했다. 그러자 허유는 버럭 소리를 지르며 오두막을 뛰쳐나갔다.

"나는 이 산에서 내려갈 생각이 없소! 지금까지 나는 분수에서 벗어나는 일을 한 적이 없소! 어찌하여 가만히 있는 나더러 분에 넘치는 일을 하라는 것이오!"

허유는 급히 냇가로 달려가 흐르는 물에 귀를 씻어냈다. 그때 소를 끌고 올라오던 소부가 허유를 발견하고는 말했다.

"여보게, 어찌하여 귀를 씻어내고 있는가?"

"방금 임금에게 더러운 말을 들었다네. 맑은 물에 귀를 씻지 않고는 견딜 수가 없을 듯하여 이러고 있다네."

소부가 깜짝 놀라며 말했다.

"뭐야? 나는 지금 소에게 물을 먹일 참이었는데 그럼 안 되겠군. 자네가 귀를 씻은 더러운 물을 소에게 먹일 수는 없지. 어서 가자, 이랴!"

소부는 얼른 소를 이끌고 더 위쪽으로 올라갔다.

사냥하면서도 인을 생각하라

자 조 이 불 망　 익 불 사 숙
子釣而不網 弋不射宿

공자는 낚시질을 하되 그물을 치지 않았고,
주살질을 하되 잠자는 새를 쏘지 않았다.

_술이 述而 26

論
語

　　고대 중국 하夏나라의 마지막 군주 걸왕桀王은 포악한 군주의 대
명사로 불린다. 하나라를 이은 은殷나라의 탕왕湯王은 걸왕과 달리
어진 군주였다.

　　어느 날 탕왕이 신하들을 거느리고 사냥을 나갔다. 말을 타고 달
리던 탕왕은 무엇을 보았는지 갑자기 우뚝 멈춰 섰다.

　　"저 들판 한가운데 서 있는 사내를 데려오라."

　　탕왕이 가리키는 곳을 보니 사내 하나가 장대를 높이 세운 채 거
대한 그물을 쳐놓고 있었다. 신하들은 즉시 그 사내를 데려왔다.

"아무도 없는 들판에서 무엇을 하고 있었는가?"

사내가 대답했다.

"새를 잡고 있었습니다."

"새를 잡는 것은 좋으나 어찌하여 사방에 그물을 쳐둔 것인가?"

"저는 부양할 가족이 많아 한꺼번에 많은 새를 잡아야 하기에 큰 그물을 저리 쳐놓은 것입니다."

탕왕은 사내의 눈을 똑바로 쳐다보며 말했다.

"그래서는 안 된다. 아무리 부양할 식솔이 많다고 해도, 그물 하나면 족할 것이다. 지금부터는 사방에서 날아오는 새들에게 이렇게 말하거라. 왼쪽으로 날아가고 싶거든 왼쪽으로 가고, 오른쪽으로 날아가고 싶거든 오른쪽으로 가라고 말이다. 그리 말한 뒤 말을 안 듣는 새들은 반드시 네 그물에 걸려들 것이다. 그 새들만으로도 네 식솔은 충분히 배가 부를 것이다. 또한 얼마쯤의 새들을 남겨두어야 네가 두고두고 사냥을 할 수 있을 것 아니냐?"

탕왕의 말이 백번 옳다고 생각한 사내는 고개를 끄덕였다. 탕왕이 떠나자 사내는 얼른 들판으로 뛰어가 세 귀퉁이의 그물을 거두었다.

공자가 가장 아낀 제자, 안회

안 연 사 자 왈 희 천 상 여 천 상 여
顏淵死 子曰 噫 天喪予 天喪予

안회가 세상을 떠나자 공자가 하늘을 올려다보며 탄식했다.
하늘이 나를 버리시는구나, 하늘이 나를 버리시는구나.

_선진 先進 8

論
語

　삼천여 명에 이르는 공자의 제자 중 안회顏回는 공자가 특별히 아
끼던 이였다. 안회의 자字는 자연子淵이며,《논어》에서는 안연이라
는 이름으로 많이 나온다.

　어느 날 공자가 제자 자공에게 물었다.

　"너와 안회를 비교해볼 때 누가 더 낫다고 생각하느냐?"

　자공은 주저하지 않고 대답했다.

　"어찌 안회와 저를 비교할 수 있겠습니까? 안회는 하나를 들으면
열을 알고, 저는 하나를 들으면 겨우 둘밖에 모릅니다."

공자는 자공의 겸손한 말에 미소 지으며 말했다.

"그래, 솔직한 대답이구나. 너뿐만이 아니라 나 역시 안회보다 미숙한 점이 많지."

공자의 말에 자공은 깜짝 놀랐다. 제자보다 미숙하다 말하고 있는 스승의 겸손함이 자신과는 비할 바가 아니었기 때문이다.

이처럼 안회는 공자가 인정한 훌륭한 제자였다.

안회의 집안은 늘 어려웠지만 그는 가난을 비관하지 않고 묵묵히 학문을 연마했다. 공자는 이를 보고 안회를 칭찬했다.

"참으로 어질구나, 안회야. 한 광주리의 밥과 한 바가지의 물을 마시며 누추한 곳에 살게 되면 보통 사람들은 그 고통을 견뎌내지 못하는데, 너는 그런 생활을 변함없이 즐기고 있구나. 참으로 장하다, 안회야."

《논어》에서 공자는 안회를 한 번도 꾸짖은 적이 없다. 그만큼 스스로 알아서 학업에 정진하고, 공자의 마음을 헤아린 제자였다.

그러나 안회는 불행하게도 서른둘의 나이로 공자보다 일찍 세상을 떠났다. 안회가 세상을 떠나자 공자는 하늘이 나를 버렸다며 탄식했다. 이는 안회를 하늘이 내린 제자라고 여겼다는 뜻이니, 그에 대한 사랑이 얼마나 컸는지 알 수 있다.

보배로운 그릇 같은 존재

<ruby>子<rt>자</rt></ruby><ruby>貢<rt>공</rt></ruby><ruby>問<rt>문</rt></ruby><ruby>曰<rt>왈</rt></ruby> <ruby>賜<rt>사</rt></ruby><ruby>也<rt>야</rt></ruby><ruby>何<rt>하</rt></ruby><ruby>如<rt>여</rt></ruby> <ruby>子<rt>자</rt></ruby><ruby>曰<rt>왈</rt></ruby> <ruby>女<rt>여</rt></ruby><ruby>器<rt>기</rt></ruby><ruby>也<rt>야</rt></ruby>

<ruby>曰<rt>왈</rt></ruby> <ruby>何<rt>하</rt></ruby><ruby>器<rt>기</rt></ruby><ruby>也<rt>야</rt></ruby> <ruby>曰<rt>왈</rt></ruby> <ruby>瑚<rt>호</rt></ruby><ruby>璉<rt>련</rt></ruby><ruby>也<rt>야</rt></ruby>

자공이 공자에게 자신을 어떻게 생각하느냐고 묻자,
너는 그릇 같은 존재라고 말했다. 자공이 어떠한 그릇이냐고 다시 묻자,
공자는 제사 지낼 때 쓰는 제기(祭器) 같은 그릇이라고 말했다.

_공야장 公冶長 3

공자의 제자들 중 자공은 재물을 모으는 재주가 좋아 평생 공자를 물질적으로 도와주었다.

공자는 자공이 재물을 많이 모을 수 있었던 까닭을 제때에 운이 들어맞았기 때문이라고 평했다. 학문과 성품이 뛰어나고 게다가 운까지 따랐으니 그에게 재물이 모이지 않을 수 없었던 것이다. 그는 또 정치와 외교술에도 능해 노나라와 위나라의 재상을 지내기도 했다.

평소 스승이 자신을 어떻게 생각하는지 궁금했던 자공은 제자들

을 평해주는 자리에서 스승에게 물었다.

"스승님께서는 저를 어떻게 생각하고 계시는지요?

다소 당돌한 질문이었으나 공자는 개의치 않고 입가에 잔잔한 미소를 지으며 대답했다.

"너는 그릇이라고 할 수 있지."

자공은 무슨 뜻인지 얼른 알아듣지 못해 다시 물었다.

"어떤 그릇을 말씀하시는지 자세히 들려주십시오."

공자는 여전히 미소를 머금은 채 대답했다.

"종묘에서 제사를 지낼 때 쓰는 옥으로 만든 제기처럼 보배로운 그릇이란다."

종묘란 역대 제왕과 왕비의 위패位牌를 모셔두는 왕실의 사당으로서 엄숙하고 신성한 곳이다. 공자는 자공을 그 종묘에서 제사 지낼 때 쓰는 옥그릇처럼 소중한 사람이라고 칭찬했던 것이다.

자공은 여느 졸부처럼 돈만 아는 인물이 아니었다. 이를 공자는 잘 알고 있었기에 그 같은 칭찬을 한 것이다.

공자를 매우 존경한 만큼 자공은 공자가 타계했을 때 처음부터 끝까지 장례식을 관장했다.

배우는 사람의 마음가짐

子路有聞 未之能行 唯恐有聞
<small>자 로 유 문 미 지 능 행 유 공 유 문</small>

제자 자로는 공자의 가르침을 들으면,
미처 그 가르침을 실행하기도 전에
새로운 가르침을 듣게 될까 봐 항상 두려워했다.

_공야장 公冶長 13

論語

삼천여 명에 이르는 공자의 제자들 중 공자를 가장 극진하게 받든 제자는 단연 자로였다. 실로 그는 공자를 위해 몸과 마음을 모두 바친 인물이다.

자로는 우직한 성격에 무술이 뛰어났으나, 학문은 그다지 신통치 못해 공자에게 자주 꾸중을 듣곤 했다.

하지만 그는 공자의 가르침이라면 무조건 받아들였다. 아무리 하찮은 말씀이라도 꼭 기록을 해두고 틈날 때마다 반복해서 그 뜻을 음미하곤 했다. 비록 안회처럼 이해력이 뛰어나지는 않았지만

한 번 들은 것은 꼭 기록해두었다가 반복 학습으로 기어코 그 뜻을 깨우치는 노력가였다. 그런 만큼 그는 제자들끼리 모여서 대화를 하던 중에 말했다.

"나는 스승님의 가르침을 들을 때마다 그 가르침을 실행하기도 전에 다시 새로운 가르침을 듣게 될까 봐 항상 두렵네."

학문을 하는 사람으로서 이 정도의 성실함을 갖추기도 쉬운 일은 아닐 것이다.

공자도 자로의 이 같은 점을 매우 기특하게 여겼다.

"다 해진 옷을 입고서 고급 여우 털로 만든 옷을 입은 사람과 나란히 서 있어도 부끄러워하지 않을 사람이 바로 자로다. 《시경》에 '남을 해치지 않고 남의 것을 탐내지도 않으니 어찌 착한 마음씨를 가진 사람이라고 하지 않을 수 있겠느냐'고 한 구절이 있는데, 이것은 바로 자로 같은 사람을 두고 한 말이다."

공자에게 이런 칭찬을 들은 자로는 감격한 나머지 항상 '남을 해치지 않고 남의 것을 탐내지도 않으니 어찌 착한 마음씨를 가진 사람이라고 하지 않을 수 있겠느냐'라는 구절을 수없이 외우고 다녔다 한다.

어찌 보면 단순한 성격이라고 할 수도 있겠지만, 배우는 사람으로서의 그 마음가짐만큼은 교훈으로 삼을 만하다.

팔일무 사건

공 자 위 계 씨　팔 일 무 어 정
孔子謂季氏 八佾舞於庭

시 가 인 야　숙 불 가 인 야
是可忍也 孰不可忍也

공자가 계손씨를 비판하여 말했다.
대부인 계손씨가 천자의 악무인 팔일무를 자신의 뜰에서 공연했으니
자신에게 이것을 용인할 수 있다면 다른 것이야 무엇인들 용인하지 못하겠는가.

_팔일 八佾 1

論語

공자는 매우 혼란한 춘추전국 시대에 살았다. 주周나라 황실이
무너진 가운데 저마다 일어난 수많은 제후국 틈바구니에서 어떻
든 천하를 바른 길로 인도하고자 노력한 사람이 공자다.

공자의 고국 노나라도 혼탁하기는 마찬가지였다. 그 당시 노나
라에는 실권을 쥐고 있던 세 사람의 대부大夫가 있었는데, 계손季
孫 · 숙손叔孫 · 맹손孟孫 씨가 그들이었다. 그들은 이른바 3환씨라고
불렸으며, 왕보다 더한 권력을 마음대로 휘둘렀다. 특히 계손씨의
횡포는 이루 말할 수 없었다.

계손씨는 대부의 벼슬임에도 세력이 막강하여 왕을 모욕하는 월권행위도 서슴지 않았다. 계손씨는 나중에 노나라 왕 소공昭公을 몰아내고 권력을 더욱 강화했다.

공자는 이 같은 오만불손한 계손씨의 행동을 매우 못마땅하게 여겼다. 그러던 어느 날 이른바 '팔일무 사건'이 벌어졌다. 팔일무란 황제가 선제先帝들의 제사를 지낼 때 추는 집단 무용을 말한다. 팔일은 8열, 즉 8줄이라는 뜻이다. 그래서 팔일의 춤은 8명씩 8줄, 즉 64명이 춤을 추는 것을 말한다.

상대적으로 노나라 같은 제후국의 왕은 '육일무'라고 해서 6명씩 6줄 곧 36명이 춤을 추도록 되어 있었고, 계손씨 같은 대부는 '사일무'라고 해서 4명씩 4줄에 걸쳐 16명이 춤을 추어야 예법에 맞는 것이었다.

그런데 계손씨는 감히 천자만이 가능한 팔일무를 추도록 하는 무례를 범했던 것이다. 공자는 이것을 보고 개탄했다. 하지만 공자는 탄식만 할 뿐 물리적인 제재를 가할 힘이 없었다. 공자는 물론이고 당시 노나라 왕 소공도 속수무책이었다.

예로써 다스리는 나라

자 왈 군 자 박 학 어 문 약 지 이 례 역 가 이 불 반 의 부
子曰 君子博學於文 約之以禮 亦可以弗畔矣夫

공자가 말했다.
군자가 널리 학문을 배우고, 그것을 예(禮)에 알맞게 가다듬어 실천한다면
좀처럼 정도에서 벗어나는 법은 없을 것이다.

_옹야 雍也 25

論
語

자로子路, 증석曾晳, 염유冉有, 공서화公西華 등 네 명의 제자가 공자를 모시고 앉아 있었다. 공자가 제자들을 둘러보며 말했다.

"내 너희보다 나이가 많긴 하지만 지금부터 개의치 말고 내가 묻는 말에 각자 생각을 말하거라. 평소 너희는 남이 자신의 실력을 알아주지 않는다며 원망을 많이 했다. 그런데 만약 어떤 사람이 너희의 실력을 인정해주어 너희가 관직에 나가 나라를 다스리게 된다면 어찌하겠느냐?"

먼저 자로가 나서서 대답했다.

"거대한 땅을 가진 나라가 강대국 사이에 끼여서 전쟁의 위협에 시달리고, 이로 인하여 백성들이 기근에 시달린다 해도, 제가 이들을 다스린다면 삼 년 정도면 나라를 강하게 만들 수 있을 것입니다. 또한 백성들에게는 용기를 심어주고 바른 도道가 무엇인지를 깨닫게 할 수도 있을 것입니다."

자로의 대답을 듣고 공자가 빙긋이 웃고는 염유를 쳐다보았다.

"너는 어찌하겠느냐?"

염유가 대답했다.

"저는 아직 자로처럼 거대한 나라는 다스릴 능력이 없고, 그저 사방 육칠십 리나 오륙백 리쯤 되는 작은 땅을 다스리게 된다면, 저 역시 삼 년 정도면 백성들의 생활에 부족함이 없도록 만들 수 있을 것 같습니다. 단지 예禮와 악樂의 진흥을 위해 유능한 군자의 힘을 빌릴 것입니다."

공자가 이번에는 공서화에게 묻자 그가 대답했다.

"저는 관직을 맡아 그 일을 잘할 수 있을 것이라는 말씀보다는, 그저 하고 싶다는 말씀을 드리고 싶습니다. 저는 종묘의 제사 때나 제후들이 모임을 갖는 자리에서 단정한 예복 차림으로 군주의 예식을 돕는 작은 벼슬 하나 맡으면 만족하겠습니다."

공자는 고개를 돌려 증석에게 물었다.

"너는 어찌하겠느냐?"

증석은 잔잔히 거문고를 타고 있다가 얼른 거문고를 밀쳐두며 대답했다.

"저는 사형들의 생각과는 다릅니다……."

공자가 말했다.

"지금은 모두 저마다 생각을 밝히는 중이니 개의치 말고 솔직하게 대답해보거라."

주저하던 증석이 이윽고 입을 열었다.

"저는 관직을 바라지는 않습니다. 그저 화사한 봄날 산뜻한 옷을 만들어 입고 젊은이 대여섯 명과 동자童子 예닐곱 명을 이끌고 맑은 물에 목욕을 한 뒤 무우舞雩에 올라 노닐다가 시나 읊고 돌아오면 좋겠습니다."

무우란 기우제祈雨祭를 지내는 곳을 말한다. 증석의 말에 공자가 감탄했다.

"오, 그래! 나도 너처럼 하고 싶구나!"

시간이 지나 세 사람이 돌아가고 혼자 남은 증석이 공자에게 물었다.

"그런데 아까 스승님께서는 어찌하여 자로의 말을 듣고 웃으셨습니까?"

공자가 대답했다.

"나라를 다스리는 것은 예禮로써 해야 하는 것인데, 자로의 말에는 전혀 겸손함이 배어 있지 않았기 때문에 웃은 것이다."

증석이 다시 물었다.

"염유가 말한 것은 나라가 아니지 않습니까?"

"사방 육칠십 리나 오륙백 리의 작은 나라도 일단은 나라가 아니겠느냐?"

"공서화가 말한 것도 나라를 다스리는 일입니까?"

"종묘의 제사와 제후들의 모임 자체가 나라를 다스리는 일이 아니고 무엇이겠느냐? 그러므로 제후 옆에서 시중을 드는 작은 일도 역시 나라를 다스리는 일이라고 할 수 있다. 그런데 그처럼 예의가 밝은 공서화가 작은 벼슬을 한다면, 어느 누가 그보다 예의에 밝아 큰 벼슬을 맡겠느냐?"

공자는 공서화가 예에 밝아 나라의 큰일을 할 능력이 있다고 말한 것이다.

결국 공자는 나라가 크든 작든 예로써 다스려야 바른 정치가 이루어질 수 있다고 생각했다.

공자의 식생활

《논어》에 나오는 공자의 식생활은 이렇다. 공자는 뉘 없이 깨끗하게 찧은 흰쌀밥을 좋아했고, 가늘게 썬 회를 좋아했다. 밥이 쉬거나 맛이 변한 것, 상한 생선이나 고기는 먹지 않았다. 색이 변한 것, 냄새가 좋지 않은 것, 제대로 익지 않은 것은 먹지 않았으며 제철이 아닌 과일도 먹지 않았다. 또한 음식을 썬 것이 반듯하지 않거나 간이 맞지 않아도 먹지 않는데, 이것은 아마 형식을 제대로 갖추지 않았기 때문에 그런 것 같다.

고기를 많이 먹는다 해도 밥의 기운을 누를 정도로 많은 양을 취하지 않았고, 술은 양을 정해둔 것은 아니었으나 난잡해지지 않을 정도로만 마셨다.

시장에서 사 온 술이나 육포는 먹지 않았는데, 이 역시 제때의 먹을거리가 아니었기 때문에 기피한 듯하다. 또한 매일 생강을 먹되 많이 먹지는 않았다고 하는데, 그 당시에도 기력을 보강하는 음식으로써 생강을 애호했던 것 같다.

나라의 제사에 참례하고 받아 온 고기는 그날 밤 안에 나누어 먹었으며, 집안의 제사에 쓰였던 고기는 사흘 안에 다 나누어 먹었다. 물론 사흘을 넘기면 먹지 않았다.

식사할 때나 잠자리에 들 때는 입을 다문 채 말을 하지 않았다. 비록 거친 밥과 채소로 끓인 국을 먹을지라도 반드시 고수레를 함으로써 정성껏 감사를 표한 뒤에 먹기 시작했다. 고수레란 신神에게 먼저 바친다는 뜻으로, 음식을 조금 떼어내 던지는 의식이다.

또한 임금이 음식을 내리면 반드시 자리를 단정히 하여 앉은 뒤 먼저 자신이 맛을 보았다. 그리고 임금이 날고기를 내리면 반드시 익혀서 조상의 제사상에 제물로 올린 다음 먹었으며, 임금이 산 짐승을 내리면 제사 때까지 잘 키웠다.

食不厭精 膾不厭細

食饐而餲 魚餒而肉敗 不食

사불염정 회불세
사의이애어뇌이육패불식

공자는 정미된 흰쌀밥을 좋아했고 가늘게 썬 회를 좋아했다

밥이 쉬거나 맛이 변한 것

상한 생선이나 고기는 먹지 않았다

향당 鄕黨 八

공자의 의생활

제 필 유 명 의 포　제 필 변 식　거 필 천 좌
齊 必有明衣布 齊必變食 居必遷坐

공자는 제사를 지내기 전에 목욕을 한 후 반드시 깨끗한 옷을 입었는데,
그 옷은 삼베로 만든 것이었다.
또한 재계할 때는 반드시 음식을 가려서 먹고,
거처도 조용한 곳으로 옮겼다.

_향당 鄕黨 7

論
語

공자는 검푸른 색과 검붉은 색으로 옷깃을 치장하지 않았다. 검은 색 계통의 옷은 주로 상복喪服으로 사용하는 색깔이기 때문이었다. 또한 붉은 색과 자주색으로는 평상복을 만들어 입지 않았는데, 이 색깔은 주로 여자들이 입는 옷 색깔이었기 때문이다.

날씨가 더울 때에는 가는 갈포葛布, 칡의 섬유로 짠 베 또는 굵은 갈포의 홑옷을 입었으나, 반드시 안에 다른 옷을 입어 살이 비치지 않도록 했다.

날씨가 추워져 털가죽으로 안을 대어 지은 갖옷을 입더라도 검

은 옷에는 염소 가죽으로 만든 갖옷을 입었고, 흰옷에는 어린 사슴의 가죽으로 만든 갖옷을 입었으며, 누런 옷에는 여우 가죽으로 만든 갖옷을 입었다.

평소에 입는 옷은 길게 입었지만 오른쪽 소매는 짧게 했다. 이는 오른손을 많이 사용하기 때문에 행동하는 데 거추장스럽지 않도록 하기 위해서였다. 이것을 보더라도 공자가 얼마나 실용적인 생활을 했는지 엿볼 수 있다. 또한 잠자리에 들 때는 잠옷을 입었는데, 발까지 덮기 위해 그 길이를 키의 한 배 반이 되도록 했다. 집에 왔을 때는 여우와 담비의 두꺼운 털가죽 같은 실용적인 옷을 입었다.

사람의 위용을 돋보이게 하는 패물을 공자도 즐겨 착용하였으나 상喪을 당했을 때는 모두 거두었다.

조복朝服이나 제복祭服이 아니면 아래옷치마은 주름을 잡지 않고 줄여서 간편하게 입었다. 검은 새끼 양의 가죽으로 만든 옷이나 검은 관冠을 쓰고서는 조문弔問을 가지 않았으며, 매월 초하루에는 반드시 조복을 차려입고 조회에 나갔다.

이렇게 볼 때 공자는 화려한 옷은 멀리하고 생활하는 데 편리한 옷 그리고 예절에 맞는 옷을 중시했음을 알 수 있다.

공자가 두려워하고 멀리한 것들

자 지 소 신   제 전 질
子之所慎 齊戰疾

공자가 조심한 것은
재계(齋戒)와 전쟁과 질병이었다.

_술이 述而 12

論評

《논어》에는 공자가 평소 생활하면서 특별히 조심하거나 절대 하지 않은 일 혹은 멀리하거나 두려워한 일들도 기록되어 있다.

공자가 특별히 조심한 것은 세 가지가 있었는데, 그것은 재계와 전쟁과 질병이었다. 재계란 제사를 지내기 전에 몸과 마음을 차분히 가라앉혀 정성을 다해 신을 받드는 것을 말한다. 공자는 조상을 받드는 마음이야말로 모든 예절의 근본이라고 생각했기 때문에 제사를 대단히 중시했다.

또한 전쟁은 많은 사람의 목숨이 달려 있고 나라의 존망을 결정

짓는 중요한 일이므로 전쟁에 관해서는 각별히 말과 행동을 조심했다.

그리고 공자는 부모에게 물려받은 자기 몸은 최선을 다해 보호해야 한다는 생각을 갖고 있었으므로 특별히 병에 걸리지 않도록 항상 조심했다.

공자는 스스로 네 가지 금기 사항을 정해놓고 절대 하지 않았다.

첫째, 억측을 부리는 일.
둘째, 어떤 사안을 두고 장담하는 일.
셋째, 자기 의견만을 고집부리는 일.
넷째, 이기적인 일.

상대방을 생각하지 않고 자기만을 위하는 일은 절대 하지 않았음을 알 수 있다.

또한 공자는 네 가지를 멀리했다.

첫째, 괴이한 일.
둘째, 억지로 힘을 쓰는 일.
셋째, 난동하는 일.
넷째, 귀신에 관해 말하는 일.

괴이한 것은 정상적인 게 아니다. 정상적인 게 아니라면 도리에도 어긋나는 것이므로 멀리했다. 억지로 힘을 쓰는 것은 군자가 할 일이 아니므로 멀리한 것이고, 난동하는 일은 더 말할 나위 없는 것이었다. 또한 귀신은 너무 허무맹랑한 것이라고 여겨 멀리했다.

한편, 공자는 늘 네 가지의 걱정거리를 안고 살았다.

첫째, 덕(德)이 수련되지 않는 것.

둘째, 학문이 익혀지지 않는 것.

셋째, 옳은 것을 듣고도 실행에 옮기지 못하는 것.

넷째, 잘못된 것을 알고도 고치지 못하는 것.

확실히 공자의 걱정은 평범한 이들의 것과는 사뭇 달랐다.

인에 대하여

子張問仁於孔子

孔子曰 能行五者於天下 爲仁矣

請問之 曰 恭寬信敏惠 恭則不侮 寬則得衆

信則人任焉 敏則有功 惠則足以使人

자장이 공자에게
인을 실천하려면 어떻게 해야 하느냐고 묻자
공자가 대답했다.
"이 세상에서 다섯 가지만 실행할 수 있다면 인이라고 할 수 있을 것이다."
자장이 그 다섯 가지가 무엇인지 가르쳐달라고 하자
공자가 다시 대답했다.
"그것은 공손함과 관대함, 신의와 민첩함
그리고 은혜를 베푸는 일이다.
공손하면 남에게 모욕을 당하지 않고, 관대하면 많은 사람이 따르고,
신의가 있으면 다른 사람들이 일을 맡기고,
민첩하면 공을 쌓을 수 있고,
은혜를 베풀면 사람들을 잘 부릴 수 있다."

_양화 陽貨 6

공자가 제자들을 비롯해서 천하의 사람들에게 가장 강조한 것이 바로 인仁이다.

인은 여러 뜻을 담고 있다. 어질다, 너그럽다 등으로 풀이되는 이 말은 그 뜻이 방대해서 딱히 뭐라고 단정 지어 말할 수 없는 개념이다.

그러다 보니 공자는 제자들에게 수시로 인에 대하여 설명해주었다.

한번은 안회가 공자에게 물었다.

"스승님, 인이란 무엇입니까?"

공자가 대답했다.

"인이란 자기 욕심을 뿌리치고 예의 바른 마음으로 돌아가는 것을 말한다. 단 하루라도 그렇게 한다면, 온 천하의 모든 일이 다 너그럽게 보여 인자한 마음이 저절로 일어날 것이다. 인을 이루는 것은 자기로부터 비롯되는 것이지, 남에 의해서 생기는 것이 아님을 명심하거라."

"예의 바른 마음으로 돌아가기 위해서는 어떻게 해야 합니까?"

안회의 물음에 공자가 대답했다.

"예가 아니면 보지도 말고, 예가 아니면 듣지도 말 것이며, 예가 아니면 말하지도 말고, 예가 아니면 행동하지도 말아야 한다."

예로 돌아가는 마음, 즉 '극기복례克己復禮'는 바로 여기서 비롯되었다.

또 한번은 제자 염옹이 물었다.

"스승님, 인이란 무엇입니까?"

공자가 대답했다.

"문 밖을 나서서 사람들을 만날 때는 귀한 손님을 대하듯 공손하게 행동하고, 백성들에게 일을 시킬 때는 큰 제사를 지내듯 신중하게 하며, 자신이 원하지 않는 일은 남에게도 시키지 말아야 하는 것이 바로 인이다. 그렇게 하면 나라에도 원망이 깃들지 않고 집안에도 원망이 깃들지 않는다."

이번에는 제자 사마우司馬牛가 물었다.

"스승님, 인이란 무엇입니까?"

공자가 대답했다.

"어진 사람은 말을 함부로 하지 않고 조심스럽게 행동하는 법이다."

사마우가 다시 물었다.

"말을 함부로 하지 않고 조심하면 인을 이룰 수 있습니까?"

"조심스럽게 행동한다는 것은 어려운 일이지. 그러니 말이라도 조심해야 하지 않겠느냐?"

말을 조심하라는 공자의 말은 《논어》에 거듭 강조되는 대목 중 하나이다.

이처럼 공자는 인에 대하여 제자들이 물어올 때마다 그 상황에 따라 적절한 대답을 해주곤 했다.

공자는, 인은 결코 먼 데 있는 것이 아니라 내 주변에서 수련되어
지는 것으로써 너그러운 마음 하나만이라도 성실하게 실천한다면
그가 바로 인자仁者라고 말했다.

군자에 대하여

자 왈 군 자 상 달　소 인 하 달
子曰 君子上達 小人下達

공자가 말했다. 군자는 날마다 위로 뻗어 진리와 도덕에 다다르고,
소인은 날마다 아래로 뻗어 재물과 명리(名利)에만 다다른다.

_헌문 憲問 24

論語

　군자는 《논어》에서 아마 가장 많이 나오는 단어일 것이다.

　군자는 학문이 깊고, 덕이 높으며, 행동이 바르고, 성품이 어진
이를 말하는데, 공자가 가장 이상적이라고 여긴 인간상을 말한다.

　군자의 개념도 인仁의 개념만큼이나 넓다. 즉, 군자란 어떤 사람
이라고 단정 지어 말할 수 있는 성질의 것이 아니다. 달리 생각해보
면, 군자가 될 수 있는 길이 그만큼 많다는 말도 된다.

　공자는 군자의 개념을 제자들에게 가르칠 때도 그 상황에 맞추
어 답해주곤 했다.

한번은 제자 사마우가 공자에게 물었다.

"스승님, 군자란 어떤 사람을 말하는 것입니까?"

공자가 대답했다.

"근심하지 않고 두려워하지도 않으면 군자라고 할 수 있지."

"근심하지 않고 두려워하지도 않으면 정말 군자가 될 수 있는 것입니까?"

사마우의 이 질문은 다소 어리석은 면이 있었다. 공자는 단지 군자가 되는 한 가지 방법을 일러준 것뿐이었다. 그런데 근심하지 않고 두려워하지 않으면 군자가 될 수 있느냐고 되물은 것은 사마우가 아직 예禮와 도道에 능통하지 못했기 때문이라고 볼 수밖에 없다. 공자는 사마우의 경솔함을 탓하지 않고 자세히 일러주었다.

"네가 스스로 반성해보아서 어느 곳 하나 흠잡을 데가 없다면 무엇이 걱정되고 무엇이 두렵겠느냐?"

사마우는 그제야 스승의 깊은 뜻을 이해하고 더 이상 질문하지 않았다. 사마우는 단지 걱정하지 않고 두려워하지도 않는다는 말을 간단하게 생각했지만 거기에는 끊임없이 자신을 반성하여 흠잡을 데가 없도록 해야 한다는 뜻이 담겨 있었던 것이다.

공자는 곧잘 군자의 반대 개념으로써 소인을 등장시켜 군자 되는 방법을 일러주었다.

"군자는 정의에 밝지만, 소인은 이익에 밝다."

군자는 비록 자기에게 이익이 되는 일이라 해도 정의롭지 않으면 하지 않는다. 하지만 소인은 정의 따위는 생각하지 않고 자기에게 이익이 되는 일이라면 무조건 취하려 든다.

이와 관련하여 《논어》에 나오는 공자의 말 몇 가지를 소개하면 다음과 같다.

- 군자는 마음이 너그러우며 넓고, 소인은 항상 걱정이 많다.
- 군자는 항상 덕을 생각하지만, 소인은 땅을 생각한다_{군자는 남에게 베풀어줄 생각을 하지만, 소인은 자기가 먹고살 궁리만 한다.}
- 군자는 항상 위로 향하고, 소인은 항상 아래로 향한다.
- 군자는 형벌을 생각하지만, 소인은 특별하게 풀어줄 것만 생각한다 군자는 법을 지키기 위해 평소 몸가짐을 조심하지만, 소인은 평소에 제멋대로 행동하다가 죄를 짓게 되면 자신에게만 특혜가 주어지기를 바란다.
- 군자는 여유가 있으면서 우쭐거리지 않고, 소인은 우쭐거리기만 할 뿐 여유를 갖지 못한다.
- 군자는 다른 사람과 비교하여 편을 가르지 않고 골고루 사귀지만, 소인은 자기에게 이익이 되는지 안 되는지를 따져 편을 가르는 탓에 골고루 사귀지 못한다.
- 군자는 남의 장점을 도와주어 완성할 수 있도록 해주고 단점을 잡아 바른 길로 이끌어준다. 그러나 소인은 이와 반대로 행동한다.
- 군자는 모든 일의 원인을 자신에게서 찾지만, 소인은 남에게서 찾는다.

이처럼 공자는 군자와 소인을 명확히 대비했다. 이를 통해 군자가 되는 길, 즉 소인이 취하는 행동을 버릴 것을 강조했다.

곧은 마음의 본보기, 백이와 숙제

자 왈   백 이 숙 제   불 념 구 악   원 시 용 희
子曰 伯夷叔齊 不念舊惡 怨是用希

공자가 말했다. 옛날 은나라의 백이와 숙제는
남들이 과거에 저지른 악한 행동을 마음에 두지 않았다.
그래서 그들을 원망하는 사람이 적었던 것이다.

_공야장 公冶長 22

백이伯夷와 숙제叔齊는 은나라 고죽국孤竹國의 왕자들이었다. 아버지는 아우인 숙제에게 왕위를 물려주려고 했으나 아버지가 죽은 뒤 숙제는 형 백이에게 왕위를 양보했다. 그러자 백이는 아버지의 명령을 따라야 한다며 성을 떠났다. 그것으로 문제가 끝났다면 그 유명한 '백이와 숙제'라는 말이 오늘날까지 남아 있지 않았을 것이다. 형이 성을 떠나자 아우인 숙제도 왕위에 오르지 않고 성을 떠났다.

두 사람은 제후국인 주나라의 서백西伯을 찾아가 의지하려고 했

다. 그러나 서백은 이미 죽고 그의 아들인 무왕武王이 무력으로 은나라의 주왕紂王을 치려고 했다. 그러자 백이와 숙제는 무왕의 말고삐를 잡고 간곡히 말렸다.

"부친이 돌아가셨는데 장례도 치르지 않고 바로 전쟁을 일으키는 것은 효孝라고 할 수 없습니다. 또한 은나라의 신하 된 자로서 군주를 죽이려고 한다는 것은 인仁이라고 할 수 없을 것입니다. 그러니 제발 말머리를 돌리십시오."

이를 본 무왕의 신하들은 칼을 뽑아들고 백이와 숙제의 목을 치려고 덤벼들었다. 그때 신하 태공망太公望이 나서서 무왕에게 간했다.

"저들이 하는 행동은 의로운 일이니 살려 보내는 것이 옳은 줄 아옵니다."

결국 백이와 숙제는 태공망의 덕으로 목숨을 구했지만, 무왕은 끝내 자기 뜻을 굽히지 않고 주왕을 거세해버렸다.

그 후 무왕은 어지러운 은나라를 평정했으며 천하는 주 왕실을 종주로 섬겼다. 그러나 백이와 숙제는 무왕의 행위가 신하 된 도리에 어긋날 뿐만 아니라, 주나라의 백성이 되는 것은 치욕스런 일이라며 주나라의 양식을 먹지 않고 수양산首陽山으로 들어가 버렸다. 그리고 두 사람은 고사리를 캐 먹으며 연명하다가 결국 굶어 죽고 말았다.

두 사람은 굶주림에 허덕이며 이런 노래를 지었다.

저 서산西山에 올라 산중의 고사리나 꺾자꾸나

포악함을 가지고 포악한 것을 다스렸으나 그 잘못을 알지 못하는구나

신농神農과 우禹, 하夏의 시대는 홀연히 가버렸으니

이제 우리는 어디로 돌아간단 말인가?

아, 이제는 죽음뿐이로구나

쇠잔한 우리의 운명이여

두 사람은 공자보다 오육백 년 전 사람들이었는데, 마음이 맑고 곧은 사람의 본보기로서 지금까지 전해지고 있다.

공자의 일상생활

자 온 이 려　위 이 불 맹　공 이 안
子溫而厲 威而不猛 恭而安

공자는 온화하면서도 엄숙했고 위엄이 있으면서도 사납지 않았으며,
남을 대할 때 공손하면서도 자연스럽게 편안한 태도를 취했다.

_술이 述而 37

論語

　앞서 보았듯 공자는 식생활과 의생활에서 예가 아닌 것은 절대 삼갔다. 그러니 행동에서는 더 말할 나위가 없겠다.

　공자는 방에 들어가서도 방석이 바르게 놓여 있지 않으면 앉지 않았다. 예가 아니라고 생각했기 때문이다. 또한 잠을 잘 때도 시체처럼 사지를 늘어뜨리지 않았으며, 아침에 일어나 하루 일과를 시작하면서는 지나치게 엄숙한 표정을 짓지 않았다. 자신의 심기를 편안하게 다스릴 줄 아는 도道가 있었기 때문이다.

　또한 상복을 입은 사람을 보면 아무리 친한 사이라 해도 경건한

표정으로 바꾸었다. 그리고 면관免冠을 쓴 높은 관료나 눈먼 소경을 보면 아무리 자주 만나더라도 볼 때마다 반드시 예를 갖추고 지나 갔다.

외출 시 수레에 오를 때에는 똑바로 서서 고삐를 단단히 잡았고, 수레 안에서는 두리번거리지 않았다. 큰 소리로 빠르게 말하지도 않았으며, 이것저것 가리키며 손가락질하지 않았다. 아무리 작은 것이라도 만일의 사고에 대비하기 위해서였다.

수레를 타고 갈 때라도 상복을 입은 사람을 보면 수레 위에서 머리를 숙여 애도를 표했고, 나라의 토지나 백성들의 호적 등을 적은 판版을 짊어지고 가는 사람을 보면 한 손으로 수레 옆을 잡고 단정하게 예를 표했다. 이는 국가와 백성들을 존경하는 마음에서 비롯된 것이다.

남의 집에 갔을 때 성찬盛饌이 나오면 반드시 일어나서 감사의 예를 표했으며, 천둥 번개가 치거나 강한 바람이 불면 안색을 바꾸어 하늘의 위력에 경의를 표했다.

공자는 가끔 마을 사람들과 어울려 술을 마시기도 했는데, 그때는 반드시 지팡이를 짚은 노인이 먼저 일어나 나간 뒤에 따라 나갔다. 참고로 그 당시 50세가 되면 집에서만 지팡이를 짚을 수 있었고 60세가 되면 마을에서, 70세가 넘으면 조정에서도 지팡이 짚는 것을 허용했다.

《논어》의 명구절

子曰 學而時習之 不亦說乎
자왈 학이시습지 불역열호

有朋自遠方來 不亦樂乎
유붕자원방래 불역락호

人不知而不慍 不亦君子乎
인부지이불온 불역군자호

공자가 말했다. 배우고 때때로 익히면 기쁘지 아니한가? 먼 곳에서 벗이 나를 찾아오면 또한 즐거운 일 아니던가? 남이 나를 알아주지 않아도 원망하지 않는다면 이 또한 군자다운 행동 아니겠는가? _학이(學而) 1

子曰 不患人之不己知 患不知人也
자왈 불환인지불기지 환부지인야

공자가 말했다. 남이 나를 알아주지 않는 것을 탓하지 말고, 내가 남을 알아보지 못하는 것을 한탄해야 한다. _학이(學而) 16

子曰 爲政以德 譬如北辰 居其所而衆星共之
자왈 위정이덕 비여북신 거기소이중성공지

공자가 말했다. 덕으로써 정치를 한다는 것은 마치 북극성이 제자리에 있고

다른 모든 별이 그것을 향하여 돌고 있는 것과 마찬가지다. _위정(爲政) 1

자 왈
子曰
오 십 유 오 이 지 우 학
吾十有五而志于學
삼 십 이 립
三十而立
사 십 이 불 혹
四十而不惑
오 십 이 지 천 명
五十而知天命
육 십 이 이 순
六十而耳順
칠 십 이 종 심 소 욕　불 유 구
七十而從心所欲 不踰矩

공자가 말했다. 나는 15세 때 학문에 뜻을 두었고 30세 때 학문의 모든 기초를 세웠으며 40세가 되어서는 어떠한 일에 대해서도 마음에 흔들림이 없게 되었다. 50세가 되어서는 하늘의 뜻, 즉 자연의 이치를 알게 되었고 60세 때에는 한 번 들으면 그 뜻을 저절로 알게 되었다. 그리고 70세에 이르러서는 내 마음대로 행동해도 도리에 어긋나는 법이 없게 되었다. _위정(爲政) 4

자 왈　온 고 이 지 신　가 이 위 사 의
子曰 溫故而知新 可以爲師矣

공자가 말했다. 옛것을 익힌 다음 그것을 바탕으로 하여 새로운 것을 미루어 안다면, 충분히 남의 스승이 될 수 있다. _위정(爲政) 11

자 왈　군 자 불 기
子曰 君子不器

공자가 말했다. 군자는 그릇 같은 존재가 아니다. _위정(爲政) 12

※ 그릇은 뭔가를 담아내는 한정적인 도구다. 일정한 양이 넘으면 그릇에 담을 수가

없다. 그러므로 군자가 그릇이 아니라는 말은 어느 한 분야에만 치우치지 않고 여러 섭리에 두루 밝은 식견을 가진 존재라는 뜻이다.

子曰 學而不思則罔 思而不學則殆
공자가 말했다. 배우기만 하고 생각하지 않으면 오묘한 진리를 이해할 수 없고, 반면 생각하기만 하고 배움에 힘쓰지 않으면 위태롭다. _위정(爲政) 15

子曰 由 誨女知之乎
知之爲知之 不知爲不知 是知也
공자가 자로에게 말했다. 내가 '안다'고 하는 말에 대하여 가르쳐주마. 안다는 것은, 자기가 아는 것은 안다고 하고 모르는 것은 모른다고 할 줄 아는 것을 말한다. _위정(爲政)17

子曰 人而無信 不知其可也
大車無輗 小車無軏 其何以行之哉
공자가 말했다. 사람에게 신용이 없으면 아무 쓸모가 없다. 그것은 마치 소가 끄는 큰 수레에 예(輗, 수레 끝채의 마구리와 멍에를 고정하는 쐐기)가 없고 말이 끄는 작은 수레에 월(軏, 수레의 끝채 맨 끝의 가로 댄 나무를 고정하는 쐐기)이 없는 것과 같으니 어찌 수레를 움직일 수 있겠는가? _위정(爲政) 22

祭如在 祭神如神在
조상께 제사를 지낼 때는 마치 조상이 살아 있는 것처럼 해야 하고, 여러 신들

께 제사를 지낼 때도 마치 신이 앞에 계신 것처럼 해야 한다. _팔일(八佾) 12

획 죄 어 천 　 무 소 도 야
獲罪於天 無所禱也

하늘에 죄를 지으면 빌 곳이 없다. _팔일(八佾) 13

자 공 욕 거 고 삭 지 희 양
子貢欲去告朔之餼羊
자 왈 　 사 야 　 이 애 기 양 　 아 애 기 례
子曰 賜也 爾愛其羊 我愛其禮

자공이 공자에게 말했다.

"지금은 고삭 제사도 지내지 않는데 공연히 양만 희생되는 것 같습니다. 그렇게 없어지는 양이 너무 아깝지 않습니까?"

공자가 대답했다.

"자공아, 너는 그 양을 아끼느냐? 나는 그 예식을 아낀다." _팔일(八佾) 17

※ 고대 중국에서는 해마다 12월이 되면 천자가 제후들에게 다음 해의 달력을 나누어 주었다. 제후들을 그 달력을 받아 사당에 보관해두었다가 매월 1일에 양을 제물로 바치는 제사를 지낸 뒤, 그 달 치의 달력을 꺼내 백성들에게 나누어주었는데 이 의식을 고삭이라고 한다. 그런데 노나라에서는 문공 때부터 고삭을 지내지 않았기 때문에 고삭 의식은 폐지된 것이나 마찬가지였다. 하지만 양을 바치는 풍습만은 그대로 이어지고 있었다. 그래서 자공이 제물로 바쳐지는 양이 아깝다고 한 것인데, 공자는 없어지는 양보다 고삭이라는 의식 계승을 더 소중하게 여겼다.

자 어 노 태 사 악
子語魯太師樂
왈 　 악 기 가 지 야 　 시 작 　 흡 여 야 　 종 지
曰 樂其可知也 始作 翕如也 從之

순 여 야　교 여 야　역 여 야　이 성
純如也, 皦如也, 繹如也, 以成

공자가 음악에 관하여 노나라 태사(太師)에게 말했다.

"음악이란 우리가 충분히 알 수가 있는 것이오. 처음에 시작할 때는 다섯 가지 음이 합쳐져 울려 퍼지지요. 그러나 시간이 지나 절정에 이르러서는 서로 조화를 이루어 하나로 어우러지면서 맑고 고운 음색이 끊어질 듯하면서도 계속 이어져 비로소 음악이 완성되는 것이오." _팔일(八佾) 23

자 왈　거 상 불 관　위 례 불 경
子曰 居上不寬 爲禮不敬
임 상 불 애　오 하 이 관 지 재
臨喪不哀 吾何以觀之哉

공자가 말했다. 높은 자리에 있으면서 너그럽지 못하고 또한 예를 행하면서 공경하는 마음을 갖지 않으며, 상을 당하면서도 슬퍼하는 마음을 갖지 않는다면 그런 사람에게서 무엇을 볼 수 있단 말인가. _팔일(八佾) 26

자 왈　이 인 위 미　택 불 처 인　언 득 지
子曰 里仁爲美 擇不處仁 焉得知

공자가 말했다. 터전을 꾸릴 때, 마음이 어진 사람들이 많이 모여 사는 마을에 사는 것이 좋다. 마음이 어진 사람들이 모여 사는 마을을 골라서 살지 못한다면 지혜롭다고 할 수 없다. _이인(里仁) 1

자 왈　불 인 자 불 가 이 구 처 약
子曰 不仁者不可以久處約
불 가 이 장 처 락
不可以長處樂
인 자 안 인　지 자 이 인
仁者安仁 知者利仁

공자가 말했다. 인자하지 못한 사람은 어려운 일에 처하면 오래 견디지 못하고 즐거운 곳에 있어도 즐거움을 길게 누리지 못한다. 그러나 인자한 사람은 인을 편하게 느끼고, 지혜로운 사람은 인이 얼마나 이로운 것인가를 안다. _이인(里仁) 2

子曰 富與貴是人之所欲也 不以其道得之
不處也 貧與賤 是人之所惡也 不以其道得之
不去也 君子去仁 惡乎成名 君子無終食之間違仁
造次必於是 顚沛必於是

공자가 말했다. 사람이라면 누구나 부귀함을 바라지만, 정당한 방법으로 얻는 것이 아니라면 거기에 머물러 있지 말아야 한다. 반대로 사람이라면 누구나 가난하고 천한 것을 싫어하지만, 정당한 도를 통해 얻어진 것이라면 피하지 말아야 한다. 군자가 인을 버린다면 어떻게 명예로운 일을 이룰 수 있겠는가. 군자는 밥 먹는 동안에도 인을 어겨서는 안 된다. 구차한 상황에서도 인을 버려서는 안 되고, 위급한 상황에서도 반드시 인을 지켜야 한다. _이인(里仁) 5

子曰 我未見好仁者 惡不仁者
好仁者 無以尙之 惡不仁者 其爲仁矣
不使不仁者加乎其身 有能一日用其力於仁矣乎
我未見力不足者 蓋有之矣 我未之見也

공자가 말했다. 나는 아직까지 진실로 어진 것을 좋아하는 사람과 진실로 어질지 못한 것을 싫어하는 사람을 본 적이 없다. 어진 것을 좋아하는 사람이라면 더 바랄 게 없겠지만, 어질지 못한 것을 싫어하는 사람은 인을 실천하는 데에서 어질지 못한 것이 자기 몸에 배지 않도록 한다. 단 하루의 모든 시간을 어진 일을 행하는 데 노력하는 사람이 있는가? 그런 사람이 있을 법도 하지만 나는 아직 그런 사람을 본 적이 없다. 사람은 누구나 어진 일을 실천할 능력을 가지고 있지만 그것을 실천하려고 마음을 쓰지 않는다. _이인(里仁) 6

자왈 조문도 석사가의
子曰 朝聞道 夕死可矣

공자가 말했다. 아침에 도를 깨달으면 저녁에 죽어도 좋다. _이인(里仁) 8

자왈 군자회덕 소인회토
子曰 君子懷德 小人懷土
군자회형 소인회혜
君子懷刑 小人懷惠

공자가 말했다. 군자는 덕을 생각하지만, 소인은 땅을 생각한다. 군자는 형을 생각하지만, 소인은 죄를 짓고 나서 특혜를 베풀어줄 것만 생각한다. _이인(里仁) 11

자왈 방어리이행 다원
子曰 放於利而行 多怨

공자가 말했다. 자기 이익만을 생각하여 행동하면 남에게 원망을 많이 사게 된다. _이인(里仁) 12

자왈 불환무위 환소이립
子曰 不患無位 患所以立
불환막기지 구위가지야
不患莫己知 求爲可知也

공자가 말했다. 벼슬을 얻지 못하는 것을 근심할 게 아니라 자신이 벼슬을 할 능력이 있는지를 먼저 근심해야 한다. 남이 자신을 알아주지 않는 것을

근심할 게 아니라 남이 나를 알아줄 만한 실력을 기르는 데 힘써야 한다. _이인

(里仁) 14

자왈 군자유어의 소인유어리
子曰 君子喻於義 小人喻於利

공자가 말했다. 군자는 정의로움에 밝지만 소인은 이익에만 밝다. _이인(里仁) 16

자왈 사부모기간
子曰 事父母幾諫

견지부종 우경불위 노이불원
見志不從 又敬不違 勞而不怨

공자가 말했다. 부모에게 허물이 있을 때는 기회를 보아 넌지시 말씀드리고
말씀드린 대로 따르지 않으시더라도 부모를 더욱 공경해야 한다. 비록 이런
일이 수고롭더라도 결코 부모를 원망해서는 안 된다. _이인(里仁) 18

자왈 부모재 불원유 유필유방
子曰 父母在 不遠遊 遊必有方

공자가 말했다. 부모님이 살아 계시거든 멀리 여행을 떠나는 행동 따위를 하
지 말아야 한다. 부득이 멀리 떠날 일이 생기더라도 반드시 부모님께 가는
곳을 알려드려야 한다. _이인(里仁) 19

자왈 삼년무개어부지도 가위효의
子曰 三年無改於父之道 可謂孝矣

공자가 말했다. 부모가 돌아가신 뒤 삼 년 동안은 생전의 부모님 일을 고치
지 말고 그대로 따라야 가히 효성스럽다고 할 수 있다. _이인(里仁) 20

자왈 부모지년 불가부지야
子曰 父母之年 不可不知也

^{일 즉 이 회　일 즉 이 구}
一則以喜 一則以懼

공자가 말했다. 부모의 나이는 반드시 알고 있어야 한다. 그리하여 한편으로
는 부모가 오래 사시는 것을 기뻐해야 하고, 한편으로는 점차 늙어가시는 것
을 두려워해야 한다. _이인(里仁) 21

^{자 왈　고 자 언 지 불 출}
子曰 古者言之不出
^{치 궁 지 불 체 야}
恥躬之不逮也

공자가 말했다. 옛사람들이 말을 앞세우지 않은 까닭은 말한 것을 그대로 실
천하지 못하면 부끄러워지기 때문이었다. _이인(里仁) 22

^{자 왈　이 약 실 지 자 선 의}
子曰 以約失之者鮮矣

공자가 말했다. 절약하며 검소하게 생활하라. 그러면 잃을 것이 적으리라. _이
인(里仁) 23

^{자 왈　군 자 욕 눌 어 언 이 민 어 행}
子曰 君子欲訥於言而敏於行

공자가 말했다. 군자는 말은 어눌하게 하고, 행동은 지체 없이 하려고 노력
한다. _이인(里仁) 24

^{자 유 왈　사 군 삭　사 욕 의　붕 우 삭　사 소 의}
子遊曰 事君數 斯辱矣 朋友數 斯疏矣

자유가 말했다. 군주나 윗사람에게 너무 자주 간언을 하면 오히려 다른 이에
게 비난을 사고, 친구에게 너무 자주 충고를 하면 오히려 사이가 멀어진다. _
이인(里仁) 26

74

재여주침 자왈 후목불가조야
宰予晝寢 子曰 朽木不可雕也

분토지장불가오야 어여여하주
糞土之牆不可杇也 於予與何誅

자왈 시오어인야 청기언이신기행
子曰 始吾於人也 聽其言而信其行

금오어인야 청기언이관기행 어여여개시
今吾於人也 聽其言而觀其行 於予與改是

재여가 낮잠 자는 것을 보고 공자가 말했다. 썩은 나무에는 조각을 할 수 없고, 썩은 흙으로 쌓은 담은 손질하기 어려운 법이니 재여를 꾸짖은들 무슨 소용이 있겠는가. 그 말을 하고 나서 잠시 뒤 다시 덧붙였다. 전에는 남의 말이 믿을 만하면 그 사람의 행실까지도 믿었지만, 이제는 남의 말을 듣더라도 액면 그대로 믿지 않고 반드시 행실을 살펴본 후에 믿기로 했다. 내가 그렇게 바뀐 것은 모두 재여 때문이다. _공야장(公冶長) 9

자왈 이의호
子曰 已矣乎

오미견능견기과 이내자송자야
吾未見能見其過 而內自訟者也

공자가 말했다. 나는 지금까지 자기 허물을 깨달아 스스로 반성하는 사람을 보지 못했으니 참으로 안타까운 일이 아닐 수 없다. 사람들은 자기 잘못을 알고 있지만 스스로 반성하지 않는구나. _공야장(公冶長) 26

자유위무성재 자왈 여득인언이호
子游爲武城宰 子曰 女得人焉爾乎

왈 유담대멸명자 행불유경
曰 有澹臺滅明者 行不由徑

비공사 미상지어언지실야
非公事 未嘗至於偃之室也

자유가 무성이라는 마을의 읍장이 되었을 때 공자가 말했다.

"너는 인재를 구했느냐?"

자유가 대답했다.

"예, 한 사람 있습니다. '담대멸명'이라는 사람인데 그는 일을 할 때 지름길을 찾는 법이 없고, 공적인 일이 아니면 제 방에 들어오지 않습니다." _옹야(雍也) 12

^{자 왈 수 능 출 불 유 호 하 막 유 사 도 야}
子曰 誰能出不由戶 何莫由斯道也

공자가 말했다. 누가 감히 이 문을 통하지 않고 밖으로 나갈 수 있겠는가? 그런데도 세상 사람들은 왜 이 도의 문을 거치려고 하지 않는단 말인가. _옹야(雍也) 15

^{자 왈 질 승 문 즉 야 문 승 질 즉 사 문 질 빈 빈 연 후 군 자}
子曰 質勝文則野 文勝質則史 文質彬彬 然後君子

공자가 말했다. 꾸미지 않은 자연 그대로의 소박함을 질이라 하고, 문화에 대한 교양을 문이라고 할 때, 질이 문을 이기면 그를 야인이라고 부른다. 또한 문이 질을 이기면 그를 사인이라 부르고, 질과 문이 조화를 이루어 빛날 때는 비로소 군자라고 부를 수 있다. _옹야(雍也) 16

^{자 왈 인 지 생 야 직 망 지 생 야 행 이 면}
子曰 人之生也直 罔之生也幸而免

공자가 말했다. 원래 사람의 삶은 정직한 것이다. 정직하지 않은데도 살아 있다는 것은 요행으로 삶을 누리고 있다 보아야 한다. _옹야(雍也) 17

^{자 왈 지 지 자 불 여 호 지 자 호 지 자 불 여 락 지 자}
子曰 知之者不如好之者 好之者不如樂之者

공자가 말했다. 도를 아는 자는 도를 좋아하는 자만 못하고, 도를 좋아하는 자는 도를 즐기는 자만 못하다. _옹야(雍也) 18

^{자 왈 지 자 요 수 인 자 요 산}
子曰 知者樂水 仁者樂山
^{지 자 동 인 자 정 지 자 락 인 자 수}
知者動 仁者靜 知者樂 仁者壽

공자가 말했다. 지혜로운 사람은 (막힘을 싫어하기 때문에 흐르는) 물을 좋아하고, 어진 사람은 (마음의 중심이 확고하게 잡혀 있기 때문에 제자리에 우뚝 서 있는) 산을 좋아한다. 지혜로운 사람은 (늘 지혜를 탐구하고자) 움직이며, 어진 사람은 (마음의 중심이 잡혀 있기 때문에) 고요하다. 그러므로 지혜로운 사람은 즐겁게 살고 어진 사람은 오래 산다. _옹야(雍也) 21

^{자 왈 고 불 고 고 재 고 재}
子曰 觚不觚 觚哉 觚哉

공자가 말했다. 모난 그릇에 모서리가 없으면 어찌 모난 그릇이라고 할 수 있겠는가? _옹야(雍也) 23

※ 부르는 이름과 생긴 모양이 엄연히 다른데 어떻게 그 존재를 말할 수 있겠느냐는 뜻이다. 즉, 명칭과 실재가 서로 다르다면 제대로 된 것이라고 보기 어렵다는 말로 임금이 임금의 도리를 다하지 않으면 임금이라 할 수 없고, 신하가 신하의 도리를 다하지 않으면 신하라 할 수 없으며, 사람이 사람의 도리를 다하지 않으면 진정한 사람이라고 할 수 없다는 뜻이다.

^{자 왈 술 이 부 작 신 이 호 고 절 비 어 아 노 팽}
子曰 述而不作 信而好古 竊比於我老彭

공자가 말했다. 나는 옛사람의 설을 저술했을 뿐 창작한 것은 아니다. 그러나 옛것을 좋아하는 것만큼은 은나라의 현인 노팽과 비교할 수 있다. _술이(述而) 1

※ 노팽은 은나라의 현명한 대부로서 고서(古書)를 즐겼다고 한다. 이 문장에서 비롯된 '술이부작'은 자신의 저술이나 창작을 두고 저자가 겸손의 뜻으로 하는 말로 쓰인다.

자 지 연 거 신 신 여 야 요 요 여 야
子之燕居 申申如也 夭夭如也

공자가 한가롭게 집에 있을 때에는 아무 근심 없이 마음을 턱 놓은 듯 보였고, 표정 또한 온화했다. _술이(述而) 4

자 왈 불 분 불 계 불 비 불 발
子曰 不憤不啓 不悱不發
거 일 우 불 이 삼 우 반 즉 불 부 야
擧一隅不以三隅反 則不復也

공자가 말했다. 스스로 알려고 애쓰지 않으면 가르쳐주지 않고, 표현하지 못해 괴로워하지 않으면 일깨워주지 않으며, 사각형의 한 귀퉁이를 알려주었는데도 나머지 세 귀퉁이를 알지 못하는 자에게는 되풀이해서 가르치지 않는다. _술이(述而) 8

자 식 어 유 상 자 지 측 미 상 포 야
子食於有喪者之側 未嘗飽也
자 어 시 일 곡 즉 불 가
子於是日哭 則不歌

공자는 상갓집에 가서 식사를 할 때는 배가 부르도록 먹지 않고, 상갓집에서 곡을 하고 돌아온 날은 하루 종일 노래도 부르지 않았다. _술이(述而) 9

자 왈 부 이 가 구 야 수 집 편 지 사
子曰 富而可求也 雖執鞭之士
오 역 위 지 여 불 가 구 종 오 소 호
吾亦爲之 如不可求 從吾所好

공자가 말했다. 나는 부를 구하고자 할 때 옳은 일이라면 말채찍을 잡는 하찮은 일이라도 기꺼이 할 것이지만, 부정한 일로써 부를 구하고자 한다면 억만 금을 번다 해도 하지 않을 것이다. 그럴 바에는 내가 좋아하는 일을 할 것이다. _술이(述而) 11

자 재 제 문 소 삼 월 부 지 육 미 왈 부 도 위 악 지 지 어 사 야
子在齊聞韶 三月不知肉味 曰 不圖爲樂之至於斯也

공자가 제나라에 머물 때 순 임금이 지은 풍악인 소를 듣고는 석 달 동안 고기 맛을 느끼지 못하면서 식사할 정도로 심취했다. 그때 공자는 음악이 이 정도의 경지에까지 이르리라고는 생각하지 못했다며 감탄했다. _술이(述而) 13

자 왈 가 아 수 년 오 십 이 학 역 가 이 무 대 과 의
子曰 加我數年 五十以學易 可以無大過矣

공자가 말년에 이렇게 아쉬워했다. 하늘이 내게 몇 년의 시간을 더 주어 역경을 배울 기회를 준다면 큰 과오를 저지르지 않고 생을 마칠 수 있으련만! _술이(述而) 16

자 소 아 언 시 서 집 례 개 아 언 야
子所雅言 詩書執禮 皆雅言也

공자는 항상 시경과 서경 그리고 예기에 대하여 말했다. _술이(述而) 17

섭 공 문 공 자 어 자 로 자 로 부 대
葉公問 孔子於子路 子路不對
자 왈 여 해 불 왈 기 위 인 야 발 분 망 식
子曰 女奚不曰 其爲人也 發憤忘食
낙 이 망 우 부 지 로 지 장 지 운 이
樂以忘憂 不知老之將至云爾

초나라 대부 섭공이 자로에게 물었다.

"공자는 어떤 사람인가?"

자로는 마땅한 말이 떠오르지 않아 얼른 대답하지 못하고 머뭇거렸다. 공자가 나중에 이 말을 전해 듣고는 말했다.

"너는 왜 이렇게 말해주지 않았느냐? 그 사람은 워낙 학문을 좋아하기 때문에 한번 몰입하면 식음을 잊어버리고 그리하여 진리를 깨우치면 너무 기뻐

하여 모든 근심을 잊어버리는 것은 물론 자신이 늙어가는 것조차 모르는 사람이라고 말이다." _술이(述而) 18

자왈 이삼자이아위은호 오무은호이
子曰 二三子以我爲隱乎 吾無隱乎爾
오무행이불여이삼자자 시구야
吾無行而不與二三子者 是丘也

공자가 제자들에게 말했다. 너희는 내가 속으로 감추고 드러내지 않은 것이 있다고 여길지 모르지만, 나는 감춘 것이 하나도 없다. 나는 어떠한 행동이건 너희에게 보여주지 않은 것이 없다. 바로 이것이 내 본래의 모습이다. _술이(述而) 23

자 이사교 문행충신
子以四敎 文行忠信

공자는 학문과 실천, 충심과 신의를 가르쳤다. _술이(述而) 24

자왈 성인 오부득이견지의 득견군자자 사가의
子曰 聖人 吾不得而見之矣 得見君子者 斯可矣
자왈 선인 오부득이견지의 득견유항자 사가의
子曰 善人 吾不得而見之矣 得見有恒者 斯可矣
무이위유 허이위영 약이위태 난호유항의
亡而爲有 虛而爲盈 約而爲泰 難乎有恒矣

공자가 말했다. 성인을 만나볼 수 없기 때문에 군자다운 사람이라도 만나보았으면 좋겠다. 또한 선량한 사람을 만나볼 수 없기 때문에 한결같이 초지일관하는 마음을 가진 사람이라도 만나보았으면 좋겠다. 없으면서도 있는 척하고, 비었으면서도 가득 차 있는 척하며, 가난하면서도 부자인 척하는 게 세상 사람들이니 한결같은 마음을 갖는다는 것도 결코 쉬운 일은 아니다. _술이(述而) 25

^{자 왈} ^{개 유 부 지 이 작 지 자} ^{아 무 시 야}
子曰 蓋有不知而作之者 我無是也
^{다 문} ^{택 기 선 자 이 종 지} ^{다 견 이 식 지} ^{지 지 차 야}
多聞 擇其善者而從之 多見而識之 知之次也

공자가 말했다. 제대로 알지도 못하면서 새로운 것을 창작하려는 사람이 있
으나 나는 그렇지 않다. 나는 우선 많은 것을 들은 다음 그중 취해도 좋은 것
을 가려내어 본받는다. 또한 많이 본 다음 그중에서 내가 취해도 좋을 것을
가려내어 기억해둔다. 이것이 바로 '안다'는 것이며, 나면서부터 아는 것의
다음이다. _술이(述而) 27

※ 여기서 공자가 말한 '안다'는 것은 크게 세 가지로 나눌 수 있다. 첫 번째는 나면서
　부터 아는 것(생이지지, 生而知之), 즉 배우지 않고서도 스스로 깨우치는 것을 말하는
　데 흔히 천재들을 여기에 비한다. 그다음이 배워서 아는 것(학이지지, 學而知之)이고,
　마지막이 고생한 끝에 알게 되는 것(곤이지지, 困而知之)이다. 어떤 경우이건 알고 난
　다음에는 결국 다 같은 것이 되지만 이 문장에서 공자가 말한 '안다'는 것은 두 번째
　의 '학이지지'를 가리킨다.

^{자 왈} ^{인 원 호 재} ^{아 욕 인} ^{사 인 지 의}
子曰 仁遠乎哉 我欲仁 斯仁至矣

공자가 말했다. 인자함은 결코 멀리 있지 않다. 내가 인을 실천하기만 하면
인자함은 금방 다가온다. _술이(述而) 29

^{자 여 인 가 이 선} ^{필 사 반 지} ^{이 후 화 지}
子與人歌而善 必使反之 而後和之

공자는 다른 사람과 함께 노래를 부를 때, 그 사람이 노래를 잘 부르면 반드
시 다시 한번 부르라고 한 후에 따라 불렀다. _술이(述而) 31

※ 공자는 무엇이든 자신보다 잘하는 사람이라면 누구든지 스승으로 삼았다.

子曰 若聖與仁 則吾豈敢 抑爲之不厭
誨人不倦 則可謂云爾已矣
公西華曰 正唯弟子不能學也

공자가 말했다.

"사람들이 나를 가리켜 성인이나 인자라고 말한다면 나는 감당해내지 못할 것이다. 나는 단지 성인과 인자의 도리를 배우는 것에 싫증을 내지 않으며, 남을 가르치는 일을 게을리하지 않는다고 말할 수 있을 뿐이다."

제자 공서화가 말했다.

"아닙니다. 저희는 지금 말씀하신 것조차도 아직 본받지 못하고 있습니다." _술이(述而) 33

子曰 君子坦蕩蕩 小人長戚戚

공자가 말했다. 군자는 마음이 너그럽고 넓으며, 소인은 항상 걱정이 많다. _술이(述而) 36

子曰 恭而無禮則勞 愼而無禮則葸
勇而無禮則亂 直而無禮則絞 君子篤於親
則民興於仁 故舊不遺 則民不偸

공자가 말했다. 공손하긴 하지만 예가 없으면 너무 바쁘기만 하여 힘이 들고, 신중하긴 하지만 예가 없으면 상대방을 두렵게 만든다. 용맹하긴 하지만 예가 없으면 공연히 사회를 어지럽게 만들고, 정직하긴 하지만 예가 없으면 서로 사이가 멀어져 자신의 처지가 절박해진다. 또한 군자가 친척들을 잘 대해주면 백성들 사이에서 너그러운 기풍이 일어나게 되고, 군자가 옛 친구를 버리지 않는다면 백성들이 경박해지지 않는다. _태백(泰伯) 2

자 왈 흥 어 시 입 어 례 성 어 악
子曰 興於詩 立於禮 成於樂

공자가 학문을 이루는 과정에 대하여 언급했다. 시로써 뜻을 일으키고, 그 뜻을 예로써 홀로 세우며, 음악으로써 뜻을 완성한다. _태백(泰伯) 8

자 왈 민 가 사 유 지 불 가 사 지 지
子曰 民可使由之 不可使知之

공자가 가르침의 한계성에 대하여 말했다. 백성들을 올바른 길로 인도하여 따르게 할 수는 있지만, 그것이 왜 올바른가를 따라다니며 일일이 이해시킬 수는 없는 일이다. _태백(泰伯) 9

자 왈 호 용 질 빈 난 야 인 이 불 인 질 지 이 심 난 야
子曰 好勇疾貧 亂也 人而不仁 疾之已甚 亂也

공자가 말했다. 용맹함을 좋아하고 가난을 싫어하는 것은 난동을 부릴 징조다. 또한 그런 자에게 인이 없다고 하여 지나치게 미워하는 것도 난동을 부릴 징조다. _태백(泰伯) 10

자 왈 삼 년 학 부 지 어 곡 불 이 득 야
子曰 三年學 不至於穀 不易得也

공자가 말했다. 삼 년 동안 학문을 하고 난 뒤에 벼슬에 뜻을 두고 있지 않은 사람을 찾아보기가 어렵구나. _태백(泰伯) 12

※ 학문을 하는 사람의 궁극적인 목적은 벼슬을 하여 출세하는 데 있는 게 아니라, 자신의 인격을 닦는 데 있다는 말이다.

자 왈 부 재 기 위 불 모 기 정
子曰 不在其位 不謀其政

공자가 말했다. 나라의 녹을 먹는 공직자는 자신이 그 위치에 있지 않으면 그 일을 꾀하지 말아야 한다. _태백(泰伯) 14

※ 관료들은 자신의 계급과 직분에 맞는 일을 해야지, 그것을 넘어 월권을 행사하면 안 된다는 말이다.

자 왈 광 이 부 직 통 이 불 원
子曰 狂而不直 侗而不愿
공 공 이 불 신 오 부 지 지 의
悾悾而不信 吾不知之矣

공자가 말했다. 큰 뜻과 진취적인 기상은 품고 있지만 마음이 곧지 않은 사람, 무식하면서 거기다가 불성실하기까지 한 사람, 능력도 없는 데다 신용까지 없는 사람은 나로서도 어떻게 가르쳐야 할지 모르겠다. _태백(泰伯) 16

자 왈 오 유 지 호 재 무 지 야 유 비 부 문 어 아
子曰 吾有知乎哉 無知也 有鄙夫問於我
공 공 여 야 아 고 기 량 단 이 갈 언
空空如也 我叩其兩端而竭焉

공자가 말했다. 내가 아는 게 뭐 있겠느냐? 나는 아는 것이 없다. 다만 어리석은 사람이 내게 와서 물어볼 때, 그이가 아무것도 모른다면 처음부터 끝까지 내가 알고 있는 것을 성심껏 가르쳐줄 뿐이다. _자한(子罕) 7

안 연 위 연 탄 왈 앙 지 미 고 찬 지 미 견 첨 지 재 전 홀 언 재 후
顏淵喟然嘆曰 仰之彌高 鑽之彌堅 瞻之在前 忽焉在後
부 자 순 순 연 선 유 인 박 아 이 문 약 아 이 례 욕 파 불 능 기 갈 오 재
夫子循循然善誘人 博我以文 約我以禮 欲罷不能 旣竭吾才
여 유 소 립 탁 이 수 욕 종 지 말 유 야 이
如有所立卓爾 雖欲從之 末由也已

안연(안회)이 스승 공자에게 감복하여 말했다. 스승님은 우러러볼수록 더욱

높아지고, 뚫고 들어갈수록 더욱 견고해지며, 앞에 계신 것을 보고 있노라면 어느새 뒤에 와 계신다. 스승님은 사람들을 차근차근 잘 유도하신다. 글로써 나의 지식을 넓혀주시고, 예로써 나의 행동을 단속해주신다. 공부를 그만두려고 해도 그렇게 할 수 없는 것은 나의 재주와 힘이 다해 지쳐 갈 즈음이면 스승님이 저 앞에 우뚝 서 계시기 때문이다. 그래서 그것을 좇으려 하지만 좇을 방법이 없다. _자한(子罕) 10

자 욕 거 구 이 　 혹 왈 　 루 　 여 지 하
子欲居九夷 或曰 陋 如之何
자 왈 　 군 자 거 지 　 하 루 지 유
子曰 君子居之 何陋之有

공자가 여러 나라를 돌아다니며 인과 도에 의한 정치를 펼칠 것을 권하였지만 그것이 받아들여지지 않자 차라리 오랑캐 땅에 가 살고 싶다 말했다. 그러자 어떤 사람이 물었다.

"왜 그런 누추한 곳에서 살려 하십니까?"

공자가 대답했다.

"아무리 오랑캐 땅이라도 군자가 머물면 자연히 교화가 될 터인데 누추한 것쯤이야 무슨 상관이 있겠소?" _자한(子罕) 13

자 왈 　 오 미 견 호 덕 여 호 색 자 야
子曰 吾未見好德如好色者也

공자가 말했다. 나는 아직까지 미색을 좋아하는 것만큼 덕을 좋아하는 사람을 본 적이 없다. _자한(子罕) 17

자 왈 　 비 여 위 산
子曰 譬如爲山

미 성 일 궤 지 오 지 야
未成一簣 止 吾止也
비 여 평 지 수 부 일 궤 진 오 왕 야
譬如平地 雖覆一簣 進 吾往也

공자가 말했다. 학문이란 마치 산을 쌓는 일과 같다. 만약 한 삼태기만 부으면 산이 완성되는 시점에서 그만둔다고 해도 내가 그만두는 것이다. 또한 학문이란 마치 울퉁불퉁한 땅을 평지로 고르는 것과 같다. 한 삼태기를 부어 일을 시작했을지라도 그것은 나에 의해서 일이 진척된 것이다. _자한(子罕) 18

자 왈 후 생 가 외 언 지 래 자 지 불 여 금 야
子曰 後生可畏 焉知來者之不如今也
사 십 오 십 이 무 문 언 사 역 부 족 외 야 이
四十五十而無聞焉 斯亦不足畏也已

공자가 말했다. 젊은 후배들을 두려워해야 한다. 장차 그들이 지금의 나만큼 되지 못할 거라고 장담할 수 없기 때문이다. 하지만 나이 사오십이 되어도 이름이 나지 않으면 그 사람은 두려워하지 않아도 된다. _자한(子罕) 22

자 왈 삼 군 가 탈 수 야 필 부 불 가 탈 지 야
子曰 三軍可奪帥也 匹夫不可奪志也

공자가 말했다. 삼군을 지휘하는 장수는 빼앗아 올 수 있을지 몰라도, 제아무리 하찮은 필부일지라도 그의 뜻은 빼앗아 오지 못한다. _자한(子罕) 25

자 왈 지 자 불 혹 인 자 불 우 용 자 불 구
子曰 知者不惑 仁者不憂 勇者不懼

공자가 말했다. 지혜로운 사람은 사리에 밝기 때문에 혼란 속에 빠지지 않고, 어진 사람은 늘 편한 마음을 갖고 있기 때문에 근심하지 않으며, 용감한 사람은 어떠한 일에도 두려움을 갖지 않는다. _자한(子罕) 28

^{구 분 자퇴조 왈 상인호 불문마}
廐焚 子退朝 曰 傷人乎 不問馬

어느 날 공자가 머물고 있는 집의 마구간에서 불이 났다. 공자가 퇴궐하여

돌아온 후 화재 현장을 보고 말했다.

"사람이 다치지는 않았느냐?"

그 후로도 공자는 말의 안부에 대해서는 묻지 않았다. _향당(鄕黨) 12

※ 인간의 생명이 소중하다는 것을 드러낸 문장이다.

^{덕 행 안 연 민 자 건 염 백 우 중 궁}
德行 顔淵 閔子騫 冉伯牛 仲弓
^{언 어 재 아 자 공 정 사 염 유 계 로 문 학 자 유 자 하}
言語 宰我 子貢 政事 冉有 季路 文學 子游 子夏

덕행이 뛰어난 제자는 안연·민자건·염백우·중궁이고, 말솜씨가 뛰어난

제자는 재아·자공이며, 정치에 뛰어난 제자는 염유·계로이다. 그리고 문학

에 뛰어난 제자는 자유·자하다. _선진(先進) 2

※ 여기서 문학이란 넓은 의미로는 학문, 좁은 의미로는 시(詩)·서(書)·예(禮)·악(樂)

을 말한다.

^{자 왈 회 야 기 서 호 누 공 사 불 수 명 이 화 식 언 억 즉 누 중}
子曰 回也其庶乎 屢空 賜不受命而貨殖焉 億則屢中

공자가 말했다. 안회는 학문이 도에 가까웠으나, 그의 집 쌀뒤주가 자주 비

었다. 자공은 하늘의 뜻이 아닌데도 재물이 자꾸 불어났는데 그것은 그의 추

측이 빈번하게 들어맞았기 때문이다. _선진(先進) 18

^{제 경 공 문 정 어 공 자}
齊景公問政於孔子
^{공 자 대 왈 군 군 신 신 부 부 자 자}
孔子對曰 君君 臣臣 父父 子子

공왈 선재 신여군불군 신불신 부불부 자부자
公曰 善哉 信如君不君 臣不臣 父不父 子不子
수유속 오득이식저
雖有粟 吾得而食諸

제나라 경공이 공자에게 정치란 무엇이냐고 묻자 공자가 대답했다.

"임금은 임금다워야 하고, 신하는 신하다워야 하며, 어버이는 어버이다워야
하고, 자식은 자식다워야 합니다."

경공이 감탄하며 말했다.

"참으로 좋은 말씀입니다. 진실로 임금이 임금의 임무를 못하고, 신하가 신
하의 임무를 못하며, 어버이가 어버이의 노릇을 못하고, 자식이 자식의 할
바를 다하지 못한다면, 비록 창고에 곡식이 넘쳐난들 내 어찌 그것을 얻어먹
을 수가 있겠습니까?" _안연(顏淵) 11

계강자문정어공자왈 여살무도 이취유도 하여
季康子問政於孔子曰 如殺無道 以就有道 何如
공자대왈 자위정 언용살 자욕선 이민선의 군자지덕풍
孔子對曰 子爲政 焉用殺 子欲善 而民善矣 君子之德風
소인지덕초 초상지풍 필언
小人之德草 草上之風 必偃

계강자가 공자에게 물었다.

"죄를 지은 자 몇을 끌어다가 본보기로 목을 베어버리면 모든 백성이 정도로
들어서지 않겠습니까?"

공자가 대답했다.

"정치하는 사람이 어찌 살인을 생각하고 있습니까? 그대가 선을 원하면 백
성들도 저절로 선해지는 것입니다. 군자의 덕은 바람 같은 것이고, 소인의
덕은 풀 같은 것이라는 사실을 왜 모른단 말입니까? 바람이 불면 풀은 반드
시 납작 눕게 마련이지요." _안연(顏淵) 19

증 자 왈   군 자 이 문 회 우   이 우 보 인
曾子曰 君子以文會友 以友輔仁

증자가 말했다. 군자는 글로써 벗들을 모으고 그 벗들로써 인을 쌓아간다. _안

연(顔淵) 24

자 로 문 정   자 왈   선 지   노 지   청 익   왈   무 권
子路問政 子曰 先之 勞之 請益 曰 無倦

자로가 공자에게 정치가 무엇이냐고 묻자 공자가 대답했다.

"스스로 앞장서서 일하고 자신의 노고를 아끼지 않는 것이 정치다."

자로가 좀 더 자세히 설명해달라고 하자 공자가 대답했다.

"지금 말한 두 가지를 실천하는 데 싫증을 내지 말아야 하는 것이 정치다." _자

로(子路) 1

자 왈   기 신 정   불 령 이 행   기 신 부 정   수 령 부 종
子曰 其身正 不令而行 其身不正 雖令不從

공자가 말했다. 정치인의 행동이 정직하고 바르면 굳이 명령을 내리지 않아

도 백성들은 스스로 행할 것이고, 정치인의 행동이 부정하면 백성들은 호령

을 해도 따르지 않을 것이다. _자로(子路) 6

자 왈   군 자 화 이 부 동   소 인 동 이 불 화
子曰 君子和而不同 小人同而不和

공자가 말했다. 군자는 사심이 없기 때문에 남들과 어울려 단결하지만 같아

지지는 않고, 소인은 이기심이 많기 때문에 남들과 같아지는 일은 잘하지만

어울려 단결하지는 못한다. _자로(子路) 23

子曰 貧而無怨難 富而無驕易
자왈 빈 이 무 원 난 부 이 무 교 이

공자가 말했다. 가난하면서 원망하지 않기는 어려운 일이고 부자이면서 교만하지 않기는 쉬운 일이다. _헌문(憲問) 11

子曰 君子恥其言而過其行
자왈 군 자 치 기 언 이 과 기 행

공자가 말했다. 군자는 자기가 한 말이 자기가 한 행동보다 지나치게 되는 것을 부끄러워한다. _헌문(憲問) 29

子曰 上好禮 則民易使也
자왈 상 호 례 즉 민 이 사 야

공자가 말했다. 윗사람이 예를 좋아하면 아랫사람을 부리기가 쉽다. _헌문(憲問) 44

子曰 可與言 而不與之言
자왈 가 여 언 이 불 여 지 언

失人 不可與言 而與之言
실 인 불 가 여 언 이 여 지 언

失言 知者不失人 亦不失言
실 언 지 자 불 실 인 역 불 실 언

공자가 말했다. 더불어 말할 만한 사람인데도 말하지 않으면 사람을 잃는 것이고, 더불어 말할 만한 사람이 아닌데도 말하면 말을 잃는 것이다. 지혜로운 사람은 사람도 잃지 않고 말도 잃지 않는다. _위령공(衛靈公) 7

子曰 志士仁人 無求生以害仁 有殺身以成仁
자왈 지 사 인 인 무 구 생 이 해 인 유 살 신 이 성 인

공자가 말했다. 뜻이 높은 선비와 덕행이 뛰어난 어진 이는 살기 위해 인을 버리는 일이 없고 자신을 죽여서라도 인을 이룬다. _위령공(衛靈公) 8

子曰 人無遠慮 必有近憂

공자가 말했다. 멀리 생각하지 않으면 반드시 가까운 곳에 근심이 생긴다. _위

령공(衛靈公) 11

子曰 躬自厚而薄責於人 則遠怨矣

공자가 말했다. 자기 잘못은 무섭게 꾸짖고, 남의 잘못은 관대하게 용서하라.

그러면 원망이 저절로 멀어질 것이다. _위령공(衛靈公) 14

子曰 不曰 如之何 如之何者

吾末如之何也已矣

공자가 말했다. 문제를 풀기 위해 어떻게 할 것인가를 놓고 깊이 고민하지

않는 사람은 나로서도 어찌할 도리가 없다. _위령공(衛靈公) 15

子曰 君子求諸己 小人求諸人

공자가 말했다. 군자는 만사의 원인을 자신에게서 찾고 소인은 남에게서 찾

는다. _위령공(衛靈公) 20

子貢問曰 有一言而可以終身行之者乎

子曰 其恕乎 己所不欲 勿施於人

자공이 공자에게 물었다.

"평생 동안 실천할 만한 한 마디 말이 있다면 가르쳐주십시오."

공자가 답했다.

"오직 한 마디만 말한다면 나는 '서'라고 대답할 것이다. 내가 하고 싶지 않은 일은 남에게도 시키지 말라는 것이다." _위령공(衛靈公) 23

자 왈 과 이 불 개 시 위 과 의
子曰 過而不改 是謂過矣

공자가 말했다. 잘못한 것이 있는데도 고치지 않는 것이 바로 잘못이다. _위령공(衛靈公) 29

자 왈 군 자 불 가 소 지 이 가 대 수 야
子曰 君子不可小知 而可大受也
소 인 불 가 대 수 이 가 소 지 야
小人不可大受 而可小知也

공자가 말했다. 작은 일로는 군자의 재능을 알 수 없지만 큰일을 맡길 수는 있고, 소인에게 큰일을 맡길 수는 없으나 작은 일로 그의 재능을 알아볼 수는 있다. _위령공(衛靈公) 33

자 왈 당 인 불 양 어 사
子曰 當仁不讓於師

공자가 말했다. 인을 실천할 때는 스승에게도 양보하지 말아야 한다. _위령공(衛靈公) 35

공 자 왈 익 자 삼 우 손 자 삼 우 우 직 우 량 우 다 문
孔子曰 益者三友 損者三友 友直 友諒 友多聞
익 의 우 편 벽 우 선 유 우 편 녕 손 의
益矣 友便辟 友善柔 友便佞 損矣

공자가 말했다. 유익한 벗 셋이 있고 해로운 벗 셋이 있다. 정직한 사람, 신의가 있는 사람, 견문이 넓은 사람을 벗으로 사귀면 유익하다. 남의 뜻에 맞춰 아첨하는 사람, 겉으로만 굽실거리지만 속으로는 다른 마음을 먹는 사람, 모

든 일을 말로만 떠벌리는 사람을 벗으로 사귀면 해롭다. _계씨(季氏) 4

공 자 왈　익 자 삼 요　손 자 삼 요
孔子曰 益者三樂 損者三樂
요 절 예 악　요 도 인 지 선　요 다 현 우
樂節禮樂 樂道人之善 樂多賢友
익 의　요 교 락　요 일 유　요 연 락　손 의
益矣 樂驕樂 樂佚遊 樂宴樂 損矣

공자가 말했다. 유익한 즐거움이 세 가지 있고, 해로운 즐거움이 세 가지 있다. 예와 악으로써 절제된 생활을 즐기는 것, 남의 좋은 점에 대하여 말하기를 즐기는 것, 어진 벗이 많음을 즐기는 것은 유익하다. 교만과 쾌락을 즐기는 것, 태만하게 놀기를 즐기는 것, 잔치 벌이기를 즐기는 것은 해롭다. _계씨(季氏) 5

공 자 왈　군 자 유 삼 계　소 지 시　혈 기 미 정　계 지 재 색　급 기 장 야
孔子曰 君子有三戒 少之時 血氣未定 戒之在色 及其壯也
혈 기 방 강　계 지 재 투　급 기 로 야　혈 기 기 쇠　계 지 재 득
血氣方剛 戒之在鬪 及其老也 血氣旣衰 戒之在得

공자가 말했다. 군자에게는 경계할 것이 세 가지 있다. 젊었을 때는 아직 혈기가 안정되지 않았기에 성욕을 경계해야 하고, 장년이 되어서는 한창 혈기가 굳세므로 싸움을 경계해야 하며 늙어서는 이미 혈기가 쇠약하므로 탐욕을 경계해야 한다. _계씨(季氏) 7

공 자 왈　군 자 유 구 사　시 사 명　청 사 총　색 사 온
孔子曰 君子有九思 視思明 聽思聰 色思溫
모 사 공　언 사 충　사 사 경　의 사 문　분 사 난　견 득 사 의
貌思恭 言思忠 事思敬 疑思問 忿思難 見得思義

공자가 말했다. 군자는 항상 다음의 아홉 가지를 생각한다. 첫째, 무엇인가를 볼 때는 숨겨진 것이 없도록 확실하게 볼 것. 둘째, 무엇인가를 들을 때는 막힌 것 없이 똑똑하게 들을 것. 셋째, 남을 대할 때는 표정을 온화하게 할 것.

넷째, 행동을 할 때는 공손하게 할 것. 다섯째, 말할 때는 충실하게 할 것. 여섯째, 일을 할 때는 신중하게 할 것. 일곱째, 의심이 생길 때는 물어볼 것. 여덟째, 분할 때는 뒤에 닥쳐올 재난을 생각할 것. 아홉째, 이득이 생겼을 때는 과연 의로운 것인가를 생각할 것. _계씨(季氏) 10

자 왈 성 상 근 야 습 상 원 야
子曰 性相近也 習相遠也

공자가 말했다. 사람이 타고나는 천성은 서로 비슷하지만 점점 시간이 흐르면서 습관에 의해 서로 멀어진다. _양화(陽貨) 2

자 왈 소 자 하 막 학 부 시 시 가 이 흥 가 이 관 가 이 군 가 이 원
子曰 小子 何莫學夫詩 詩 可以興 可以觀 可以群 可以怨
이 지 사 부 원 지 사 군 다 식 어 조 수 초 목 지 명
邇之事父 遠之事君 多識於鳥獸草木之名

공자가 제자들에게 말했다. 너희는 왜 시경을 공부하지 않는지 모르겠구나. 시는 감흥을 일으키고 사물을 잘 살필 수 있도록 하며 여러 사람과 잘 어울릴 수 있도록 해주고 불의를 원망할 줄도 알도록 해주는데 말이다. 또한 가까이는 부모를 섬기고 멀리는 임금을 섬길 수 있도록 해주며 새와 짐승과 나무와 풀의 이름을 많이 알도록 해주는 것이 바로 시경이다. _양화(陽貨) 9

자 왈 포 식 종 일 무 소 용 심 난 의 재
子曰 飽食終日 無所用心 難矣哉
불 유 박 혁 자 호 위 지 유 현 호 이
不有博奕者乎 爲之猶賢乎已

공자가 말했다. 하루 종일 배불리 먹기만 하고 아무 마음 쓰는 것 없이 빈둥거리면 정말 딱한 일이다. 하다못해 장기나 바둑도 있지 않나? 그런 것이라도 하는 게 그나마 나을 것이다. _양화(陽貨) 22

^{자 왈 연 사 십 이 견 오 언 기 종 야 이}
子曰 年四十而見惡焉 其終也已

공자가 말했다. 나이 사십이 되어서도 남에게 미움을 받는다면, 그것은 끝장 난 것이나 마찬가지다. _양화(陽貨) 26

^{자 하 왈 일 지 기 소 무 월 무 망 기 소 능 가 위 호 학 야 이 의}
子夏曰 日知其所亡 月無忘其所能 可謂好學也已矣

자하가 말했다. 날마다 모르는 것을 배워서 알고, 다달이 배운 것을 복습하 여 잊지 않는다면 진정 배우는 일을 좋아한다고 할 수 있다. _자장(子張) 5

^{자 하 왈 소 인 지 과 야 필 문}
子夏曰 小人之過也必文

자하가 말했다. 소인은 잘못을 저지르면 반드시 꾸며서 변명한다. _자장(子張) 8

95

공자

맹자

맹자란?

❀《맹자》는 어떤 책인가

《맹자》는 전국 시대 때 맹자와 그의 제자들에 의해 쓰인 책이다. 주로 맹자와 제후들 그리고 제자들과 주고받은 문답 형식으로 되어 있다. 맹자는 제후들의 질문에 거침없이 대답할 정도로 기지가 번뜩이며 비유 또한 뛰어나다.

말솜씨가 없는 사람이 《맹자》를 교본으로 삼아도 좋을 만큼 맹자의 언변은 대단하다. 맹자는 이 책의 끝머리에 공자의 사상을 보완하여 당대와 후세의 사람들에게 전해줄 목적으로 저술했다고 밝혔다. 여기에서 알 수 있듯 이 책이 쓰인 당시에는 《논어》를 보완하는 정도로 여겨졌다. 그러다가 맹자가 죽은 지 약 천 년 뒤인 송宋나라 때 성리학이 자리를 잡으면서 주희朱熹에 의해 '사서四書'의 하나로 편입, 비로소 유교 경전으로 읽히게 되었다.

❀ 맹자는 어떤 인물인가

맹자는 기원전 372년경에 공자가 태어난 노나라 창평향昌平鄕 추

읍 인근의 추鄒라는 작은 나라에서 태어난 것으로 알려져 있다.

그의 이름은 맹가孟軻이며, 자는 자여子輿 또는 자거子車라고 하지만 확실하지 않다. 어릴 때 현모賢母의 손에서 자랐는데, 이로 말미암아 유명한 고사 '맹모삼천지교孟母三遷之教'가 오늘날까지 전해지고 있다.

그는 여러 나라를 돌아다니며 자신의 이론을 설파했다. 하지만 현실에 맞지 않는 주장이라며 제후들이 배척하자 귀향하여 은거했다. 말년에 그는 제자 교육에 전념하면서 저술도 했다고 한다. 기록에 따르면, 64세 혹은 84세까지 산 것으로 전해진다.

❀ 맹자의 사상

맹자의 사상은 '의義'로 압축할 수 있다. 즉, 사람은 태어나면서부터 본성이 착하다는 성선설性善說을 바탕으로 하여 꾸준히 옳은 것을 행하여 나아가는 데 힘써야 한다는 것이 맹자의 주장이다. 그리하여 그 옳은 마음을 가지고 백성을 사랑하는 '민본정치'를 펴는 것이 곧 '왕도王道정치'이며, 그러한 정치가 천하에 실현될 때 비로소 모든 사람이 평화로워질 것이라고 믿었다.

아무리 작은 나라일지라도 왕도가 제대로 실행되기만 하면 곧바로 그 나라는 천하의 중심에 설 수 있고, 점차 주변의 나라들이 그에 감화되어 중국 땅 전체에 왕도가 실현될 것으로 생각했다.

그만큼 맹자는 왕도에 대한 확신이 있었고, 그러다 보니 제후들 앞에서도 당당하게 특유의 달변을 구사했던 것이다.

맹자는 패도覇道를 단호하게 배격하고, 오로지 백성을 사랑하는 왕도정치 실현에 앞장섰다. 이는 오늘날의 민주주의 정신과도 부합한다.

❀《맹자》의 구성

《맹자》는 7편이 각각 상하로 나누어져 총 14권으로 구성되어 있다. 7편에 상하의 구분을 단 것은 후한後漢 때 조기趙技가 주를 달면서 그렇게 되었다.

1. 양혜왕梁惠王 장구·상, 2. 양혜왕 장구·하, 3. 공손추公孫丑 장구·상, 4. 공손추 장구·하, 5. 등문공滕文公 장구·상, 6. 등문공 장구·하, 7. 이루離婁 장구·상, 8. 이루 장구·하, 9. 만장萬章 장구·상, 10. 만장 장구·하, 11. 고자告子 장구·상, 12. 고자 장구·하, 13. 진심盡心 장구·상, 14. 진심 장구·하

❀ 그밖에

청나라 말기의 사상가 양계초梁啓超는 《논어》와 《맹자》에 대하여 이렇게 평했다.

"《논어》는 밥과 같은 주식이므로 살찌게 하는 데 좋고, 《맹자》는 약초와 같은 치료제이므로 온갖 질병을 없애는 데 좋다."

오십보백보

불 위 농 시 곡 불 가 승 식 야
不違農時 穀不可勝食也

촉 고 불 입 오 지 어 별 불 가 승 식 야
數罟不入洿池 魚鼈不可勝食也

부 근 이 시 입 산 림 재 목 불 가 승 용 야
斧斤以時入山林 材木不可勝用也

곡 여 어 별 불 가 승 식 재 목 불 가 승 용
穀與魚鼈不可勝食 材木不可勝用

시 사 민 양 생 상 사 무 감 야
是使民養生喪死無憾也

양 생 상 사 무 감 왕 도 지 시 야
養生喪死無憾 王道之始也

임금이 농사철에 백성들을 동원하지 않으면
곡식을 다 먹을 수 있을 만큼 거둘 수 없을 것이고,
너무 촘촘한 그물로 물고기 잡는 것을 금하면 물고기가 넘쳐나
이루 다 먹을 수 없을 만큼 많아질 것이며,
도끼로 산의 나무를 베는 계절을 제한한다면
목재는 이루 쓸 수 없을 만큼 많아질 것이다.
곡식과 물고기가 이루 다 먹지 못할 만큼 쌓이고,
목재도 이루 다 쓸 수 없을 만큼 많다면
백성들이 산 사람을 먹여 살리고 죽은 자를 장사 지내는 데
별다른 불만을 품지 않을 것이다.
이것이 바로 왕도정치의 시작이다.

_양혜왕 梁惠王·상 3

호후

맹자는 백성을 사랑하는 도덕정치를 펼쳐야 한다고 주장하면서 천하의 여러 나라를 떠돌아다녔다.

위魏나라 혜왕惠王은 진秦나라의 압박을 견디지 못해 도읍을 대량大樑으로 옮기고 양梁나라라고 불렸다. 바로 이 무렵에 맹자가 양나라로 찾아가 혜왕을 만났다. 혜왕은 맹자를 보자마자 하소연하듯 말했다.

"나는 지금까지 선생이 주장하신 왕도정치를 좇아 나라를 다스리는 데 전력을 다해왔습니다. 하지만 그렇게 강한 나라가 되지 못했습니다."

맹자가 혜왕에게 물었다.

"그렇습니까? 지금까지 어떤 일을 하셨습니까?"

"나는 하내河內에 흉년이 들면 그 지방 백성들을 하동河東으로 옮기고 하동에 남아 있는 곡식을 하내로 옮겨 보충했습니다. 하동에 흉년이 들었을 때도 마찬가지로 했지요. 그런데 이웃 나라 왕은 나처럼 신경을 많이 쓰는 것 같지도 않은데 인구가 줄지 않았고, 우리 양나라의 인구 역시 더 늘지 않고 그대로입니다. 결국 선생의 왕도정치가 도움된 것이 하나도 없는 셈이니 이게 도대체 어찌 된 영문입니까?"

그 당시만 해도 인구의 많고 적음에 따라 국력이 좌우되었다. 그래서 각 나라는 어떻게든 인구를 늘리려고 애썼는데 출생에 의한 자연 증가는 너무 많은 시간이 필요했기 때문에 이웃 나라의 인구를 흡수하는 정책을 많이 썼다. 그것은 자기 나라의 인구가 불어나는 반면 이웃 나라의 인구는 감소한다는 일거양득의 효과를 누릴 수 있었기 때문이다. 혜왕은 그런 관점에서 맹자에게 말한 것이다.

혜왕의 물음에 맹자는 이렇게 대답했다.

"폐하께서 전쟁을 좋아하시니 전쟁 이야기를 예로 들어보겠습니다. 전쟁 중에 적군의 기세가 무서워 무기를 팽개치고 도망친 병사가 있다고 해보지요. 한 병사는 오십 보를 도망치고, 또 한 병사는 백 보를 도망쳤습니다. 그런데 오십 보를 도망친 병사가 백 보를 도망친 병사에게 '백 발짝이나 도망쳤으니 너는 나보다 두 배나 더 도망간 셈이다. 그러므로 너는 나보다 훨씬 겁쟁이'라며 비웃었다고 해보죠. 이것을 폐하께서는 어찌 생각하십니까?"

혜왕이 미소하며 말했다.

"당치도 않은 말입니다. 오십 보를 도망친 자나 백 보를 도망친 자나 전쟁 중에 도망친 건 마찬가지 아니겠습니까?"

맹자가 다시 말했다.

"그러한 이치를 아신다면 왜 양나라가 강해지지 못했는지 답이 나온 것 아닙니까? 폐하께서는 백성을 위해 여러 정책을 펼치셨다고는 하나 그 목적이 인의仁義에 바탕을 둔 도덕정치와 상관없이 부국강병만을 꾀해왔다면, 역시 부국강병만을 꾀해온 이웃 나라와 무엇이 다르겠습니까?"

맹자의 말에 혜왕은 말을 잇지 못했다.

오직 부국강병만을 꾀하려고 정책을 펼쳐왔으나, 마치 자신이 진정으로 백성을 사랑하는 것처럼 자랑을 늘어놓았던 것이 부끄러웠기 때문이다. '오십보백보五十步百步'는 바로 여기서 유래되었다.

인자무적

인 자 무 적   왕 청 물 의
仁者無敵 王請勿疑

어진 이에게는 대적할 자가 없다.
이 말은 어느 나라의 임금이건 의심할 여지가 없으므로
반드시 인으로써 백성들을 다스리기에 힘써야 할 것이다.

_양혜왕 梁惠王·상 5

양나라 혜왕은 동쪽에 있는 제齊나라와 전쟁을 벌인 결과 대패했을 뿐만 아니라 큰아들까지 잃었다. 또한 서쪽의 진나라에게는 칠백 리나 되는 땅을 빼앗겼으며 남쪽으로는 초楚나라에 참패를 당하는 수모를 겪었다.

혜왕이 맹자에게 말했다.

"정말이지 창피하여 몸 둘 바를 모르겠습니다. 이 수모를 반드시 씻어야겠는데 어찌하면 좋겠습니까?"

맹자는 혜왕이 아직 왕도를 펼치기에는 부족한 점이 많다 생각하고 있던 터라 그 방법을 조목조목 일러주었다.

"제나라에 장자를 잃으신 것은 매우 애석한 일입니다. 그러나 땅을 빼앗기고 전쟁에서 참패한 것은 그리 걱정할 게 못 됩니다."

"땅을 잃었다는 것은 그만큼 국력이 쇠퇴했다는 말이고 백성들의 사기도 떨어졌음을 증명하는 것인데 어찌 걱정하지 말라는 말을 합니까?"

"땅의 넓고 좁음은 그리 중요하지 않습니다. 사방 백 리의 땅에서도 폐하의 직분을 훌륭하게 수행할 수 있기 때문입니다. 우선 어진 정치를 백성에게 베풀어 형벌을 간략히 하시고 세금을 가볍게 하십시오."

"그렇게 하면 어떤 효과가 있겠습니까?"

"백성들은 농사일을 열심히 할 것이고 젊은이들은 시간 날 때마다 틈틈이 효제충신孝悌忠信의 덕을 배워 집에 들어가서는 부형을 섬기고 밖에 나와서는 어른을 공경할 것입니다. 그리된다면 몽둥이를 가지고도 진나라와 초나라의 견고한 갑옷과 날카로운 병기를 마음먹은 대로 쳐부술 수 있을 것입니다."

"과연 그리되겠습니까?"

"그것은 의심하지 않으셔도 됩니다. 예로부터 인자무적仁者無敵, 인으로써 다스리는 사람에게는 천하에 대적할 자가 없다고 했습니다. 이제부터라도 인으로 백성들을 다스린다면, 지금까지 겪으신 수모를 깨끗이 씻어내는 지름길이 될 것입니다."

40리나 되는 거대한 함정

문헌에 의하면 주나라 문왕文王은 사방 칠십 리의 동산에 짐승을 풀어놓고 사냥을 즐겼다고 한다.

제나라 선왕宣王이 맹자에게 물었다.

"정말로 문왕의 사냥 동산이 그렇게도 컸습니까?"

맹자가 대답했다.

"그렇습니다. 하지만 문왕의 백성들은 그것도 작다고 생각했습니다."

선왕이 놀라며 다시 물었다.

"그것 참 이상한 일이군요. 나는 지금 사방 사십 리 정도 되는 사냥 동산을 가지고 있는데도 백성들의 불만이 넘칩니다. 문왕에 비하면 반이 조금 넘을 뿐인데 말입니다. 어찌 그렇습니까?"

"그럴 수밖에요. 문왕의 동산에는 나무꾼이 들어가 땔감을 구할 수 있었고, 사냥꾼들도 마음대로 꿩이나 토끼를 잡을 수 있었습니다. 즉, 문왕의 동산에는 누구나 들어가서 원하는 것을 취할 수 있었으니 당연히 작다고 느낀 것입니다."

"아무나 다 들어갈 수 있었단 말입니까?"

"그렇습니다. 그러나 제가 듣기에 제나라의 동산은 출입이 철저하게 금지되어 있다고 하더군요. 폐하의 동산 안에서 사슴을 죽인 자는 살인한 자와 마찬가지로 처벌한다고 들었습니다. 그렇다면 폐하께서는 나라 안에다가 사방 사십 리나 되는 큰 함정을 파놓은 것이나 마찬가지 아니겠습니까?"

맹자의 말에 선왕은 입을 굳게 다물었다.

"사십 리에 이르는 거대한 함정이 나라 안에 있으니 백성들이 동산을 넓다고 생각하는 것은 당연한 일 아니겠습니까?"

得天下有道 得其民 斯得天下矣

得其民有道 得其心 斯得民矣

得其心有道 所欲與之聚之 所惡勿施爾也

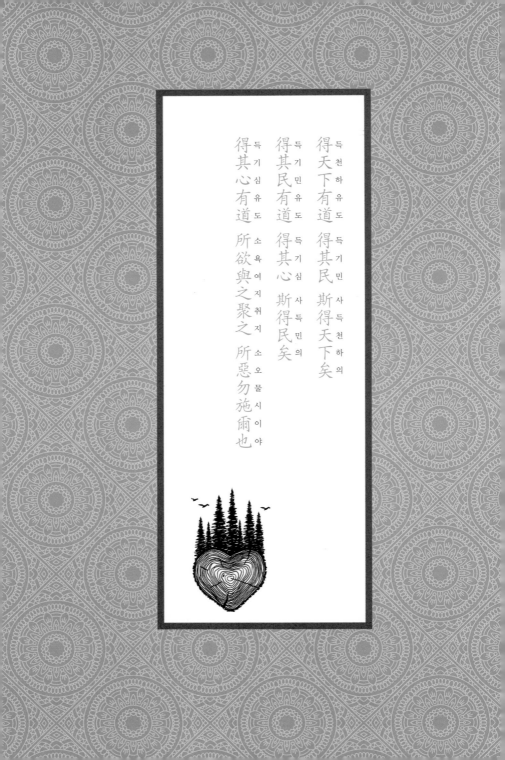

천하를 얻는 데는 방법이 있으니 백성을 얻으면 천하를 얻을 수 있는 것이다

백성을 얻는 데도 방법이 있으니 그들의 마음을 얻으면 된다

백성들의 마음을 얻는 데도 방법이 있으니

그들이 원하는 것을 해주고 싫어하는 것은 하지 않으면 된다

이루 離婁·上 九

성선설에 대하여

맹자의 사상 중 핵심은 성선설性善說이다. 따라서 《맹자》에 실려 있는 성선설을 자세히 알아볼 필요가 있다.

성선설은 간단히 말해, 인간의 본성은 착하다는 이론이다. 이 위대한 이론을 맹자는 이렇게 설명하고 있다.

사람은 누구에게나 남의 슬픔이나 고통을 차마 그대로 보아 넘기지 못하는 어진 마음, 즉 동정심이라는 것이 있다. 옛날의 어진 임금들은 모두 이러한 동정심을 가지고 있었으며 항상 그러한 마음으로 정치에 임했다. 그리고 지금의 임금들도 이 같은 동정심을 가지고 정치를 해나간다면 천하를 다스리는 일이 마치 손바닥 위의 물건을 움직이는 것만큼이나 쉬울 것이다.

사람은 누구에게나 동정심이 있다고 한 까닭을 알아보면 이렇다.

예를 들어 한 어린아이가 우물에 빠졌다고 가정해보자. 그러면 그곳을 지나가던 사람이라면 누구나 깜짝 놀라며 두려운 마음이 듦과 동시에 아이가 가엾다는 마음이 생길 것이다.

이러한 마음이 생기는 것은 그 아이의 부모와 친교를 맺기 위해 그런 것도 아니고, 사람들에게 칭찬을 듣고자 그런 것도 아니며, 구해주지 않았다는 비난을 듣기 싫어서도 아니다.

이런 점에서 측은하게 여기는 마음이 없다면 사람이 아니고, 부정한 것에 대하여 부끄럽고 증오하는 마음이 없다면 사람이 아니며, 사양하는 마음이 없어도 사람이 아니고, 옳고 그른 것에 대하여 시비를 가릴 수 있는 마음이 없어도 사람이 아닌 것이다.

남의 불행을 측은히 여기는 마음은 인仁의 실마리이며 부정한 것에 대하여 부끄럽고 증오하는 마음은 의義의 실마리이다. 그리고 사양하는 마음은 예禮의 실마리이며, 옳고 그른 것의 시비를 가릴 수 있는 마음은 지知의 실마리이다. 이것을 네 가지 실마리, 즉 '사단四端'이라고 한다. 다시 말해 인에서 우러나오는 '측은지심惻隱之心', 악을 부끄럽게 여기는 '수오지심羞惡之心', 예에서 우러나오는 '사양지심辭讓之心', 지에서 우러나오는 '시비지심是非之心'이 바로 사단이다.

그런데 이 사단은 마치 사람에게 두 팔과 두 다리, 곧 사지가 있는 것처럼 모든 사람의 마음속에 있다. 그런데 자기 마음속에 이 같은 사단을 가지고 있으면서도 "나 같은 자가 어떻게 인의예지仁義禮智를 실현한단 말인가" 하고 자신을 비하하는 사람은 스스로를 해치는 자이며 자기 임금은 도저히 그것을 실현할 수 없다고 여기는 사람도 임금을 망치는 자이다.

반면, 이 네 가지의 도덕적 실마리가 자기에게 있다고 깨달은 사람은 그 실마리를 확충시켜 자신을 더욱 충실히 만들 수 있다.

사단은 마치 불이 처음으로 붙기 시작하고 물이 처음으로 흐르기 시작하는 것과 같아서 앞으로 무한히 퍼져 나아갈 수 있는 것이다. 진정으로 이 사단을 잘 확충하면 사해四海를 보전할 수 있을 것이고, 그렇게 하지 못한다면 부모도 올바로 섬기지 못할 것이다. 사단이 발전하면 선善이 된다. 결론적으로 인간의 본성은 선한 것이다.

악은 사람의 본성인 선이 나쁜 욕망에 가려져 있기 때문에 생기는 것이다. 또한 나면서부터 지니게 되는 착한 성품은 절대적인 것이 아니다. 즉, 죽을 때까지 선한 것이 간직되지는 않는다는 것이다. 그래서 선을 나쁜 환경에 방치해두면 악하게 되므로 항상 선한 마음을 지키고 발전시키는 데 힘써야 한다. 이것이 성선설의 핵심 요지다.

나라를 잘못 다스린 죄

亦有仁義而已矣 王曰 何以利吾國
역 유 인 의 이 이 의   왕 왈   하 이 리 오 국

大夫曰 何以利吾家 士庶人曰 何以利吾身
대 부 왈   하 이 리 오 가   사 서 인 왈   하 이 리 오 신

上下交征利而國危矣
상 하 교 정 리 이 국 위 의

나라를 통치하는 데는 오직 인과 의만 필요할 뿐이다.
임금이 어떻게 하면 자기 나라를 이롭게 만들 것인가에 대해서만 말하면,
대부들은 어떻게 하면 내 집을 이롭게 만들 것인가를 말하게 되고,
관리들이나 백성들은 어떻게 하면
나 자신을 이롭게 만들 것인가를 말하게 될 것이다.
이렇게 위아래가 각자의 이익만 추구한다면
결국 나라가 위태로워지고 말 것이다.

_양혜왕 梁惠王 · 상 1

효후

맹자가 제나라에 갔을 때 선왕을 만났다.

선왕은 입으로는 백성을 위하는 임금이 훌륭하다고 말했지만, 실제 행동은 그렇지 못했다. 이 사실을 알고 맹자가 선왕에게 물었다.

"만약 폐하의 신하 중 자기 처자를 친구에게 부탁하고 멀리 초나

라를 다녀왔는데 그 친구가 자기 처자를 헐벗고 굶주리게 했다면 어찌 처리하시겠습니까?"

선왕이 대답했다.

"그리되면 친구 사이라고 할 수가 없지요. 처자를 헐벗고 굶주리게 한 친구를 잡아다가 문책하여 옥에 가둘 것입니다."

맹자가 다시 물었다.

"그럼 만약에 옥獄을 관리하는 수장이 자기 부하 관리들을 잘 다스리지 못했다면 어찌 처리하시겠습니까?"

선왕이 대답했다.

"그건 직무유기죄에 해당하므로 즉시 파면시킬 것입니다."

맹자가 고개를 끄덕인 뒤 다시 물었다.

"그렇다면 나라가 잘 다스려지지 않았을 때는 어찌 처리하시겠습니까?"

"그, 그건……."

맹자의 질문에 선왕은 공연히 좌우를 두리번거리며 말끝을 흐렸다.

인으로써 구해야 정도

仁之勝不仁也 猶水勝火

今之爲仁者 猶以一杯水 救一車薪之火也

인이 불인을 이기는 것은, 마치 물이 불을 이기는 것처럼 쉬운 일이다. 그러나 지금 인을 행하는 사람들은 자신의 작은 덕으로 큰 것을 얻으리라는 기대를 하고 있으니, 이는 마치 한 잔의 물로 한 수레의 나무에 붙은 불을 끄려는 욕심과 같다.

_고자 告子 · 상 18

제나라에는 유머가 풍부한 웅변가 순우곤淳于髡이 있었다. 어느 날 그가 맹자와 입씨름을 한바탕 벌이기 위해 찾아왔다. 순우곤이 먼저 물었다.

"여기 남자와 여자가 있다고 합시다. 그들이 어떤 물건을 교환하게 되었는데 그럴 때 손으로 서로 주고받지 않는 게 예의라고 생각하시오?"

맹자가 대답했다.

"그렇소. 그렇게 해야 예의에 맞는 것이라고 생각하오."

순우곤이 입가에 회심의 미소를 지으며 다시 물었다.

"오, 그렇소? 그렇다면 자기 형수가 물에 빠졌을 때도 손을 내밀어 꺼내주지 말아야 한다는 것이오?"

맹자는 순우곤의 물음에 즉시 답했다.

"그렇지 않소. 형수가 물에 빠졌는데도 꺼내주지 않는다면 그자는 짐승과 다를 바 없소. 남녀 간에는 손으로 물건을 주고받지 않는 게 예의지만, 형수가 물에 빠졌을 때 손을 잡고 꺼내주는 것은 다른 경우요. 이는 임기응변, 즉 권도權道인 것이오."

권도란 그때그때의 상황에 따라 일을 처리하는 임기응변을 말한다. 권權은 저울을 의미한다. 무게의 경중輕重에 따라 변하는 것이 저울이므로, 그때그때 상황에 따라 정의롭게 대응하는 것을 권도라고 한다. 맹자는 형수의 손을 잡아 물에서 건져주는 것은 권도라고 일축한 것이다.

순우곤이 계속 맹자를 몰아붙였다.

"그럼 지금 천하의 모든 사람이 물에 빠졌다고 할 수 있는데, 선생께서는 왜 손을 뻗어 건져주지 않소?"

맹자가 역시 망설이지 않고 대답했다.

"물에 빠진 천하의 사람들을 건져내는 데는 임기응변으로는 되지 않소. 즉, 손을 뻗어 건져내는 것으로는 부족하다는 말이오."

"그럼 어떻게 해야 하오?"

"천하의 많은 사람을 물에서 건져 올리기 위해서는 권도가 아닌 정도가 필요한 것이오. 인仁의 정치를 널리 펼쳐야 한다는 말이오. 그런데 그대는 천하도 손으로 잡아당겨 끌어낼 수 있다고 생각하는 거요?"

이 말에 순우곤은 이렇다 할 대꾸를 하지 못했다.

군자의 합리적인 사고방식

군 자 가 기 이 기 방　난 망 이 비 기 도
君子可欺以其方 難罔以非其道

군자는 올바른 도리를 내세우며 속이려면 얼마든지 속일 수 있다.
그러나 그 도리가 아닌 것으로는 속이기 어렵다

_만장 萬章 · 상 2

어떤 사람이 정鄭나라 대부인 정자산鄭子産에게 살아 있는 물고기
를 보내주었다.

자산은 그 물고기를 연못을 관리하는 하인에게 주어 연못에서
기르도록 했다.

그런데 며칠 후 연못 관리인은 그 물고기를 삶아 먹어버렸다. 물
고기가 없어진 것을 안 정자산은 관리인을 불러 물었다.

"어째서 내가 준 물고기가 보이지 않느냐?"

관리인이 대답했다.

"그 물고기를 연못에 풀어놓으니 처음에는 힘을 쓰지 못하고 비실비실 물 위를 배회했습니다. 그런데 하루가 지나자 점차 원기를 회복해 마침내는 기운차게 헤엄쳐 그물을 뚫고 멀리 도망가고 말았습니다."

물론 이 말은 거짓이었다. 자산은 이 말을 곧이곧대로 믿고 관리인에게 말했다.

"물고기가 제 살 곳을 찾아갔구나. 그렇다면 기쁜 일 아니겠느냐?"

관리인은 속으로 비웃었다.

'누가 자산을 지혜롭다고 했는가? 내가 삶아 먹은 줄도 모르고 물고기가 제 살 곳을 찾아갔다고 기뻐하고 있으니 딱한 일 아닌가!'

사리에 맞는 일을 가지고 군자를 속이려 들면 얼마든지 속일 수 있다. 그러나 그것은 단지 속임수에 그칠 뿐이다. 중요한 것은 그게 거짓말이라 해도 사리에 맞는다면 이해하고 넘어가주는 게 군자의 처사다.

순 임금도 사람, 나도 사람

군 자 소 이 이 어 인 자　이 기 존 심 야
君子所以異於人者 以其存心也

군 자 이 인 존 심　이 례 존 심　인 자 애 인
君子以仁存心 以禮存心 仁者愛人

유 례 자 경 인　애 인 자 인 항 애 지　경 인 자 인 항 경 지
有禮者敬人 愛人者人恒愛之 敬人者人恒敬之

군자가 보통 사람과 다른 점은 항상 도덕적 양심을 지니고 있다는 것이다.
군자는 인과 예를 닦아 도덕적인 양심을 지니게 된다.
어진 사람은 남을 사랑하고, 예가 있는 사람은 남을 공경한다.
사람을 사랑하면 항상 남에게 사랑받고
사람을 공경하면 항상 남에게 공경받는다.

_이루 離婁·하 28

여기 한 사람이 있다. 그런데 그가 무도한 짓을 했다면, 군자는 반드시 이렇게 반성한다.

'내가 필시 어질지 못하고 무례한가 보구나. 그렇지 않다면 어찌 나에게 이처럼 무도한 짓을 한단 말인가!'

그런데 아무리 반성해봐도 자신은 인과 예에 어긋난 행동을 않은 것 같은데도 그가 여전히 무도한 짓을 한다면 군자는 다시 이렇

게 반성한다.

'내가 필시 성실하지 못한가 보구나!'

그런데 또 아무리 반성하여도, 자신은 불성실하게 행동한 적이 없는데도 그가 여전히 무도한 짓을 한다면 군자는 그제야 비로소 결론을 내린다.

'저 사람은 미치광이다. 미치광이는 금수와 마찬가지다. 금수에 대하여 무슨 생각의 여지가 있겠는가!'

그러므로 군자에게는 평생 동안 마음속에서 떠나지 않는 근심은 있을지 몰라도, 갑자기 생기는 돌발적인 근심거리 같은 것은 없다.

만약 순간적으로 생기는 근심이 있다면 이런 것이다.

'성군聖君인 순舜 임금도 사람이요, 나도 사람이다. 그런데 순 임금께서는 천하의 모든 사람에게 모범이 되셨으나 나는 한낱 평범한 인간에 불과하다.'

그렇다면 이 근심을 어떻게 해소할 것인가? 그것은 단 하나, 충실하게 순 임금을 본받는 길밖에 없다. 군자라면 걱정하는 일이 없다. 인이 아니면 행하지 않고 예가 아니어도 행하지 않기 때문이다. 그러므로 다른 사람이 자기를 비난하는 것 따위는 그들의 심성이 바르지 못한 탓이므로 군자 자신은 걱정거리로 삼지 않는다.

순 임금도 사람이고, 맹자 자신도 사람이라는 대목에서 맹자다운 자존심과 기개를 엿볼 수 있다.

또 하나의 진정한 효

요 순 지 도   효 제 이 이 의
堯舜之道 孝弟而已矣

자 복 요 지 복   송 요 지 언
子服堯之服 誦堯之言

행 요 지 행   시 요 이 이 의
行堯之行 是堯而已矣

요순의 도라는 것도 엄청난 게 아니라,
그 근본을 따지자면 효도와 공경일 따름입니다.
지금 당신이 요 임금이 입었던 의복을 입고
요 임금이 말했던 인의에 따라 말을 하고,
요 임금이 행했던 효와 공경하는 마음을 실천한다면
당신도 요 임금처럼 성인이 될 수 있습니다.

_고자 告子 · 하 2

요 임금과 순 임금이 유교에서 숭상하는 성군이라는 것은 이미
잘 알려진 바다.

요순에 버금가는 후대의 효자로는 증자曾子를 꼽을 수 있다. 증자
의 아버지 증석은 생전에 대추를 좋아했다. 그래서 증자는 대추를
입에도 대지 않았다고 한다.

이것을 두고 제자 공손추가 맹자에게 물었다.

"회나 구운 고기 그리고 대추 중에 어느 것이 더 맛있습니까?"

맹자가 대답했다.

"물론 회나 구운 고기가 더 맛이 있지."

"그런데 증자가 회나 구운 고기는 먹으면서 왜 대추는 먹지 않았던 것입니까?"

"일반적으로 회나 구운 고기는 많은 사람이 좋아하지만 대추 같은 것은 일부 사람이 특별하게 좋아하는 음식이기 때문이다."

"그게 무슨 뜻입니까?"

"다시 말하자면, 부모의 이름은 특별한 것이어서 부르지 않지만 성은 많은 사람에게 공통된 것이기 때문에 그냥 불러도 크게 결례가 되지 않은 것과 같은 이치다. 증자는 아버지께서 대추를 매우 좋아했기 때문에 먹지 않았던 것이다."

눈먼 권력의 추종자들

曰 非之無舉也 刺之無刺也 同乎流俗 合乎汙世
왈 비지무거야 자지무자야 동호류속 합호오세

居之似忠信 行之似廉潔 眾皆悦之
거지사충신 행지사렴결 중개열지

自以爲是 而不可與入堯舜之道
자 이위시 이불가여입요순지도

위선적인 사람들은 비난하려 해도 이렇다 할 비난거리가 없고,
공격하려 해도 자기를 숨기고 있기 때문에 공격할 것이 없다.
추잡한 일이라도 그저 세상과 영합하여 살아가고 있기 때문이다.
그래서 그들을 겉으로 보면 충직하고 신용 있는 것 같고,
행동하는 것도 언뜻 보면 청렴결백한 것 같다.
그 때문에 많은 사람이 그를 따르게 되고
또한 스스로도 자기가 옳다 생각하고 있는 것이다.
그러나 사실은 그러한 가식적인 사람과는 도저히
요순(堯舜)의 도에 함께 들어갈 수 없는 것이다.

_진심 盡心 · 하 37

부와 권력을 위해서라면 그 어떤 추잡한 행동도 마다하지 않는
사람들을 풍자한, 일종의 소설이라고 할 《맹자》의 한 문장을 소개
하고자 한다.

한집에서 아내와 첩을 거느리고 사는 제나라 사람이 있었다. 그는 밖에 나가기만 하면 항상 술과 고기를 배불리 먹고 집으로 돌아오곤 했다.

하루는 그의 아내가 남편에게 물었다.

"도대체 누구랑 그렇게 매일 술을 마시고 오는 거예요?"

남편이 대답했다.

"부자이면서 신분이 귀한 사람들과 마시는 거요."

하루는 그의 아내가 첩에게 말했다.

"서방님은 외출만 하면 술과 고기로 배를 채우고 돌아오시는데, 누구랑 마셨느냐고 물으니 대답하는 사람들마다 이름난 명사였네. 그런데 그 명사들이 지금까지 한 번도 우리 집에 찾아온 적이 없으니 이상한 일 아니겠나? 그래서 하는 말인데 서방님 뒤를 미행해보면 어떨까 싶네."

어느 날 아침 일찍 일어난 아내가 남편의 뒤를 쫓았다. 그런데 아무리 멀리 가도 남편은 그 누구와도 이야기를 나누지 않았다.

마침내 동쪽 성 밖에 이르자 남편이 멈춰 섰다. 그곳에는 무덤이 많았는데 마침 제사를 지내는 사람이 몇 있었다. 남편은 그중 한 사람에게 다가갔다. 그러고는 제사를 지내고 남은 음식을 얻어먹었다.

남편은 그것만으로는 배가 차지 않았는지 옆에서 제사를 지내고 있는 다른 이에게 가 남은 음식을 또 얻어먹었다. 알고 보니 남편은 지금까지 그렇게 해서 술과 고기로 배를 채우고 돌아오곤 했던 것이다.

그의 아내는 첩에게 이 사실을 전하며 한탄했다.

"남편이란 죽을 때까지 우러러보아야 할 존재인데 저리 허풍만 떨고 있으니 어쩌면 좋단 말인가?"

두 여자는 남편의 험담을 늘어놓으며 눈물을 흘렸다.

얼마쯤 지나자 남편은 그런 사정도 모르고 보통 때와 마찬가지로 거들먹거리며 돌아왔다. 아내가 오늘은 누구와 어울려 술을 마셨느냐고 묻자 여느 때처럼 대답했다.

"오늘도 돈 많고 지위 높은 사람들과 어울려 술을 마시고 왔소."

그 대답을 들은 두 여자는 더욱 실망스런 표정을 지었다.

군자의 안목으로 볼 때, 지금 천하에서 부귀영달을 찾아 날뛰는 사람 치고 이 남편과 같지 않은 이가 없다.

《맹자》의 명구절

孟子對曰 殺人以梃與刃 有以異乎 曰 無以異也
以刃與政 有以異乎 曰 無以異也 曰 庖有肥肉 廐有肥馬
民有飢色 野有餓莩 此率獸而食人也 獸相食 且人惡之
爲民父母 行政不免於率獸而食人 惡在其爲民父母也

맹자가 양나라 혜왕에게 물었다.

"사람을 죽이는 데 몽둥이를 쓰는 것과 칼을 쓰는 것은 다를까요?"

"다를 게 없겠지요."

"그럼 칼로 죽이는 것과 정치로 죽이는 것은 다를까요?"

"그것도 다를 것이 없겠지요."

"임금의 주방에는 맛있는 고기가 있고 마구간에는 살찐 말이 있지만 백성은 굶주려 얼굴에 핏기가 없고 들에는 굶어 죽은 시체가 뒹굴고 있다면, 이는 짐승을 충동질해서 사람을 잡아먹게 하는 것과 다를 바 없습니다. 사람들은 짐승끼리 서로 잡아먹는 것조차 싫어합니다. 그런데 백성의 부모가 되어 정치를 행하는 임금께서 짐승을 몰아와 사람을 잡아먹게 하는 것과 마찬가지 상황을 만드니, 어찌 백성의 부모라 하겠습니까?"_양혜왕(梁惠王)·상 4

왈 유복어왕자왈 오력족이거백균 이부족이거일우
曰 有復於王者曰 吾力足以舉百鈞 而不足以舉一羽

명족이찰추호지말 이불견여신 즉왕허지호
明足以察秋毫之末 而不見輿薪 則王許之乎

왈 부 금은족이급 금수 이공부지어백성자
曰 否 今恩足以及禽獸 而功不至於百姓者

독하여 연즉일우지불거 위불용력언 여신지불견
獨何與 然則一羽之不舉 爲不用力焉 輿薪之不見

위불용명언 백성지불견보 위불용은언 고왕지불왕
爲不用明焉 百姓之不見保 爲不用恩焉 故王之不王

불위야 비불능야 왈 불위자여불능자지형하이이
不爲也 非不能也 曰 不爲者與不能者之形何以異

왈 협태산이초북해 어인왈 아불능 시성불능야
曰 挾太山以超北海 語人曰 我不能 是誠不能也

위장자절 지어인왈 아불능 시불위야 비불능야
爲長者折 枝語人曰 我不能 是不爲也 非不能也

맹자가 혜왕에게 물었다.

"어떤 사람이 말하기를, 자신의 힘은 삼천 근이나 나가는 물건을 들어 올릴 수는 있어도 새털 하나는 들어 올리지 못하고 자신의 시력은 새나 짐승의 솜털까지 구별할 수는 있으나 수레에 가득 실린 나무는 볼 수 없다고 한다면 이 말을 믿을 수 있을까요?"

혜왕이 대답했다.

"그야 당치도 않은 말이지요."

"지금 폐하의 은혜는 능히 금수에게까지 미칠 정도이지만 그 은혜가 백성들에게는 미치지 못하는 것은 왜 그렇겠습니까? 새털 하나를 들어 올리지 못하는 것은 힘을 쓰지 않기 때문이지, 힘이 없어서가 아닙니다. 또한 수레에 가득 실은 나무가 보이지 않는 것은 그 뛰어난 시력을 쓰지 않기 때문이지 못 보는 것이 아닙니다. 백성들이 안심하고 생활할 수 있도록 보호받지 못하는 것은 폐하께서 은혜를 베풀지 않기 때문입니다. 그러므로 폐하께서 훌륭한 왕이 못 되신 것은 단지 안 하신 것이지, 될 수 없기 때문이 아닌 것입니다."

"하지 않는 것과 못하는 것은 어떻게 다릅니까?"

"태산을 끼고 북해를 뛰어넘는 일에 대하여 어떤 사람이 '나는 못한다'라고 한다면 이것은 정말로 못하는 것입니다. 하지만 노인을 위해 나뭇가지 하나를 꺾는 일을 '나는 못한다'라고 한다면 이것은 하지 않는 것이지 못하는 것은 아닙니다." _양혜왕(梁惠王)·상 7

왈　국군진현　여부득이　장사비유존　소유척　가불신여
曰 國君進賢 如不得已 將使卑踰尊 疏踰戚 可不慎與

한 나라의 임금이 인재를 등용할 때는 백성들이 모두 원하기 때문에 할 수 없이 등용하는 것처럼 자연스럽게 해야 한다. 등용이란 등용된 자가 아랫사람인데도 윗사람 위에서 일할 때도 있고 혈연이 먼 사람이지만 일단 등용하고 나면 그 이상으로 가깝게 대해야 하는 것이므로 신중을 기하지 않을 수 없다. _양혜왕(梁惠王)·하 7

금유박옥어차　수만일　필사옥인조탁지
今有璞玉於此 雖萬鎰 必使玉人彫琢之
지어치국가　즉왈　고사녀소학이종아
至於治國家 則曰 姑舍女所學而從我
즉하이이어교옥인조탁옥재
則何以異於教玉人彫琢玉哉

방금 산에서 캐 온 큰 옥 덩어리를 임금에게 바치면 임금은 반드시 여러 해 동안 숙련을 쌓은 노력한 옥공(玉工)에게 그 옥을 갈고 다듬으라고 할 것이다.

그런데 임금이 나라를 다스리는 데에서 "네가 지금까지 배운 도리는 접어두고 지금 내가 원하는 패도정치를 위해 시키는 대로 따라 하라"라고 말한다면 마치 아무 경험도 없는 사람이 노련한 옥공에게 옥을 다듬는 방법을 가르치는 것과 무엇이 다르겠는가? _양혜왕(梁惠王)·하 9

왈 행혹사지 지혹닐지
曰 行或使之 止或尼之
행지 비인소능야 오지 불우로후 천야
行止 非人所能也 吾之 不遇魯侯 天也
장씨지자언능사여불우재
臧氏之子焉能使予不遇哉

맹자가 말했다. 사람이 스스로 어디로 간다는 것은 눈에는 보이지 않으나 가도록 해주는 무엇이 있기 때문에 안 가는 것이다. 또 가지 않는 것도 가지 못하도록 해주는 무엇이 있기 때문에 안 가는 것이다. 어디를 가고 안 가고 하는 것은 그냥 보기에는 자기 의지대로 하는 것 같아 보이지만 실은 하늘의 오묘한 뜻에 따라 이루어지는 것이다. 그러므로 내가 노나라 임금을 만나지 못한 것은 온전히 하늘의 뜻에 따라 이루어진 일이다. 장창 같은 자가 어찌 나와 임금을 만나지 못하도록 할 수 있었겠는가? _양혜왕(梁惠王)·하 16

※ 앞 문장에서 노나라 평공(平公)이 맹자를 만나러 가겠다고 하자 측근 신하인 장창
(將倉)은 임금이 몸소 한낱 필부를 만나러 가는 것은 도리가 아니라며 만류했다. 이
에 맹자가 나중에 이 사실을 알고 한 말이다.

맹자왈 이력가인자패 패필유대국 이덕행인자왕
孟子曰 以力假仁者霸 霸必有大國 以德行仁者王
왕부대대 탕이칠십리 문왕이백리 이력복인자 비심복야
王不待大 湯以七十里 文王以百里 以力服人者 非心服也
역불섬야 이덕복인자 중심열이성복야 여칠십자지복공자야
力不贍也 以德服人者 中心悦而誠服也 如七十子之服孔子也
시운 자서자동 자남자북 무사불복 차지위야
詩云 自西自東 自南自北 無思不服 此之謂也

맹자가 말했다. 힘을 앞세워 무력으로 여러 나라를 제압해 나가면서 인(仁)을 가장하는 것이 패도(覇道)다. 패도를 행한 패자는 반드시 큰 나라를 갖고 있어 야 한다. 왜냐하면 큰 나라가 없으면 여러 제후가 굴복하지 않기 때문이다.

덕을 바탕으로 하여 어진 정치를 베푸는 것이 왕도다. 왕도를 실현하는 데 큰 나라가 꼭 필요한 것은 아니다. 덕을 가지고도 여러 제후를 감복시킬 수 있기 때문이다. 그래서 은나라의 탕왕은 불과 사방 칠십 리의 땅을 가지고도 천하에 왕도를 행하였고 주나라의 문왕은 사방 백 리의 땅을 가지고도 천하 에 왕도를 펼칠 수 있었던 것이다.

힘을 가지고 상대를 꺾는 굴복이라는 개념은 심복(心腹)이라는 개념과는 엄 연히 다르다. 굴복한다는 것은 단지 힘이 모자라기 때문에 할 수 없이 복종 하는 것뿐이다. 반면, 덕으로써 남을 굴복시키는 것은 진정한 마음에서 우러 나와 복종하는 것인데 공자의 70여 명의 훌륭한 제자가 그분에게 복종했던 경우와 같은 것이다. 또한《시경》에 보면 '동서남북 가릴 것 없이 무왕의 덕 에 감화되어 모두가 무릎을 꿇었네'라는 구절이 나오는데 이것도 바로 심복 의 경우를 이른 말이다. _공손추(公孫丑)·상 3

^{화 복 무 부 자 기 구 지 자}
禍福無不自己求之者

행복과 불행은 자기 스스로 구하지 않는데도 찾아오는 법은 없다. _공손추(公孫

丑)·상 4

^{맹 자 왈 자 로 인 고 지 이 유 과 즉 회 우 문 선 언 즉 배 대 순 유 대 언 선 여 인 동}
孟子曰 子路 人告之以有過則喜 禹聞善言則拜 大舜有大焉 善與人同
^{사 기 종 인 낙 취 어 인 이 위 선 자 경 가 도 어 이 지 위 제 무 비 취 어 인 자}
舍己從人 樂取於人以爲善 自耕稼陶漁以至爲帝 無非取於人者
^{취 제 인 이 위 선 시 여 인 위 선 자 야 고 군 자 막 대 호 여 인 위 선}
取諸人以爲善 是與人爲善者也 故君子莫大乎與人爲善

맹자가 말했다. 공자의 제자 자로는 남이 자기의 잘못을 지적해주면 기뻐했
으며, 하나라 우(禹) 임금은 교훈이 될 만한 좋은 말을 들으면 그 사람에게 절
을 했다.

순 임금은 더욱 훌륭하시어 다른 사람과 더불어 선을 함께 행했는데, 남에게
선한 점이 있으면 자신의 선하지 못한 점을 버리고 그의 선한 점을 취해 행
동하기를 즐겨하셨다. 순 임금은 몸소 농사를 짓고 질그릇을 굽고 고기를 잡
던 낮은 신분의 시절부터 임금이 되었을 때까지 남에게 선한 점이 있으면 언
제나 그것을 취해 행동하셨다.

어떤 사람들의 선을 취해서 행동한다는 것은 그 사람에게 선을 행하도록 도
와주는 일과 같은 것이다. 그러므로 군자는 남들에게 선을 행하도록 도와주
는데 이보다 더 위대한 일은 없다. _공손추(公孫丑)·상 8

^{군 자 불 원 천}
君子不怨天

군자는 어떤 일이 있어도 하늘을 원망하지 않고 사람을 원망하지 않는다. _공

손추(公孫丑)·하 13

夫道一而已矣 成覵謂齊景公曰
부도일이이의 성간위제경공왈

彼丈夫也 我丈夫也 吾何畏彼哉
피장부야 아장부야 오하외피재

顏淵曰 舜何人也 予何人也 有爲者亦若是
안연왈 순하인야 여하인야 유위자역약시

무릇 도라는 것은 오로지 하나인데, 선을 행하는 길뿐이다. 요순의 도나 평범한 사람의 도 모두 한 가지라는 말이다. 제나라의 용자(勇子)였던 성간이라는 사람은 자기 임금인 경공에게 "그 사람도 사내대장부이고, 저도 사내대장부인데 어찌 두려움이 있겠습니까?" 하며 굽히지 않는 자신감을 보여주었다. 그리고 공자의 제자 안연은 "순 임금은 어떤 사람이며, 나는 어떤 사람인가? 똑같은 사람일 뿐인데 뜻을 가지고 정진한다면 왜 내가 순 임금처럼 될 수 없단 말인가"라고 말했다. 이처럼 어떤 신념을 가지고 행동하는 사람은 아무것도 두려울 게 없다. _등문공(滕文公)·상 1

方里而井 井九百畝 其中爲公田 八家皆私百畝
방리이정 정구백묘 기중위공전 팔가개사백무

同養公田 公事畢 然後敢治私事
동양공전 공사필 연후감치사사

所以別野人也 此其大略也 若夫潤澤之 則在君與子矣
소이별야인야 차기대략야 약부윤택지 즉재군여자의

정전제는 이러한 제도다. 사방 일 리의 경작지를 '정(井)' 자 모양으로 자르고 한 정전의 넓이를 구백 묘(畝, 면적 단위. 오늘날의 단위로 1묘는 100평 정도)로 한다. 그리하여 한가운데에 있는 일백 묘는 공전(公田)으로 정하고 나머지 팔백 묘는 여덟 집에서 사전(私田)으로 삼아 경작하게 된다. 그리고 공전에서 먼저 일하고 그 일이 끝나면 사전을 경작한다.

이렇게 하면 공적인 일과 사적인 일에 대한 구분이 명확해지고 관리와 백성들이 할 바에 대한 책임 구분도 명확해질 것이다. 이것이 정전제의 대략적인

내용이지만 이를 실행하는 데에서 실정에 맞도록 조정하는 일은 임금에게
달려 있다. _등문공(滕文公)·상3

기친사 즉거이위지어학 타일과지 호리식지 승예고최지
其親死 則舉而委之於壑 他日過之 狐狸食之 蠅蚋姑嘬之
기상유체 예이불시 부체야 비위인체 중심달어면목
其顙有泚 睨而不視 夫泚也 非爲人泚 中心達於面目
개귀반라리이엄지 엄지성시야 즉효자인인지엄기친 역필유도의
蓋歸反虆梩而掩之 掩之誠是也 則孝子仁人之掩其親 亦必有道矣

아주 오래전인 상고 시대 때는 아직 예법이 마련되지 않아 부모가 돌아가시
면 시신을 땅에 묻지 않고 골짜기 같은 데다 버린 듯하다. 그런데 그 무렵에
어떤 사람이 자기 부모를 골짜기에 버리고 나중에 그곳을 지나가 보니 여우와
살쾡이 같은 짐승들이 부모의 시신을 뜯어먹고 파리와 모기들이 달라붙어 있
었다. 그것을 보는 순간 그의 이마에는 진땀이 흘렀다. 그는 차마 그 끔찍한 광
경을 볼 수 없어 고개를 다른 곳으로 돌려버렸다.

그런데 그 사람이 흘린 진땀은 남이 그것을 볼까 부끄러웠기 때문은 아니었
을 것이다. 그의 마음속에서 솟아나는 부모에 대한 진정한 죄송함이 얼굴에
드러난 것이라 할 수 있다. 그 사람은 곧 집으로 가서 삽과 들것을 가져와 흙
으로 시신을 덮었다.

이렇게 부모의 시신을 흙으로 덮어드려야겠다는 마음이야말로 사람으로서 마
땅히 가져야 할 정이 아니고 무엇이겠느냐. 효자와 어진 사람이 자기 부모를
후하게 장사 지내려는 마음은 사람으로서 가져야 할 도리인 것이다. 그럼에도
검소한 장례를 치르게 하는 것은 사람의 자연스런 마음을 역행하는 것이니, 반
드시 검소하게 장례를 치르는 것이 옳은 일은 아닐 터이다. _등문공(滕文公)·상5

거천하지광거　입천하지정위　행천하지대도　득지여민유지
居天下之廣居　立天下之正位　行天下之大道　得志與民由之

부득지독행기도　부귀불능음　빈천불능이　위무불능굴　차지위대장부
不得志獨行其道　富貴不能淫　貧賤不能移　威武不能屈　此之謂大丈夫

대장부는 인(仁)이라는 천하의 넓은 집에서 살고, 예(禮)라는 천하의 올바른 위치에 서서 일을 행하며, 의(義)라는 천하의 대도(大道)를 걸어간다. 그리하여 마침내 자기 뜻을 펼칠 기회가 주어지면 백성들과 더불어 그 도를 행하고 그렇지 못하면 물러나 홀로 그 도를 행하는 사람을 말한다. 부귀의 유혹에도 마음이 움직이지 않고, 빈천의 괴로움에도 끄떡하지 않으며 무력의 강압에도 자기 뜻을 굽히지 않는 사람이 바로 대장부인 것이다. _등문공(滕文公)·하 2

왈　장부생이원위지유실　여자생이원위지유가
曰　丈夫生而願爲之有室　女子生而願爲之有家

부모지심　인개유지　부대부모지명　매작지언
父母之心　人皆有之　不待父母之命　媒妁之言

찬혈극상규　유장상종　즉부모국인개천지　고지인미상불욕사야
鑽穴隙相窺　踰牆相從　則父母國人皆賤之　古之人未嘗不欲仕也

우악불유기도　불유기도이왕자　여찬혈극지류야
又惡不由其道　不由其道而往者　與鑽穴隙之類也

아들이 태어나면 부모는 자식을 위해 좋은 신붓감이 나타나기를 바라고, 딸이 태어나면 자식을 위해 좋은 신랑감이 나타나기를 바란다. 이것은 부모라면 누구나 갖고 있는 심정이다. 그런데 자식들이 부모의 권유도 무시하고 중매쟁이의 알선도 기다리지 않은 채 저희끼리 벽 같은 데다가 구멍을 뚫고 서로 엿보다가 담을 뛰어넘어가 밀회를 한다든지 하면, 부모는 물론이고 다른 사람들도 그 행동을 천하게 바라볼 것이다.

옛날 선비들도 벼슬하기를 원하지 않은 사람은 아무도 없었지만 정당한 절차를 거치지 않으면서까지 벼슬을 하려고 하지는 않았다. 그러니 지금 정당한 절차도 거치지 않은 채 벼슬을 하는 사람은 마치 벽에 구멍을 뚫어놓고

대영지왈 십일 거관시지정 금자미능 청경지 이대래년 연후이 하여
戴盈之曰 什一 去關市之征 今茲未能 請輕之 以待來年 然後已 何如

맹자왈 금유인일양기린지계자 혹고지왈 시비군자지도
孟子曰 今有人日攘其鄰之雞者 或告之曰 是非君子之道

왈 청손지 월양일계 이대래년 연후이 여지기비의 사속이의
曰 請損之 月攘一雞 以待來年 然後已 如知其非義 斯速已矣

하대래년
何待來年

송나라 대부 대영지(戴盈之)가 맹자에게 물었다.

"우리나라에서 정전법(井田法)을 시행하여 십분의 일을 조세로 거두는 대신, 관세와 상업세를 폐지한다는 건 아무래도 금년에는 어려울 것 같습니다. 그래서 금년에는 관세와 상업세의 세율을 내려 조금씩만 받다가 내년에 완전히 폐지할까 하는데 어떻습니까?"

맹자가 대답했다.

"가령 매일 이웃집 닭을 도둑질하는 사람이 있다고 칩시다. 어떤 사람이 그 도둑에게 그런 짓은 군자가 할 일이 아니라고 충고를 하자 도둑이 말하기를 '그러면 우선 도둑질하는 횟수를 줄여서 매달 닭 한 마리씩만 훔치고 내년이 되면 딱 끊어버리겠소'라고 대답했다면 어찌 되겠소? 어떤 일이든 그것이 옳지 않음을 알았다면 그 즉시 그만두어야 하는 것이오. 어찌 내년까지 기다린단 말이오." _등문공(滕文公) · 하 8

맹자왈 삼대지득천하야이인
孟子曰 三代之得天下也以仁

기실천하야이불인 금오사망이락불인
其失天下也以不仁 今惡死亡而樂不仁

시유오취이강주
是猶惡醉而強酒

맹자가 말했다. 하·은·주 3대가 천하를 얻은 것은 하나라 우왕(禹王)·은나라 탕왕·주나라 문왕과 무왕(武王)이 어진 정치를 펼쳤기 때문이다. 그리고 이 3대가 천하를 잃은 것은 하나라 걸왕·은나라 주왕(紂王)·주나라 유왕(幽王)과 여왕(厲王)이 어질지 못한 정치를 했기 때문이다.

지금 사람들은 죽거나 망하는 것을 싫어하면서도 인자하지 못한 것을 즐기고 있으니 이는 취하기를 싫어하면서도 억지로 독한 술을 마시는 것과 같은 게 아닐 수 없다. _이루(離婁)·상 3

맹자왈 애인불친 반기인 치인불치 반기지 예인부답
孟子曰 愛人不親 反其仁 治人不治 反其智 禮人不答
반기경 행유부득자 개반구저기 기신정
反其敬 行有不得者 皆反求諸己 其身正
이천하귀지 시운 영언배명 자구다복
而天下歸之 詩云 永言配命 自求多福

맹자가 말했다. 내가 남을 아껴주는데도 상대방이 나에게 호감을 갖지 않을 때는 자신의 인애(仁愛)에 결점이 있는지를 반성해보아야 하고, 남을 다스리는 데에서 잘 다스려지지 않는다면 자신의 지혜에 결점이 있는지를 반성해보아야 하며, 남에게 예의를 갖춰 대해주었는데도 상대방이 예로써 화답하지 않는다면 자신의 공경심이 부족하지 않은지 반성해야 한다.

이처럼 어떤 일을 잘해보려고 했지만 결과가 나쁘게 나왔다면 이내 실망하지 말고 자신을 냉철하게 반성해보아야 한다. 이렇게 반성하여 자신을 올바로 세우면 천하의 사람들이 다 자기에게 귀의할 것이다. 만약 자기에게 돌아오지 않는다면 아직 자신이 바로 서지 않았기 때문이다. 《시경》에 나오는 '길이길이 하늘이 내려준 뜻을 받들고 행하여 스스로 그 복을 구하라'라는 대목은 이를 두고 한 말이다. _이루(離婁)·상 4

맹 자 왈 인 유 항 언 개 왈 천 하 국 가
孟子曰 人有恒言 皆曰 天下國家

천 하 지 본 재 국 국 지 본 재 가 가 지 본 재 신
天下之本在國 國之本在家 家之本在身

맹자가 말했다. 사람들이 늘 하는 말 가운데 천하국가(天下國家)라는 것이 있

다. 이 말은 천하의 근본은 국가에 있고, 국가의 근본은 가정에 있으며, 가정

의 근본은 자신의 몸에 있다는 말이다. _이루(離婁) · 상 5

맹 자 왈 위 정 불 난 부 득 죄 어 거 실
孟子曰 爲政不難 不得罪於巨室

거 실 지 소 모 일 국 모 지
巨室之所慕 一國慕之

일 국 지 소 모 천 하 모 지
一國之所慕 天下慕之

고 패 연 덕 교 일 호 사 해
故沛然德教溢乎四海

맹자가 말했다. 임금이 한 나라를 다스린다는 것은 어려운 일이 아니다. 자신

을 바로 세우기만 하면 된다. 그런 다음 여러 중신의 의견을 거슬러 그들을

분노케 하지 않고 따르도록 만들면 된다. 중신들이 따른다는 것은 한 나라가

따르는 것이고, 한 나라가 따른다는 것은 천하가 따른다는 것이다. 그리되기

만 하면 자연스럽게 사해(四海)에 덕(德)이 교화되는 것이다. _이루(離婁) · 상 6

※ 정치는 무엇보다 상하 간의 화합이 중요하며 화합이 되면 천하의 사람들도 이를

흠모하여 따르게 된다는 것이다.

부 인 필 자 모 연 후 인 모 지 가 필 자 훼 이 후 인 훼 지 국 필 자 벌 이 후 인 벌 지
夫人必自侮 然後人侮之 家必自毀 而後人毀之 國必自伐 而後人伐之

태 갑 왈 천 작 얼 유 가 위 자 작 얼 불 가 활 차 지 위 야
太甲曰 天作孽 猶可違 自作孽 不可活 此之謂也

어떤 사람이 업신여김을 당했다면 반드시 스스로가 업신여김을 받을 짓을

했기 때문에 그런 것이다. 마찬가지로 집안도 반드시 훼손시킬 만한 원인을

140

제공했기 때문에 무너지는 것이다. 이처럼 한 나라도 반드시 스스로 정복당할 만한 원인을 제공했기 때문에 정복당하는 것이다. 《서경》 '태갑(太甲)'에 '하늘이 내린 재앙은 그래도 미리 대비하여 피할 수 있으나 자신이 스스로 부른 재앙은 피할 재간이 없다'라고 한 것은 이를 두고 한 말이다. _이루(離婁) · 상 8

언 비 예 의   위 지 자 포 야   오 신 불 능 거 인 유 의   위 지 자 기 야
言非禮義 謂之自暴也 吾身不能居仁由義 謂之自棄也
인   인 지 안 택 야   의   인 지 안 로 야   광 안 택 이 불 거   사 정 로 이 불 유   애 재
仁 人之安宅也 義 人之正路也 曠安宅而弗居 舍正路而不由 哀哉

말을 할 때 노골적으로 예의를 저버리는 자를 자포자라고 한다. 즉, 스스로 자기를 해치는 사람이다. 그리고 자기 몸은 인에 머물러 있거나 의를 따르지 못한다고 지레 짐작하고 노력하지 않는 자를 자기자, 즉 스스로 자기를 버리는 사람이라 한다.

인(仁)은 우리가 편안하게 살 수 있는 집이요, 의(義)는 우리가 걸어가야 할 바른 길이다. 그런데도 사람들은 그 편안한 집을 비워둔 채 살지 않고, 바른 길을 내버려두고 가지 않고들 있으니 참으로 슬픈 일이 아닐 수 없다. _이루(離婁) · 상 10

맹 자 왈   도 재 이 이 구 저 원   사 재 이 이 구 저 난
孟子曰 道在邇而求諸遠 事在易而求諸難
인 인 친 기 친   장 기 장 이 천 하 평
人人親其親 長其長而天下平

맹자가 말했다. 사람이 행할 도(道)는 가까운 데 있는데 멀리서 찾고, 사람이 해야 할 일은 쉬운 데 있는데 어려운 데서 찾고 있다. 사람들이 자기 어버이를 어버이로 여기고 어른을 어른으로 모시면, 세상은 참으로 화목해질 것이다. _이루(離婁) · 상 11

맹자왈 존호인자 막량어모자 모자불능엄기악
孟子曰 存乎人者 莫良於眸子 眸子不能掩其惡

흉중정 즉모자료언 흉중부정 즉모자언
胸中正 則眸子瞭焉 胸中不正 則眸子眊焉

청기언야 관기모자 인언수재
聽其言也 觀其眸子 人焉廋哉

맹자가 말했다. 사람이 가진 것 중에 눈동자만큼 진실한 것은 없다. 눈동자는 그 사람의 마음속에 지니고 있는 악을 은폐하지 못하기 때문이다. 그래서 마음이 바르면 눈동자가 맑고, 마음이 바르지 못하면 눈동자가 흐려진다. 그러므로 사람들이 하는 말을 들으면서 그의 눈동자를 잘 살펴보면 그의 본심이 어떠한지를 알 수 있는 것이다. _이루(離婁) · 상 15

고자역자이교지 부자지간불책선 책선즉리 이즉불상막대언
古者易子而教之 父子之間不責善 責善則離 離則不祥莫大焉

옛날 사람들은 자식을 서로 바꾸어서 가르쳤다. 그리고 부모 자식 간에는 서로 잘하라고 질책하지도 않았다. 자꾸 잘하라고 보채면 서로 간에 틈이 생기고, 틈이 생기면 부모 자식 간의 사이가 멀어지는 법이다. 그렇게 된다면 이보다 불행한 일이 어디 있겠는가. _이루(離婁) · 상 18

맹자왈 사숙위대 사친위대 수숙위대 수신위대
孟子曰 事孰為大 事親為大 守孰為大 守身為大

불실기신이능사기친자 오문지의 실기신이능사기친자
不失其身而能事其親者 吾聞之矣 失其身而能事其親者

오미지문야 숙불위사 사친 사지본야 숙불위수 수신 수지본야
吾未之聞也 孰不為事 事親 事之本也 孰不為守 守身 守之本也

맹자가 말했다. 섬기는 일 중 가장 큰 것은 부모를 섬기는 일이다. 지키는 일 중 가장 큰 것은 불의에 빠지지 않도록 자기를 바르게 지키는 일이다. 자기를 바르게 지키고 난 후 어버이를 잘 섬겼다는 말은 들었어도, 자기를 바르게 지키지도 못하고 어버이를 잘 섬겼다는 말은 들어본 적이 없다.

하기야 어느 것인들 섬기는 것이 아니겠는가마는 섬기는 일의 근본은 부모를 섬기는 것이요, 지키는 것의 근본은 자신을 불의에 빠뜨리지 않고 잘 지키는 것이리라. _이루(離婁) · 상 19

^{맹 자 왈} ^{유 불 우 지 예} ^{유 구 전 지 훼}
孟子曰 有不虞之譽 有求全之毁

맹자가 말했다. 세상을 살아가다 보면 그다지 칭찬받을 일도 아닌데 뜻하지 않게 칭찬을 받는 경우도 있고, 그다지 비난받을 일이 아닌데도 뜻하지 않게 비난을 받는 경우도 있다 _이루(離婁) · 상 21

※ 칭찬을 받건 비난을 받건 그런 것은 일시적일 뿐이고 항상 겸허한 마음가짐으로 살아가려는 항심(恒心)이 있어야 한다는 뜻을 담은 문장이다.

^{맹 자 왈} ^{인 지 이 기 언 야} ^{무 책 이 의}
孟子曰 人之易其言也 無責耳矣

맹자가 말했다. 사람들이 말을 함부로 하는 것은 자신의 말에 대한 책임감이 없기 때문이다. _이루(離婁) · 상 22

^{맹 자 왈} ^{인 지 환 재 호 위 인 사}
孟子曰 人之患在好爲人師

맹자가 말했다. 사람의 병은 남의 스승 노릇을 하기 좋아하는 데 있다. _이루(離婁) · 상 23

^{맹 자 왈} ^{인 지 실} ^{사 친 시 야} ^{의 지 실} ^{종 형 시 야}
孟子曰 仁之實 事親是也 義之實 從兄是也
^{지 지 실} ^{지 사 이 자 불 거 시 야}
智之實 知斯二者弗去是也
^{예 지 실} ^{절 문 이 자 시 야} ^{낙 지 실} ^{낙 사 이 자}
禮之實 節文斯二者是也 樂之實 樂斯二者

낙 즉 생 의　생 즉 오 가 이 야
樂則生矣　生則惡可已也

오 가 이　즉 부 지 족 지 도 지　수 지 무 지
惡可已　則不知足之蹈之　手之舞之

맹자가 말했다. 인(仁)의 진수는 부모를 잘 섬기는 것이고, 의(義)의 진수는 형을 잘 따르는 것이다. 지(智)의 진수는 이 두 가지를 잘 알아서 행하는 것이고, 예(禮)의 진수는 이 두 가지를 조절하여 글로 아름답게 꾸미는 것이고, 악(樂)의 진수는 이 두 가지를 즐거워하는 것이다. 즐거워하면 어버이를 섬기고 형을 따르는 마음이 생긴다. 이런 마음이 생기면 어찌 그냥 있을 수가 있겠는가. 기쁨이 한껏 고조되어 자기도 모르게 절로 발이 경중거리고 손이 덩실거리지 않겠는가. _이루(離婁) · 상 27

맹 자 왈　군 인 막 불 인　군 의 막 불 의
孟子曰　君仁莫不仁　君義莫不義

맹자가 말했다. 임금이 어질면 온 나라에 어질지 않은 사람이 없을 것이고, 임금이 의로우면 온 나라에 의롭지 않은 사람이 없을 것이다. _이루(離婁) · 하 5

맹 자 왈　비 례 지 례　비 의 지 의　대 인 불 위
孟子曰　非禮之禮　非義之義　大人弗爲

맹자가 말했다. 언뜻 보기에는 예(禮)인 듯하지만 사실은 예가 아닌 것, 언뜻 보면 옳은 듯하지만 사실은 옳은 게 아닌 것을, 사물의 도리에 밝은 대인(大人)은 결코 행하지 않는다. _이루(離婁) · 하 6

맹 자 왈　인 유 불 위 야　이 후 가 이 유 위
孟子曰　人有不爲也　而後可以有爲

맹자가 말했다. 사람은 하지 말아야 할 것이 무엇인지 안 뒤에야 비로소 해야 할 것이 무엇인지를 제대로 알게 된다. _이루(離婁) · 하 8

^{맹 자 왈 중 니 불 위 이 심 자}
孟子曰 仲尼不爲已甚者

맹자가 말했다. 공자는 결코 중용에서 벗어난 지나친 행동을 하지 않으셨다.

_이루(離婁)·하 10

^{맹 자 왈 대 인 자 불 실 기 적 자 지 심 자 야}
孟子曰 大人者 不失其赤子之心者也

맹자가 말했다. 대인은 자신의 어린 시절의 마음을 잃지 않는다. _이루(離婁)·하 12

※ 맹자의 성선설에 바탕을 둔 말이다. 어렸을 때의 착한 마음씨, 즉 순수한 심성을 어

　른이 되어서도 잃지 말고 유지해야 대인 소리를 들을 수 있다는 말이다.

^{맹 자 왈 박 학 이 상 설 지 장 이 반 설 약 야}
孟子曰 博學而詳說之 將以反說約也

맹자가 말했다. 학문하는 이들이 폭넓고 상세하게 배우는 까닭은 넓은 지식

을 종합하고 정리하여 간략한 대의(大意)를 말하기 위해서다. _이루(離婁)·하 15

^{인 지 소 이 이 어 금 수 자 기 회 서 민 거 지 군 자 존 지}
人之所以異於禽獸者幾希 庶民去之 君子存之

사람과 금수의 차이는 아주 미미하다. 그 차이의 기준은 인의의 유무에 있

다. 그런데 그 인의를 일반 사람들은 무심하게 지나치고 있으며, 군자는 취

하여 항상 지니고 있다. _이루(離婁)·하 19

^{맹 자 왈 가 이 취 가 이 무 취 취 상 렴}
孟子曰 可以取 可以無取 取傷廉
^{가 이 여 가 이 무 여 여 상 혜}
可以與 可以無與 與傷惠
^{가 이 사 가 이 무 사 사 상 용}
可以死 可以無死 死傷勇

맹자가 말했다. 받아도 그만, 안 받아도 그만일 경우에는 받지 않는 것이 좋

다. 받았다가 잘못되면 자신의 청렴함을 손상시키는 결과가 빚어지기 때문이다. 주어도 그만, 안 주어도 그만일 경우에는 안 주는 것이 좋다. 주었다가 잘못되면 자신의 은혜로움을 손상시키는 결과가 되기 때문이다.

죽어도 그만, 안 죽어도 그만일 경우에는 안 죽는 것이 좋다. 만약 죽게 되면 죽음으로써 도리어 자신의 진정한 용맹을 손상시키는 결과가 되기 때문이다. _이루(離婁) · 하 23

세 속 소 위 불 효 자 오
世俗所謂不孝者五

타 기 사 지 불 고 부 모 지 양 일 불 효 야
惰其四支 不顧父母之養 一不孝也

박 혁 호 음 주 불 고 부 모 지 양 이 불 효 야
博弈好飲酒 不顧父母之養 二不孝也

호 화 재 사 처 자 불 고 부 모 지 양 삼 불 효 야
好貨財 私妻子 不顧父母之養 三不孝也

종 이 목 지 욕 이 위 부 모 륙 사 불 효 야
從耳目之欲 以爲父母戮 四不孝也

호 용 투 흔 이 위 부 모 오 불 효 야
好勇鬪很 以危父母 五不孝也

세속에서 사람들이 불효라고 말하는 것에는 다섯 가지가 있다. 첫째, 자기 몸을 게을리하여 부모를 봉양하지 않는 것이다. 둘째, 술 마시기를 좋아하여 부모를 봉양하지 않는 것이다. 셋째, 재물을 좋아하고 처자를 좋아하여 부모를 봉양하지 않는 것이다. 넷째, 눈과 귀의 욕심을 채우느라고 부모를 봉양하지 않는 것이다. 다섯째, 쓸데없는 호기로 싸움을 해서 부모를 위기에 빠뜨리는 것이다. _이루(離婁) · 하 30

막 지 위 이 위 자 천 야 막 지 치 이 지 자 명 야
莫之爲而爲者 天也 莫之致而至者 命也

인력으로 안 되는 일이 저절로 이루어지는 것은 천의(天意, 하늘의 뜻)이고, 인력

으로 하려고 한 일이 아닌데도 저절로 닥쳐오는 것은 운명이다. _만장(萬章) · 상 6

孔子之謂集大成 集大成也者 金聲而玉振之也 金聲也者
始條理也 玉振之也者 終條理也 始條理者 智之事也
終條理者 聖之事也 智 譬則巧也 聖 譬則力也
由射於百步之外也 其至 爾力也 其中 非爾力也

공자야말로 덕을 집대성(集大成)한 분이라고 할 수 있다. 집대성했다는 것은
음악에 비유하면 여러 악기 소리를 모아 연주하는 것과 같다. 먼저 종소리를
내고 나중에는 옥경(玉磬)을 울린다. 종소리를 울리는 것은 여러 음의 합주를
조리 있게 인도하는 것이고, 옥경을 울리는 것은 합주를 조리 있게 마무리하
는 것이다. 여기서 처음에 조리 있게 인도한다는 것은 지(智)의 작용을 뜻하
고, 나중에 조리 있게 마무리한다는 것은 성(聖)의 힘이다.

결국 집대성이란 지의 작용과 성의 힘을 겸비한 것이다. 예컨대 백 보 떨어
진 곳에서 활을 쏜다고 할 때, 활을 당기는 기술이 지에 해당하고 과녁까지
도달하게 하는 힘은 성에 해당한다. 이때 화살이 과녁에까지 이르게 하는 것
은 화살을 쏜 사람의 힘에 의한 것이지만 명중을 하고 안 하고는 힘이 아니
라 기술이다. _만장(萬章) · 하 1

※ '집대성'은 원래 음악 용어였다. 음악에는 8개의 음이 있는데 이 음들을 한데 모아서
합음(合音)을 이루는 것을 말한다. 맹자는 어느 한 가지에 치우치지 않고 모든 지혜와
덕을 적절하게 조화시킨 인물로 공자를 꼽고, 그를 집대성한 인물이라고 말하였다.

孟子謂萬章曰

일 향 지 선 사　사 우 일 향 지 선 사
一鄉之善士 斯友一鄉之善士

일 국 지 선 사　사 우 일 국 지 선 사
一國之善士 斯友一國之善士

천 하 지 선 사　사 우 천 하 지 선 사
天下之善士 斯友天下之善士

이 우 천 하 지 선 사 위 미 족
以友天下之善士爲未足

우 상 론 고 지 인　송 기 시
又尚論古之人 頌其詩

독 기 서　부 지 기 인　가 호
讀其書 不知其人 可乎

시 이 론 기 세 야　시 상 우 야
是以論其世也 是尚友也

맹자가 제자 만장에게 말했다. 한 고을에 착한 선비로 일컬어지는 인물이라야 다른 고을의 착한 선비와 어울릴 수 있고, 한 나라에서 착한 선비로 일컬어지는 인물이라야 다른 나라의 착한 선비와 어울릴 수 있으며, 천하에서 착한 선비로 일컬어지는 인물이라야 역시 천하가 인정한 착한 선비와 어울릴 수 있는 법이다.

천하의 착한 선비들과 벗하는 것으로도 만족하지 못한다면, 책을 통해 옛사람들과 대화하며 벗으로 삼는다. 옛사람의 시를 낭송하고, 옛 책을 읽고서도 그의 사람됨을 모른다고 하면 말이 되겠는가? 결국 그 옛사람이 살던 시대를 논하게 되는 것이니, 이것이 바로 거슬러 올라가 옛사람을 만난다는 뜻이다. _만장(萬章)·하 8

금 부 수　박 이 약 지　가 사 과 상　격 이 행 지　가 사 재 산　시 기 수 지 성 재
今夫水 搏而躍之 可使過顙 激而行之 可使在山 是豈水之性哉

기 세 즉 연 야　인 지 가 사 위 불 선　기 성 역 유 시 야
其勢則然也 人之可使爲不善 其性亦猶是也

만약 물을 손으로 퉁겨서 높이 튀어 오르게 하면 사람의 머리보다도 높이 올라가게 할 수 있고 물을 막아서 역류시키면 산꼭대기까지라도 올라가게 할

수 있다.

그렇지만 그렇게 튀어 오르고 높이 역류하는 것이 어찌 물의 본래부터 지니고 있는 성질이겠는가. 그것은 외부에서 가해진 힘 때문에 그리되는 것뿐이다. 사람의 본성이 원래 선하면서도 나쁜 짓을 저지르게 되는 것은 이처럼 바깥에 있는 욕망이라는 힘이 작용하기 때문이다. _고자(告子)·상 2

맹자왈 우산지목상미의 이기교어대국야 부근벌지 가이위미호
孟子曰 牛山之木嘗美矣 以其郊於大國也 斧斤伐之 可以爲美乎

시기일야지소식 우로지소윤 비무맹얼지생언 우양우종이목지
是其日夜之所息 雨露之所潤 非無萌蘗之生焉 牛羊又從而牧之

시이약피탁탁야 인견기탁탁야 이위미상유재언 차기산지성야재
是以若彼濯濯也 人見其濯濯也 以爲未嘗有材焉 此豈山之性也哉

수존호인자 기무인의지심재 기소이방기량심자 역유부근지어목야
雖存乎人者 豈無仁義之心哉 其所以放其良心者 亦猶斧斤之於木也

단단이벌지 가이위미호 기일야지소식 평탄지기
旦旦而伐之 可以爲美乎 其日夜之所息 平旦之氣

기호악여인상근야자기희 즉기단주지소위 유곡망지의 곡지반복
其好惡與人相近也者幾希 則其旦晝之所爲 有梏亡之矣 梏之反覆

즉기야기부족이존 야기부족이존 즉기위금수불원의 인견기금수야
則其夜氣不足以存 夜氣不足以存 則其違禽獸不遠矣 人見其禽獸也

이이위미상유재언자 시개인지정야재
而以爲未嘗有才焉者 是豈人之情也哉

맹자가 말했다. 예로부터 제나라의 우산(牛山)에는 나무가 무성하게 자라 아름다웠다. 그러나 불행하게도 우산은 제나라에서 가장 큰 도시인 수도 임치(臨淄)와 가까운 곳에 있었기 때문에 산의 나무들이 무수히 베어져 나갔다. 결국 우산은 더 이상 그 아름다움을 유지할 수 없게 되었다.

더구나 그나마 이슬과 비 덕분에 푸름을 유지해주던 풀들마저 사람들이 소나 양을 방목하는 바람에 죄다 뜯겨나가 마침내는 민둥산이 돼버리고 말았다.

이러한 내력을 모르는 사람들은 민둥산이 된 우산을 보고, 저 산에는 옛날부터

수목이 없었던 것으로 여겼다. 하지만 그것이 어찌 우산의 본모습이겠는가? 사람이 지니고 있는 본성도 이와 마찬가지인데, 어찌 본래부터 인의의 마음을 가지고 있지 않았겠는가? 어떤 사람이 자신의 양심, 즉 인의를 상실하는 것은 바로 도끼와 나무의 관계 같은 것이니 매일 나무를 베어버린다면 어찌 아름다운 숲을 유지할 수 있겠는가?

마음도 나무와 같아서, 아무리 양심을 지키지 못하는 사람이라도 잃었던 양심이 되살아나기는 한다. 새벽의 맑고 청량한 기운에 양심이 소생하는 것이다. 그럼에도 인의로운 마음이 다른 사람에 미치지 못하는 것은 낮 동안에 행한 인의를 저버리는 행동이 간신히 회복된 양심을 갉아먹기 때문이다.

이렇듯 양심을 해치는 행위를 되풀이하면, 양심이 아주 없어지게 되어 결국 금수와 같은 존재가 된다. 그렇게 되면 이 사람이 원래부터 양심이 없던 사람이라고 여기게 되는 것이다. 하지만 이것이 진정 그의 본성이겠는가? _고자

(告子) · 상 8

생 역아소욕야 의 역아소욕야 이자불가득겸 사생이취의자야
生 亦我所欲也 義 亦我所欲也 二者不可得兼 舍生而取義者也

생역아소욕 소욕유심어생자 고불위구득야 사역아소오
生亦我所欲 所欲有甚於生者 故不爲苟得也 死亦我所惡

소오유심어사자 고환유소불벽야 여사인지소욕막심어생
所惡有甚於死者 故患有所不辟也 如使人之所欲莫甚於生

즉범가이득생자 하불용야 사인지소오막심어사자 즉범가이벽환자
則凡可以得生者 何不用也 使人之所惡莫甚於死者 則凡可以辟患者

하불위야 유시즉생이유불용야 유시즉가이벽환이유불위야 시고소욕
何不爲也 由是則生而有不用也 由是則可以辟患而有不爲也 是故所欲

유심어생자 소오유심어사자 비독현자유시심야 인개유지
有甚於生者 所惡有甚於死者 非獨賢者有是心也 人皆有之

현자능물상이 일단사 일두갱 득지즉생 불득즉사 호이이여지
賢者能勿喪耳 一簞食 一豆羹 得之則生 弗得則死 嘑爾而與之

행도지인불수 축이이여지 걸인불설야
行道之人弗受 蹴爾而與之 乞人不屑也

150

나는 생선 요리도 좋아하고 곰 발바닥 요리도 좋아하지만 만약 이 두 가지 중 한 가지를 고르라면 곰 발바닥 요리를 택할 것이다. 이와 마찬가지로 삶도 내가 바라는 것이고, 의(義)도 내가 바라는 것이다. 그런데 만약 이 두 가지 중 하나만 고르라면 나는 삶을 버리고 의를 택할 것이다. 삶도 내가 바라는 바이지만, 삶보다 더 간절하게 바라는 것이 있기 때문이다. 그러기에 나는 구차하게 살려고 하지는 않을 것이다. 죽는 것은 나도 싫다. 그러나 죽음보다 더 싫은 것이 있기에 구차하게 죽음을 피하려고 하지 않을 뿐이다.

만약 사람의 욕구 중 목숨보다 더 나은 것이 없다면, 목숨을 이어가기 위해 무슨 짓이든 다 하게 될 것이다. 만약 사람이 싫어하는 것 중 죽음보다 더한 게 없다면, 죽음을 피하는 일은 무슨 짓이든 다 하게 될 것이다. 그렇기 때문에 목숨을 이어나갈 수 있는 일이라도 의가 아니면 하지 않는 경우가 있고, 죽음을 피할 수 있는 일이라도 의를 위해서는 죽음을 두려워하지 않는 경우도 있는 것이다.

이처럼 생명보다 더 중요한 것이 있고 죽음보다 더 싫어해야 할 것이 있다. 이는 비록 현자만이 그러한 마음을 갖고 있는 것은 아니고 사람이라면 누구나 그런 마음을 갖고 있다. 다만, 현자는 어떠한 상황에 놓이더라도 그러한 마음을 잃지 않는다는 점이 보통 사람과 다를 뿐이다.

만약 어떤 사람이 한 소쿠리의 밥과 한 그릇의 국을 먹으면 살고, 먹지 못하면 굶어 죽는 절박한 상황에 놓여 있다고 하자. 이때 어떤 사람이 버럭 고함을 지르면서 경멸하듯 먹을 것을 준다면 아무리 굶주린 사람이라도 받아먹지 않을 것이다. 또한 음식을 발로 차듯이 준다면 비록 거지라도 그것을 먹지 않을 것이다. _고자(告子) · 상 10

맹자왈 인 인심야 의 인로야 사기로이불유
孟子曰 仁 人心也 義 人路也 舍其路而弗由

방기심이부지구 애재 인유계견방 즉지구지
放其心而不知求 哀哉 人有雞犬放 則知求之

유방심 이부지구 학문지도무타 구기방심이이의
有放心 而不知求 學問之道無他 求其放心而已矣

맹자가 말했다. 인은 사람의 마음이요, 의는 사람의 길이다. 그런데 사람들은
그 길이 백 리가 되든 천 리가 되든 따라가지 않고 있으며, 본심을 잃어버렸
는데도 찾을 생각을 하지 않으니 슬픈 일이 아닐 수 없다.

사람들은 개나 닭을 잃어버리면 서둘러 찾아 나선다. 그러나 마음을 잃어버
렸을 때는 찾아 나서지 않는다. 학문이란 별게 아니다. 잃어버린 마음을 찾
는 일이다. _고자(告子) · 상 11

선립호기대자 즉기소자불능탈야
先立乎其大者 則其小者不能奪也

차위대인이이의
此爲大人而已矣

우선 큰 것, 즉 마음을 확고히 세워놓으면 귀나 눈 같은 작은 것에 마음을 빼앗
기지 않게 된다. 대인이란 그렇게 할 수 있는 능력을 가진 사람을 말한다. _고자

(告子) · 상 15

인지승불인야 유수승화
仁之勝不仁也 猶水勝火

인(仁)이 불인(不仁)을 이기는 것은 마치 물이 불을 이기는 것처럼 쉬운 일이
다. _고자(告子) · 상 18

부인기이불승위환재 불위이
夫人豈以不勝爲患哉 弗爲耳

사람은 자기가 하지 못하는 것을 가지고 근심할 필요가 없다. 다만 자기가 할

수 있는 능력이 있는데도 하지 않고 있는 것을 근심해야 한다. _고자(告子) · 하 2

_{맹 자 왈 군 자 불 량 오 호 집}
孟子曰 君子不亮 惡乎執

맹자가 말했다. 군자가 신의가 없다면 어디를 의지하여 설 수 있겠는가. _고자

(告子) · 하 12

_{맹 자 왈 교 역 다 술 의}
孟子曰 教亦多術矣
_{여 불 설 지 교 회 야 자 시 역 교 회 지 이 이 의}
予不屑之教誨也者 是亦教誨之而已矣

맹자가 말했다. 가르치는 데는 여러 방법이 있다. 내가 그를 탐탁지 않게 여

겨 가르치지 않는 것, 이 또한 가르치는 방법 중 하나다. _고자(告子) · 하 16

_{맹 자 왈 막 비 명 야 순 수 기 정}
孟子曰 莫非命也 順受其正
_{시 고 지 명 자 불 립 호 암 장 지 하}
是故知命者 不立乎嚴牆之下
_{진 기 도 이 사 자 정 명 야 질 곡 사 자 비 정 명 야}
盡其道而死者 正命也 桎梏死者 非正命也

맹자가 말했다. 모든 일이 천명(天命) 아닌 게 없으니, 올바르게 살아서 하늘

의 운명을 받아들일 수 있도록 노력해야 한다. 자신이 바르게 살지 않아서

겪게 되는 운명은 하늘의 운명이 아니기 때문이다.

천명을 아는 사람들은 곧 무너져 내릴 것 같은 담 밑 같은 데는 아예 서 있지

않는다. 최선을 다해 도(道)를 다하다가 죽는 사람은 하늘이 내려준 운명을

따르는 것이고, 형벌을 받아 죽는 사람은 하늘이 내려준 자신의 운명을 따르

지 못한 것이다. _진심(盡心) · 상 2

맹 자 왈 만 물 개 비 어 아 의
孟子曰 萬物皆備於我矣
반 신 이 성 낙 막 대 언
反身而誠 樂莫大焉
강 서 이 행 구 인 막 근 언
強恕而行 求仁莫近焉

맹자가 말했다. 모든 사물의 이치는 다 내 몸 안에 갖추어져 있다. 그러므로
자신을 반성하여 성실했다면 나의 즐거움이 한없이 커지게 된다. 그리고 자
신의 마음을 미루어서 남을 대할 때 자기처럼 대한다면, 이것이야말로 가까
이에서 인을 구하는 방법이다. _진심(盡心)·상 4

맹 자 왈 인 불 가 이 무 치 무 치 지 치 무 치 의
孟子曰 人不可以無恥 無恥之恥 無恥矣

맹자가 말했다. 사람은 부끄러운 줄 알아야 한다. 부끄러워하는 마음이 없다
는 사실을 부끄러워한다면, 마침내 부끄러워할 게 없어진다. _진심(盡心)·상 6

인 언 불 여 인 성 지 입 인 심 야
仁言 不如仁聲之入人深也

인자한 말은 인자하다는 소문이 백성들의 가슴속으로 파고드는 것만 못하
다. 잘하는 정치는 백성들을 바르게 교화시켜 나아가는 정치보다 못하다. _진
심(盡心)·상 14

친 친 인 야 경 장 의 야 무 타 달 지 천 하 야
親親 仁也 敬長 義也 無他 達之天下也

어버이를 친애하는 것은 인(仁)이고, 어른들을 공경하는 것은 의(義)다. 중요한
것은 이 인과 의를 천하에 다 통할 수 있도록 만드는 일이다. _진심(盡心)·상 15

맹 자 왈 무 위 기 소 불 위 무 욕 기 소 불 욕 여 차 이 이 의
孟子曰 無爲其所不爲 無欲其所不欲 如此而已矣

맹자가 말했다. 하지 말아야 할 일은 하지 않고 욕심 부려서는 안 될 일은 욕심 부리지 말아야 한다. 군자의 도란 이렇게 하는 것뿐이다. _진심(盡心)·상 17

유 대 인 자　정 기 이 물 정 자 야
有大人者　正己而物正者也

가장 큰 인물을 일컫는 대인(大人)이란 자기를 바르게 함으로써 그에 감화시켜 사물과 타인까지도 바르게 하는 사람을 말한다. _진심(盡心)·상 19

맹 자 왈　군 자 유 삼 락　이 왕 천 하 불 여 존 언
孟子曰　君子有三樂　而王天下不與存焉
부 모 구 존　형 제 무 고　일 락 야
父母俱存　兄弟無故　一樂也
앙 불 괴 어 천　부 부 작 어 인　이 락 야
仰不愧於天　俯不怍於人　二樂也
득 천 하 영 재 이 교 육 지　삼 락 야
得天下英才而教育之　三樂也
군 자 유 삼 락　이 왕 천 하 불 여 존 언
君子有三樂　而王天下不與存焉

맹자가 말했다. 군자에게는 세 가지 즐거움이 있다. 다만 천하의 왕자(王者)로 군림하는 것 따위는 이 세 가지에 포함되지 않는다.

첫째, 부모가 살아 계시고 형제가 무고(無故)한 즐거움.

둘째, 하늘을 우러러보아 부끄럽지 않고 땅을 굽어보아도 사람에게 부끄럽지 않은 즐거움.

셋째, 천하의 영재(英才)를 얻어 가르치는 즐거움.

다시 한번 말하지만, 군자에게는 이 같은 세 가지의 즐거움이 있으나 천하의 왕자로 군림하는 것 따위는 이 세 가지에 포함되지 않는다. _진심(盡心)·상 20

유 수 지 위 물 야　불 영 과 불 행
流水之爲物也　不盈科不行

군 자 지 지 어 도 야　불 성 장 부 달
君子之志於道也　不成章不達

흐르는 물은 바다를 향해 나아가되, 반드시 작은 웅덩이들을 하나씩 다 채운 뒤에야 이르게 된다. 군자가 도에 이르기 위해 노력하는 방법도 이와 마찬가지여서 한 단계씩 이루어 나아가지 않고서는 성인의 경지에 다다를 수 없는 것이다. _진심(盡心) · 상 24

구 가 이 불 귀　악 지 기 비 유 야
久假而不歸　惡知其非有也

오랫동안 빌리기만 하고 돌려주지 않는다면, 자기가 진정으로 가지고 있는 게 아니라는 사실을 어떻게 알겠는가? _진심(盡心) · 상 30

식 이 불 애　시 교 지 야　애 이 불 경　수 축 지 야
食而弗愛　豕交之也　愛而不敬　獸畜之也

단순히 먹이기만 하고 사랑하는 마음을 갖지 않는 것은 돼지를 기르는 것이나 마찬가지다. 또한 사랑하지만 공경하지 않는다면 애완용 동물을 기르는 것이나 마찬가지다. _진심(盡心) · 상 37

군 자 지 소 이 교 자 오　유 여 시 우 화 지 자　유 성 덕 자
君子之所以教者五　有如時雨化之者　有成德者
유 달 재 자　유 답 문 자　유 사 숙 예 자　차 오 자　군 자 지 소 이 교 야
有達財者　有答問者　有私淑艾者　此五者　君子之所以教也

군자가 남을 가르치는 방법에는 다음과 같은 다섯 가지가 있다.

첫째, 제때에 내린 비로 인해 초목이 저절로 무성하게 자라듯이 스스로 계발하도록 도와주는 방법.

둘째, 그 사람이 본래 지니고 있는 덕성에 따라 덕을 길러주는 방법.

셋째, 그 사람이 본래 지니고 있는 재능에 따라 재능을 길러주는 방법.

넷째, 그 사람이 묻는 말에 대답을 해줌으로써 지혜를 길러주는 방법.

다섯째, 직접 가르치지 않고 스스로 덕을 닦아 수련하도록 간접적으로 도와주는 방법. _진심(盡心)·상 40

맹 자 왈 신 불 행 도 불 행 어 처 자
孟子曰 身不行道 不行於妻子
사 인 불 이 도 불 능 행 어 처 자
使人不以道 不能行於妻子

맹자가 말했다. 자신이 스스로 바른 도리를 실천하지 않으면 가장 가까이 있는 처자식에게도 받아들여지지 않을 것이며, 남을 부리는 데에서도 바른 도리로써 하지 않으면 처자식조차 움직이지 않을 것이다. _진심(盡心)·하 9

맹 자 왈 주 우 리 자 흉 년 불 능 살 주 우 덕 자 사 세 불 능 란
孟子曰 周于利者 凶年不能殺 周于德者 邪世不能亂

맹자가 말했다. 이익에 주도면밀한 사람은 흉년도 그를 굶겨 죽일 수가 없고, 덕에 주도면밀한 사람은 사악한 세상도 그를 어지럽히지 못한다. _진심(盡心)·하 10

맹 자 왈 호 명 지 인 능 양 천 승 지 국
孟子曰 好名之人 能讓千乘之國
구 비 기 인 단 사 두 갱 현 어 색
苟非其人 簞食豆羹見於色

맹자가 말했다. 진정으로 자기 명예를 존중할 줄 아는 사람은 천승(千乘)의 나라라도 사양하지만, 자기 명예를 존중할 줄 모르는 사람은 한 그릇의 밥과 한 그릇의 국 같은 하찮은 것에도 그것을 아까워하는 빛을 얼굴에 드러낸다.

_진심(盡心)·하 11

民爲貴 社稷次之 君爲輕 是故得乎丘民而爲天子
득 호 천 자 위 제 후　득 호 제 후 위 대 부
得乎天子爲諸侯 得乎諸侯爲大夫

나라에서 백성이 가장 귀중하고, 사직(社稷)이 그다음이며, 임금이 가장 가벼
운 존재다. 이런 까닭으로 백성에게 신임을 얻으면 천자가 될 수 있고, 천자
에게 신임을 얻으면 제후가 되며, 제후에게 신임을 얻으면 대부가 되는 것이
다. _진심(盡心) · 하 14

맹 자 위 고 자 왈　산 경 지 혜 간　개 연 용 지 이 성 로
孟子謂高子曰 山徑之蹊閒 介然用之而成路
위 간 불 용　즉 모 색 지 의　금 모 색 자 지 심 의
爲閒不用 則茅塞之矣 今茅塞子之心矣

맹자가 고자에게 말했다. 산골짜기 오솔길도 사람이 다니면 길이 나지만 사
람 발길이 조금 뜸하면 길은 없어지고 풀로 덮여버린다. 네 마음은 지금 풀
로 꽉 막혀 있다. _진심(盡心) · 하 21

※ 맹자는 게을러진 제자의 마음을 '풀로 꽉 막혀 있다'라고 표현했다. 적절한 비유이
　면서도 기발한 묘사이다.

구 지 어 미 야　목 지 어 색 야
口之於味也 目之於色也
이 지 어 성 야　비 지 어 취 야
耳之於聲也 鼻之於臭也
사 지 지 어 안 일 야　성 야
四肢之於安佚也 性也
유 명 언　군 자 불 위 성 야
有命焉 君子不謂性也

입은 맛있는 것을 먹으려 하고, 눈은 아름다운 것을 보려 하며, 귀는 좋은 소
리를 들으려 하고, 코는 향기로운 냄새를 맡으려 하며, 사지는 편안한 것을
바라는 게 사람의 본성이다. 하지만 그것들이 뜻한 대로 이루어지고 안 이루

어지고는 운명에 속한다. 그러므로 군자는 이런 것을 사람의 본성이라고 여기지 않으며, 억지로 그것을 구하려 하지도 않는다. _진심(盡心)·하24

가 욕 지 위 선　유 저 기 지 위 신
可欲之謂善 有諸己之謂信
충 실 지 위 미　충 실 이 유 광 휘 지 위 대
充實之謂美 充實而有光輝之謂大
대 이 화 지 지 위 성　성 이 불 가 지 지 지 위 신
大而化之之謂聖 聖而不可知之之謂神

사람이 본래부터 지닌 본성에 따라 행하는 것을 착하다고 한다. 그 착한 것을 몸에 지니는 것을 성실하다고 한다. 그렇게 몸에 지니고 있는 것을 충실하게 행하는 것을 아름답다고 한다. 그리고 그 충만하게 채워져 있는 것이 겉으로 드러나 빛나는 것을 위대하다고 한다. 위대하여 남을 감화시키는 것은 성스럽다고 하며, 성스러워 남이 알 수 없는 것을 신령스럽다고 한다. _진심(盡心)·하25

사 미 가 이 언 이 언　시 이 언 첨 지 야　가 이 언 이 불 언
士未可以言而言 是以言餂之也 可以言而不言
시 이 불 언 첨 지 야　시 개 천 유 지 류 야
是以不言餂之也 是皆穿踰之類也

선비가 말할 상황이 아닌데도 말하는 까닭은 말을 해서 남의 의사를 떠보려하는 것이고, 꼭 말을 해야 할 상황인데도 말하지 않는 것은 말을 하지 않은 채 남의 의사를 떠보려는 것이다. 이런 행위는 모두 남의 집 벽을 뚫거나 담을 뛰어넘는 일에 다름 아니다. _진심(盡心)·하31

맹 자 왈　세 대 인　즉 묘 지　물 시 기 외 외 연
孟子曰 說大人 則藐之 勿視其巍巍然
당 고 수 인　최 제 수 척　아 득 지 불 위 야
堂高數仞 榱題數尺 我得志弗爲也

식 전 방 장　시 첩 수 백 인　아 득 지 불 위 야
食前方丈 侍妾數百人 我得志弗爲也

반 락 음 주　구 빙 전 렵　후 차 천 승　아 득 지 불 위 야
般樂飮酒 驅騁田獵 後車千乘 我得志弗爲也

재 피 자　개 아 소 불 위 야　재 아 자　개 고 지 제 야　오 하 외 피 재
在彼者 皆我所不爲也 在我者 皆古之制也 吾何畏彼哉

맹자가 말했다. 임금이나 고관 같은 대인에게 유세할 때는 우선 그들을 얕잡아보고 들어가야 하는데, 그렇게 하려면 결코 그들의 권위에 눌려 주눅이 들어서는 안 된다.

비록 그들은 천장 높이가 여러 길이나 되고 서까래 굵기가 수 척이나 되는 크고 웅장한 집에 살지만, 나는 나중에 출세를 하더라도 그런 집에서는 살지 않을 것이다. 그리고 그들은 사방 열 자나 되는 식탁에 음식을 차려놓고 먹지만, 나는 출세를 하더라도 그런 짓은 하지 않을 것이다. 또한 그들은 호사스럽게 술을 마시며 놀고 천승의 거마(車馬)를 이끌고 사냥하러 다니지만, 나는 출세를 하더라도 그런 위세는 부리지 않을 것이다.

그들이 지금 가지고 있는 것은 모두 내가 바라는 게 아니다. 나는 옛 선왕들께서 보여주신 올바른 법도들을 가지고 있다. 그것을 갖고 있는 내가 그들을 두려워할 이유는 하나도 없다. _진심(盡心)·하 34

大學

대학

대학이란?

❀ 《대학》은 어떤 책인가

원래 《대학》은 독립적으로 지어진 책이 아니다. 49편으로 된 《예기禮記》중에서 제42편을 송나라의 사마광司馬光이 떼어내어 처음으로 《대학광의大學廣義》라는 것을 만들었다.

그 뒤에 주자朱子가 다시 《대학장구大學章句》를 만들어 경經1장, 전傳10장으로 구별하여 주석註釋을 달았는데, 그때부터 세상에 널리 알려졌다.

하지만 《대학》의 확실한 저자에 대해서는 여러 설이 있다. 정자는 《대학》을 공자의 유서라고만 했을 뿐 작자에 대해서는 명확히 언급하지 않았다.

다만 유학에 대하여 깊은 애착을 가졌던 주자가 말하기를, 경 1장은 공자의 뜻을 증자가 기록한 것이고, 전 10장은 증자의 뜻을 그의 제자들이 기록한 것이라 했다.

❀《대학》에 담긴 사상

흔히《대학》은 공자가 남긴 글이요, 본격적으로 학문을 시작하는 초학자初學者가 덕으로 들어가는 문이라고 알려져 있다. 그래서 학문 하는 사람들은 이 책을 읽은 뒤 향후 공부할 순서를 정하고 이 책의 사상을 따른다면 잘못을 범할 가능성은 희박해진다고 말했다.

《대학》이 담고 있는 근본 사상은 수기치인修己治人이라는 말로 압축할 수 있다. 즉, 자신의 마음을 충분히 닦은 뒤에야 백성들을 바르게 이끌 수 있다는 것이다. 그 수기치인을 위해 다시 3강령三綱領과 8조목八條目을 들어 구체적인 방법을 제시하고 있다.

3강령은《대학》의 서두에 나오는 것으로, 명명덕明明德 · 신민新民 · 지선至善 세 가지를 말한다. 명명덕, 밝은 덕을 밝힌다는 것은 학문을 닦으며 마음을 수양한다는 뜻이고, 신민은 명덕을 토대로 나라를 다스려 나아감을 뜻한다. 지선은 가장 나중에 도달하는 귀착점으로, 마음이 지극한 경지에 머문다는 뜻이다.

8조목은 다음과 같다.

- 격물格物: 격물과 치지는 주희가 고본에는 없는 것을 새로 넣은 것으로써 모든 사물의 이치를 깊이 탐구하는 것
- 치지致知: 사물의 이치를 탐구하여 마침내 모든 사물의 이치를 알게 되는 것

- 성의 誠意: 선을 따르는 마음과 뜻을 성실하게 하는 것
- 정심 正心: 마음을 바르게 가지는 것
- 수신 修身: 몸을 바르게 닦는 것, 즉 인격을 수양하는 일
- 제가 齊家: 집안을 바르게 다스리는 것
- 치국 治國: 나라를 바르게 다스리는 것
- 평천하 平天下: 위 사항을 성실히 실천하게 되면 천하가 모두 평안해진다는 것

❀《대학》의 구성

경1장과 전10장으로 구성되어 있다.

경1장: 증자가 공자의 말을 풀어놓은 장

전1장: 명명덕 明明德

전2장: 신민 新民

전3장: 지지선 止至善

전4장: 본말 本末

전5장: 격물치지 格物致知

전6장: 성의 誠意

전7장: 정심수신 正心修身

전8장: 수신제가 修身齊家

전9장: 제가치국 齊家治國

전10장: 치국평천하治國平天下

❈ 그밖에

주자에 따르면《대학》은 인간을 교육하는 도를 해설한 것이다. 이는 사서四書 중 가장 중요한 것으로, 이 책을 통달하면 다른 경전의 문구는《대학》을 기본으로 한 풀이로밖에 생각되지 않는다고 했다.

《대학》에 대한 해석은 다양한데, 형이상학적인 문구 때문에 다소 이해하기 힘든 면도 있다.

천하의 현자들이 몰려든 까닭

견 현 이 불 능 거 거 이 불 능 선 명 야
見賢而不能擧 擧而不能先 命也

어진 사람을 보고 천거하지 않거나 등용해놓고도
얼른 쓰지 않는다면 이것은 태만이다.

_부문 치국평천하 傳文 治國平天下

연燕나라 소왕은 제나라의 기습 공격으로 세상을 떠난 아버지의 원수를 갚기 위해 천하의 인재들을 모아야겠다고 생각했다. 그런데 인재들을 불러 모을 뾰족한 방법이 없어, 소왕은 현자 곽외에게 인재들을 모아달라고 부탁했다.

"돌아가신 부왕의 원수를 갚으려면 현명한 인재들이 필요하오."

곽외가 말했다.

"천하의 인재들은 여기저기 숨어 있습니다. 그들을 일일이 찾아가 불러온다는 것은 거의 불가능합니다. 그러니 제 발로 오도록 만들어야 합니다."

"어찌하면 되겠소?"

"먼저 저를 쓰십시오."

소왕이 영문을 몰라 자세히 말해달라고 하자 곽외가 천리마 이야기를 들려주었다.

옛날 어떤 왕이 천리마를 구하려고 애썼으나 몇 년이 지나도록 구하지 못했다. 그러던 어느 날 말단 관리가 왕을 찾아와 자기에게 일천 금을 주면 천리마를 구해 오겠다고 장담했다.

왕이 일천 금을 주자 관리는 그 돈으로 죽은 천리마의 머리를 오백 금이나 주고 사 왔다. 죽은 천리마의 머리가 오백 금이라면 살아 있는 천리마는 훨씬 비싼 값을 받을 것이라고 생각했기 때문이다.

곽외의 말에 소왕은 무릎을 쳤다.

"과연 그대의 말이 옳소."

소왕은 곽외를 즉시 높은 직위로 등용하고, 그가 거처할 훌륭한 집을 지어주었다. 곽외가 연나라에서 최고의 대우를 받고 있다는 소문이 퍼지자 과연 천하의 현자들이 소왕에게 몰려들었다.

코를 베인 여인

大學

초나라 회왕懷王은 여색을 밝히는 인물이었다. 그런 회왕에게는 정수라는 애첩이 있었다.

어느 날, 회왕이 여인을 좋아한다는 사실을 안 위나라 왕이 아름다운 여인 하나를 물색해 회왕에게 보냈다. 그러자 정수는 끓어오르는 질투심에 잠을 이루지 못했다. 그녀는 머리를 싸매고 누워 위나라에서 온 여인을 몰아낼 궁리를 했다.

'내가 질투심을 밖으로 드러내서는 안 되지. 그러면 내가 지는 거야.'

일단 정수는 위나라 여인에게 깍듯이 아우 대접을 해주었다.

그러던 가운데 정수는 묘안을 생각해내었고, 위나라 여인을 불러 이렇게 말했다.

"자네가 폐하를 잘 모시는 것을 보니 내 마음도 편안하다네. 그런데 한 가지만 고치면 폐하께서 자네를 더욱 총애하실 텐데……."

위나라 여인은 그 말을 듣자 바짝 다가앉으며 물었다.

"그게 무엇인지 가르쳐주십시오."

"내가 가만히 보니 폐하께서는 자네를 극진히 총애하시지만, 자네의 그 코만은 마음에 들어 하시지 않는 것 같아. 그러니 폐하 앞에서는 꼭 코를 손으로 가리도록 하게."

위나라 여인은 정수의 말을 곧이곧대로 믿고 회왕 앞에 가기만 하면 손으로 코를 가렸다.

이를 이상하게 여긴 회왕은 정수에게 까닭을 살짝 물어보았다. 정수는 그 기회를 놓치지 않고 대답했다.

"아마도 저 여인은 폐하의 몸 냄새를 맡기가 싫은 모양입니다."

"뭐라? 이런 괘씸한 것이 있나!"

회왕은 그 자리에서 위나라 여인의 코를 베어버릴 것을 명했다. 그 광경을 지켜보며 정수는 회심의 미소를 지었다.

'처음부터 이곳은 네가 있을 자리가 아닌 게야!'

신발은 누가 신는 것인가

물 유 본 말　사 유 종 시　지 소 선 후　즉 근 도 의
物有本末 事有終始 知所先後 則近道矣

사물에는 근본과 말단이 있고 일에는 끝과 시작이 있으니,
먼저 할 것과 나중에 할 것을 구별할 줄 알면 이것이 곧 도에 가까운 것이다.

_경문 經文 3

정나라에 하나만 알고 둘은 모르는 미련한 사람이 살고 있었다. 그는 성격이 너무 고집스러운 데다가 의심하는 고약한 버릇이 있어서 무엇을 가르쳐줘도 도무지 그것을 믿으려 하지 않았다.

하루는 그가 툇마루에 앉아 있다가 신발이 다 떨어진 것을 보고 중얼거렸다.

"신발을 하나 사야겠군. 아, 오늘은 장이 열리지 않으니 다음에 장이 열리면 가야겠구나. 그런데 신발 사는 걸 잊어버리면 어떻게

하지?"

그는 한참 궁리하다가 종이에 자기 발과 똑같은 크기의 그림을 그려 잘 보이는 벽에 붙여놓았다.

"저렇게 해놓으면 신발을 사는 것도 잊어버리지 않고, 또 내 발에 꼭 맞는 신발도 살 수 있을 거야."

그는 벽에 붙은 그림을 바라보며 매우 흡족해했다.

이윽고 장날이 되었다. 그는 아침부터 서둘러 신발을 사려고 장으로 달려갔다.

장터에 도착한 그는 여기저기 돌아다니다가 마음에 꼭 드는 신발을 찾아냈다.

"저 신발이 좋겠군. 어디 내가 그린 그림이랑 크기가 맞나 한번 볼까?"

그는 미리 그려둔 그림을 꺼내려고 주머니를 뒤적거렸다. 그런데 너무 서두른 나머지 그만 그림을 집에 두고 나온 것이었다. 그는 장사꾼에게 말했다.

"저 신발이 내 마음에 꼭 드니 다른 사람에게 팔지 마시오. 내 얼른 집에 다녀올 테니……."

장사꾼은 그가 수중에 돈이 없어 돈을 가지러 가는 줄 알고 고개를 끄덕였다.

그는 얼른 집으로 달려가 벽에 붙은 그림을 떼어 가지고 다시 장터로 돌아왔다. 그러나 그가 돌아왔을 때는 이미 그 신발이 팔린 뒤였다.

그는 버럭 화를 내며 장사꾼에게 따졌다.

"내가 팔지 말라고 했는데, 왜 파셨소?"

"장사꾼이야 돈만 받으면 누구에게든 물건을 파는 법인데 뭘 그걸 가지고 그리 화를 내시오? 그래, 돈은 가지고 오셨소?"

"돈이라니? 나는 돈은 얼마든지 있었단 말이오."

"돈이 있는데 집에는 왜 다녀온다고 한 거요?"

"이 그림을 가지러 갔었소."

그는 주머니에서 그림을 꺼내 장사꾼의 눈앞에 들이밀었다.

"아니, 신발을 사는데 이 그림이 왜 필요하오?"

장사꾼이 의아한 표정으로 물어보았다.

"나는 며칠 전부터 신발을 사기 위해 치밀하게 준비를 했었소. 그래서 이렇게 내 발 크기까지 그려두었단 말이오."

장사꾼은 실소하며 말했다.

"당신이 여기서 신발을 직접 신어보면 되는데, 그 그림을 가지러 집까지 다녀왔단 말이오?"

그가 자못 심각한 표정을 지으며 말했다.

"음…… 나는 이 그림을 그릴 때 꼭 이것과 똑같은 크기의 신발을 사려고 마음먹었단 말이오. 그러니 내 발보다 이 그림을 더 믿어야 하지 않겠소?"

이상한 논리로 억지를 부리는 그에게 장사꾼이 한마디 쏘아붙였다.

"신발은 당신 발이 신는 것이지, 그 그림이 신는 게 아니잖소?"

그는 아무 대꾸도 하지 못했다.

졸지에 소가 된 황부자

소 위 성 기 의 자　무 자 기 야
所謂誠其意者　毋自欺也

여 오 악 취　여 호 호 색　차 지 위 자 겸
如惡惡臭 如好好色 此之謂自謙

이른바 자신의 뜻을 성실하게 한다는 것은 스스로 자신을 속이지 않는 것이다.
악을 싫어하기를 마치 나쁜 냄새를 싫어하듯 하며,
선을 좋아하기를 마치 미녀를 좋아하듯 하는 것. 이를 가리켜
'스스로 만족한다'고 말하는 것이다.

_부문 성의 傳文 誠意

어느 마을에 농사지으며 글을 읽는 선비가 살고 있었다. 그는 학문을 하면서도 성실하게 농사를 지어 가정을 이끄는 착한 가장이었다.

하루는 논으로 나가려고 외양간으로 갔는데, 어젯밤까지도 멀쩡하던 소가 기운을 못 차리고 비실거렸다.

"오늘은 누렁이가 일을 할 수 없겠구나."

그렇다고 일손을 놓을 수는 없었기에 그는 한동네에 사는 황부자네 소를 하루만 빌리자고 생각했다.

황부자는 일자무식이었지만 가진 것이 많아 늘 거드름을 피우며 사는 자였다. 그는 매일 놀고먹어도 평생을 쓰고 남을 만큼의 재물을 가지고 있었다. 그래서 그런지 그는 가진 재산만 믿고 아무런 노력도 하지 않았다.

선비는 지필묵을 꺼내 하루만 소를 빌려달라는 내용의 편지를 쓴 다음 아들을 시켜 황부자에게 전하도록 했다.

아들이 편지를 들고 황부자를 찾아갔을 때 그는 귀한 손님과 이야기를 나누고 있었다.

"어르신, 제 아버지께서 이 편지를 전해달라고 하셔서 왔습니다."

아들이 편지를 건네자 황부자는 역시나 거드름을 피우며 종이를 펼쳤다. 그러나 종이에 적힌 글자가 눈에 들어올 리 없었다. 까막눈이나 마찬가지였기 때문이다. 하지만 귀한 손님과 마주 앉아 있는 터라 자신의 무식함을 드러낼 수는 없었다.

황부자는 짐짓 글 읽는 시늉을 했다. 그러고는 선비의 아들에게 말했다.

"알겠다. 손님이 돌아가시면 내가 직접 가서 원하는 것을 해주겠노라 전해드려라."

상아 젓가락의 최후

은나라 주왕은 처음에는 바른 정치로 백성들을 이끌었으나 말년에는 방탕한 생활로 비참한 최후를 맞은 군주다.

주왕은 왕비인 달기에게 빠져 선정을 간하는 신하들의 말을 듣지 않고, 오히려 그들을 구리 기둥에 기름을 발라 숯불 위에 걸쳐놓고 그 위를 걷게 하다가 미끄러지면 태워 죽이는 포락형 炮烙形을 구경하며 즐기기도 했다.

그 무렵, 주왕이 상아로 젓가락을 만들었다는 소식이 파다하게 퍼졌다. 이 소식을 접한 현인 기자 箕子는 이를 몹시 두려워하여 주왕에게 찾아가 간했다.

"지금 상아 젓가락을 만드셨으니 앞으로는 국그릇도 질그릇에서 옥그릇으로 바꾸시게 될 겁니다. 어디 그뿐이겠습니까? 음식도 채

소에서 고기로 바꾸실 게 분명하고, 옷과 침소도 호사스럽게 치장하실 것이 분명합니다. 이런 것들을 갖추시려면 엄청난 재물이 필요하게 되니 이는 결코 해서는 안 될 일입니다."

그러나 주왕은 기자의 간언을 듣지 않고 백성들에게 무거운 조세를 가했다. 그러고는 이에 반발하는 자들에게 중벌을 내렸다.

그러자 백성들은 주왕에게 등을 돌렸다. 얼마 뒤 주왕의 측근으로 일하던 신하들조차 등을 돌려 주나라 무왕에게 도움을 청해 그를 살해하니, 결국 은나라는 멸망하고 말았다.

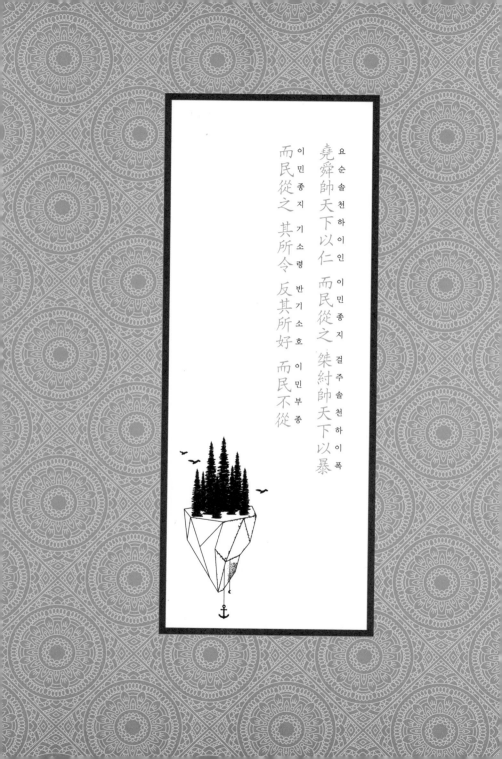

요순솔천하이인 이민종지 걸주솔천하이폭
이민종지 기소령 반기소호 이민부종

堯舜帥天下以仁 而民從之 桀紂帥天下以暴
而民從之 其所令 反其所好 而民不從

요 임금이 너그러움으로 천하를 이끌자 백성들은 그분의 인자함을 그대로 따랐고

걸왕과 주왕이 난폭함으로 천하를 이끌자 백성들은 그들의 난폭함을 그대로 따랐다

임금이 입으로는 백성들에게 인자해야 한다고 말하면서

임금 자신은 난폭하다면 이는 전혀 상반되는 것이다

따라서 백성들은 임금의 말을 따르지 않을 것이다

부문 제가치국 傳文 齊家治國

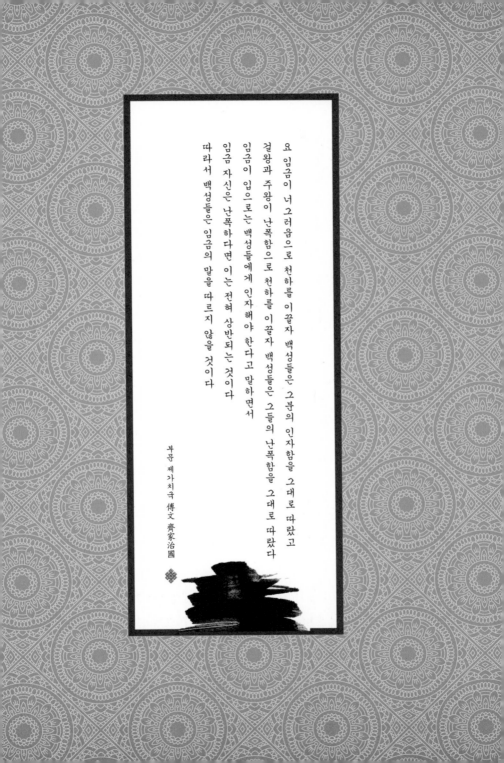

소인배의 얄팍한 생각

소 인 한 거 위 불 선　무 소 부 지　견 군 자 이 후 염 연
小人閑居爲不善 無所不至 見君子而後厭然

엄 기 불 선　이 저 기 선　인 지 시 기　여 견 기 폐 간 연
揜其不善 而著其善 人之視己 如見其肺肝然

즉 하 익 의　차 위 성 어 중　형 어 외　고 군 자 필 신 기 독 야
則何益矣 此謂誠於中 形於外 故君子必愼其獨也

소인은 혼자 있을 때는 아무 생각 없이 못된 일을 저지르다가
군자를 보게 되면 그런 일이 없었다는 듯 자신의 못된 짓을 가리고
선한 행동을 드러내 보이려고 한다. 그러나 사람들은 그 속을
빤히 다 들여다보고 있으니 선한 행동 따위는 그에게 아무 도움이 되지 않는다.
이것을 가리켜 진실로 '마음속에 있는 것은 밖으로 드러난다'고 말하는 것이다.
그러므로 군자는 혼자가 되었을 때도 반드시 신중히 행동해야 한다.

_부문 성의 傳文 誠意

大學

　제나라의 재상을 지낸 관중은 친구 포숙아鮑叔牙와 평생 변치 않
는 우정을 나눠 '관포지교管鮑之交'라는 유명한 고사를 만들어낸 인
물이다.

　제나라 환공桓公이 즉위할 무렵에는 환공의 이복동생인 규糾의 편
에 섰다가 패전하여 노나라로 망명하기도 했다. 그 무렵의 일이다.

관중이 오랏줄에 묶인 채 노나라에서 고국인 제나라로 압송되고 있었다. 워낙 먼 길을 걸어가다 보니 배도 고프고 갈증도 심해 노나라의 변경을 지나가다 어느 마을에 잠시 머물게 되었다.

조금 있자니 변방을 지키는 관리 하나가 마실 물과 먹을 것을 가지고 관중에게 다가와 말했다.

"사람 일이란 알 수 없는 것 아니겠습니까? 지금 나리께서는 죄를 짓고 끌려가는 몸이지만, 거꾸로 화가 복이 되어 높은 자리에 오르게 될지 누가 압니까? 만약 그리되면 오늘 제가 도움을 드린 것을 잊지 마시고 한자리 부탁드리겠습니다."

관리는 입가에 야비한 미소를 머금었다. 관중은 딱하다는 표정으로 관리를 쳐다보며 말했다.

"그대 말대로 내가 제나라에 가서 중요한 자리를 맡게 될지도 모르지. 그건 누구도 알 수 없는 일이오."

"그렇죠? 제 말이 맞죠?"

"그러나 설령 내가 관직을 맡는다 해도 당신은 쓰지 않을 것이오. 무릇 관직이란 나라의 녹을 먹는 중요한 자리인데 어찌 능력 있고 정직한 사람들을 쓰지 않고 사사로운 정에 끌려 당신 같은 사람을 쓰겠소?"

관중의 말에 관리는 아무 말도 하지 못하고 물러갔다.

운명 앞에서는 태연하게

공자가 제자들과 함께 송나라에 머물 던 어느 날, 송나라 병사들이 들이닥쳐 그를 연행하려고 했다. 그럼에도 그는 태연하게 거문고를 뜯으며 노래를 불렀다.

제자 자로가 공자에게 물었다.

"지금 아주 위급한 상황인데 어떻게 노래를 부르실 수 있습니까?"

공자가 대답했다.

"그럼 날더러 어떻게 하고 있으라는 말이냐?"

"뒷문으로 몸을 피하셔야 하지 않을까요?"

"나는 오로지 운명에 따를 뿐이다."

자로가 다시 물었다.

"그게 무슨 말씀이신지요?"

"나는 지금까지 내 뜻을 천하에 펼치기 위해 많은 나라를 돌아다녔고, 또 많은 사람도 만났지만 아직도 제자리걸음만 하고 있는 상황이다. 이것은 내가 때를 잘못 타고났기 때문이라고 생각한다. 다시 말해 지금까지 내가 뜻을 펼치지 못하는 것은 하늘이 이미 나에 대한 운명을 정해두었기 때문이다."

"그렇다면 지금 들이닥친 병사들은 어떻게 대처해야 합니까?"

"나의 운명은 이미 하늘에서 정한 것이라고 했다. 내가 저 병사들에게 잡혀갈 운명이면 잡혀가는 것이고, 잡혀가지 않을 운명이면 잡혀가지 않을 것이다. 이는 내가 발버둥 친다고 해서 해결될 문제가 아니다. 그러니 나는 태연하게 거문고를 뜯을 수 있는 것이다."

잠시 후 송나라의 지휘관이 공자에게 오더니 말했다.

"죄송하게 되었습니다. 선생의 일행을 우리가 쫓고 있는 도적 무리로 오해했습니다. 부디 용서하십시오."

불로초인가, 즉사초인가?

일 가 인　일 국 흥 인　일 가 양　일 국 흥 양
一家仁 一國興仁 一家讓 一國興讓

일 인 탐 려　일 국 작 란　기 기 여 차
一人貪戾 一國作亂 其機如此

차 위 일 언 분 사　일 인 정 국
此謂一言僨事 一人定國

한 집안이 어질면 온 나라가 어질게 되고
한 집안이 겸손하면 온 나라가 겸손하게 된다.
마찬가지로 한 사람이 자기 이익만을 탐하면
온 나라가 어지러워지니, 그 연쇄적인 영향력이 이와 같은 것이다.
이를 가리켜 말 한마디가 일을 그르치고,
사람 하나가 나라를 안정시킨다고 말하는 것이다.

_본문 제9장 치국 傳文 齊家治國

大學

　초나라 사람 하나가 불로초를 가지고 왔다며 왕을 만나게 해달
라 했다. 그러나 궁궐을 지키는 관리는 그에게 말했다.

　"지금 폐하는 궁궐에 계시지 않아 만날 수 없으니 그 약을 내게
맡기고 가거라. 폐하가 돌아오시면 전해주겠다."

　이튿날 왕이 돌아오자 관리는 불로초를 들고 어전으로 향했다.
그는 어전으로 들어가다가 그곳을 담당하는 신하와 마주쳤다. 그

신하는 그에게 들고 있는 것이 무엇이냐고 물었다.

"불로초라고 합니다."

"뭐? 불로초라고! 그럼 그걸 내가 먹어도 되겠나?"

"하하하, 그러십시오."

궁궐 관리는 어전 신하가 농담을 하는 줄 알고 웃으며 대답했다. 그러나 신하는 정말로 불로초를 한입에 꿀꺽 삼켜버렸다.

"아니, 정말로 그걸 드시면 어떡합니까?"

궁궐 관리는 울상이 되었으나 이미 불로초는 그의 손에 없었다.

이 소식이 왕에게 전해졌다. 귀한 불로초를 먹지 못했다고 생각하니 울화가 치밀었다. 진노한 왕은 어전 신하를 불러들여 심히 다그쳤다.

"감히 내게 바친 불로초를 먹다니! 네놈이 지금 제정신인가? 여봐라! 나를 조롱한 저놈을 당장 참형에 처하라!"

그때 어전 신하가 크게 외쳤다.

"잠깐 제 말 좀 들어주십시오!"

애원하며 달려드는 신하를 보자 측은한 생각이 들었는지 왕은 그에게 말할 기회를 주었다.

"네 마지막 소원이니 기회를 주는 것이다. 무슨 말인지 해보거라."

"저는 폐하를 조롱하려는 마음이 조금도 없었습니다. 단지 궁궐 관리가 먹어도 좋다고 하기에 제가 먹은 것뿐입니다. 그러니 죄가 있다면 그 관리의 죄가 더 큽니다."

"오냐, 네놈이 그 관리 놈을 물고 들어갈 심산이었구나. 그거라면 걱정하지 마라. 네 소원대로 관리 놈도 함께 죽여주마!"

왕은 다시금 흥분하여 소리쳤다.

"그런 말씀이 아닙니다. 생각해보십시오. 제가 불로초를 먹고 죽었다는 사실이 세상에 알려지면, 저는 불로초가 아닌 즉사초卽死草를 먹은 꼴이 됩니다.

"뭐라? 네놈이 이제는 궤변을 넣어놓는구나!"

"제가 독풀을 먹었다면 처음에 불로초를 가져온 그자도 살아남을 수 없을 것입니다. 제가 불로초를 먹고 죽는다면 그자는 결국 폐하께 독풀을 바치려고 한 결과가 아니겠습니까?"

"음······."

그 말을 듣고 보니 왕의 마음이 다소 가라앉았다. 그럴듯한 말이었기 때문이다.

"그러므로 폐하께서 저를 사형에 처하시거나 하찮은 백성 한 사람에게 속았다는 말이 천하에 퍼진다면 반드시 손가락질을 받게 될 것입니다. 부디 성은을 베풀어 신을 용서해주십시오."

결국 왕은 아무도 죽이지 않고 이 사건을 조용히 덮었다.

명궁과 기름 장수

군자유대도　필충신이득지　교태이실지
君子有大道 必忠信以得之 驕泰以失之

군자에게는 변함없는 철칙이 있다.
즉 반드시 성실함과 믿음을 지니고 있으면 군자의 지위를 얻고,
교만함과 건방진 마음이 있으면 군자의 지위를 잃게 될 것이다.

_본문 치국평천하 傳文 治國平天下

천하의 명궁이라고 자부하는 사내가 있었다. 그 자신뿐만 아니라 주위 사람들도 그의 활 솜씨를 인정했다.

하루는 사내가 들판에서 사냥을 하고 있었다. 그가 쏘는 화살마다 새를 떨어뜨렸다.

그때 옆에서 사내의 모습을 지켜보는 노인이 있었다. 그 노인은 기름통을 짊어지고 다니는 장사꾼이었다.

사내가 노인을 발견하고 말을 걸었다.

"내 활 솜씨가 어떻습니까?"

사내는 우쭐거리며 물어보았지만 노인의 대답은 신통치 않았다.

"크게 놀랄 만한 솜씨는 아니군."

그 말에 사내가 발끈했다.

"놀랄 만한 솜씨가 아니라니요? 다른 사람들은 내가 활을 쏠 때마다 모두 탄성을 지르는데, 노인장은 왜 나를 얕보는 겁니까?"

노인은 대답 대신 기름통을 번쩍 들어 올린 다음, 작은 호리병을 가리켰다. 호리병 위에는 엽전 하나가 놓여 있었는데 노인은 이내 기름통을 들어 그 엽전 구멍에다 기름을 붓기 시작했다. 신기하게도 그 작은 엽전 구멍 밖으로는 기름이 한 방울도 튀지 않고 온전하게 호리병 속으로 쏟아져 들어갔다. 호리병에 기름이 가득 차자 노인은 기름통을 내려놓으며 말했다.

"지금 내가 보여준 기술도 별것 아닐세. 젊어서부터 수십 년 동안 기름 장사를 하다 보니 그저 손에 익은 것뿐이지. 나는 이 기술이 그렇게 대단하다고 여기지 않는다네."

노인의 말을 듣고 크게 깨달은 사내는 정중히 고개를 숙여 노인에게 예를 갖추었다.

삼 층 한 칸만 지어주게

심 부 재 언　시 이 불 견　청 이 불 문
心不在焉 視而不見 聽而不聞

식 이 부 지 기 미　차 위 수 신　재 정 기 심
食而不知其味 此謂修身 在正其心

마음에 있지 않으면 보아도 보이지 않고,
들어도 들리지 않으며, 먹어도 그 맛을 알지 못한다.
이래서 몸을 닦는 것은 자신의 마음을 바르게 하는 데 있다고 하는 것이다.

_부문 정심수신 傳文 正心修身

낫 놓고 기역 자도 모르는 무식한 남자가 있었다. 그는 운 좋게 부모를 잘 만나 엄청난 재산을 물려받았으나, 하는 짓이나 생각은 동네 꼬마들만도 못했다.

어느 날, 그는 오랜만에 이웃 마을의 부잣집에 놀러 가게 되었다. 그런데 가서 보니 그 부자가 집을 새로 지었는데, 으리으리한 삼층 집이었다. 특히 삼 층에는 화려한 장식을 해서 누가 보더라도 감탄을 자아낼 정도였다. 그는 은근히 샘이 났다.

'나는 저자보다 돈이 더 많은데…… 안 되겠다. 나도 당장 삼 층

짜리 집을 지어야지.'

즉시 집으로 돌아온 그는 목수를 불러들이고는 말했다.

"이웃 마을 부자네 집과 똑같은 집을 지을 수 있겠나?"

"물론입니다."

목수는 그의 요청에 따라 삼층집을 짓기 위해 터를 닦고 벽돌을 쌓기 시작했다.

이 층쯤 올라갔을 때 그가 목수에게 말했다.

"지금 뭘 짓고 있는 건가?"

"삼 층짜리 집을 지어달라고 해서 그걸 짓고 있는 게 아닙니까?"

그가 고개를 갸웃하더니 말했다.

"나는 일 층하고 이 층은 필요 없고 삼 층만 화려하게 지었으면 좋겠으니 그렇게 해주게."

"뭐요? 아니, 그런 집이 어디 있습니까? 그건 불가능합니다."

"자네는 유능한 목수 아닌가? 한번 해보게."

목수는 그 길로 집짓기를 관두고 돌아섰다.

삼 층 건물 전체보다는 오로지 삼 층 한 칸의 화려함만 눈에 담았던 그는 세상 사람들의 웃음거리가 되고 말았다.

맹탕이 된 술

술을 맛있게 빚는 사람이 있었다. 그가 빚은 술은 아무리 마셔도 부드럽게 취하고 이튿날 깨어나도 숙취를 느끼지 못할 정도였다.

한 노인이 그에게 찾아가 술 만드는 방법을 가르쳐달라고 부탁했다. 그는 기꺼이 노인의 부탁을 들어주었다.

"우선 정미가 잘된 쌀 한 말과 누룩 한 종지가 필요합니다. 그리고 물 두 말에다가 인삼 한 뿌리를 넣고 일주일 동안 항아리에다 숙성시키세요."

"알았네. 쌀 한 말, 누룩 한 종지, 물 두 말, 인삼 한 뿌리……"

평소 건망증이 심했던 노인은 그가 한 말을 잊어버리지 않으려 중얼거리며 집으로 돌아왔다.

노인은 그가 일러준 대로 항아리에 재료를 넣고 일주일을 기다렸다.

일주일이 되던 날, 노인은 기대를 갖고 항아리 뚜껑을 열었다.

"무슨 술맛이 이렇게 맹탕인가?"

술을 한 국자 떠 마셔본 노인은 입맛을 다셨다.

"아무래도 그자가 자기 비법을 다 안 가르쳐준 게 분명해!"

노인은 냅다 그에게 가 따졌다.

"처음부터 가르쳐주기 싫으면 싫다고 하지, 왜 늙은이를 희롱하는가?"

노인의 말에 그는 고개를 갸웃거렸다.

"저는 제대로 다 가르쳐드렸는데 이상하군요. 항아리에 무엇을 넣었는지 말씀해보세요."

"자네 말대로 물 두 말에 누룩 한 종지 거기다가 인삼 한 뿌리까지 다 넣었는데도 도무지 술맛이 나지 않아."

"항아리에 넣은 게 그것이 전부인가요?"

"그럼 뭘 또 넣어야 하나? 자네가 일러준 건 그것뿐인데."

"그것 참 이상하네요. 그럴 리가 없는데…… 물론 쌀 한 말도 넣으셨겠죠?"

일순간 노인의 얼굴이 굳었다.

'아, 쌀. 쌀을 안 넣었구먼. 이런 정신하고는…….'

노인은 고개를 숙인 채 아무 말도 하지 못했다. 술을 빚는 데 가장 중요한 것을 빼먹었으니 무슨 할 말이 있겠는가!

《대학》의 명구절

大學之書 古之大學所以敎人之法也

《대학》은 옛날의 대학에서 사람들을 가르치는 법에 대하여 서술한 책이다. _대

학장구서(大學章句序)

大學之道 在明明德
在新民 在止於至善

대학의 도(목적)는 밝은 덕을 밝히는 데 있으며, 백성을 새롭게 하는 데 있고,

가장 훌륭한 선에 머무르는 데 있다. _경문(經文) 1

古之欲明明德於天下者
先治其國 欲治其國者 先齊其家
欲齊其家者 先修其身 欲修其身者
先正其心 欲正其心者 先誠其意

欲誠其意者 先致基知 致知在格物

예로부터 밝은 덕을 천하에 밝히려는 사람은 먼저 자기 나라를 다스렸고, 나라를 다스리려는 사람은 먼저 자기 집안을 바로잡았다.

자기 집안을 바로잡으려는 사람은 먼저 자기 몸을 닦았고, 자기 몸을 닦으려는 사람은 먼저 자기 마음을 바로 세웠다.

자기 마음을 바르게 세우려는 사람은 먼저 자기 의지를 성실하게 하였고, 자기 의지를 성실하게 하려는 사람은 먼저 앎을 최대한 넓혔다. 앎을 최대한 넓히는 최선의 방법은 사물을 탐구하는 데 있다. _경문(經文) 4

物格而后知至 知至而后意誠 意誠而后心正 心正而后身修
身修而后家齊 家齊而后國治 國治而后天下平

마음이 바르게 된 뒤에는 몸이 닦아지고, 몸이 닦아진 뒤에야 집안이 바로잡히며, 집안이 바로잡힌 뒤에야 나라가 다스려진다. 나라가 다스려진 뒤에는 천하가 평화로워진다. _경문(經文) 5

自天子以至於庶人 壹是皆以修身爲本

천자로부터 백성들에 이르기까지 모두 자신의 몸을 닦는 것을 근본으로 삼았다. _경문(經文) 6

康誥曰 克明德 大甲曰 顧諟天之明命 帝典曰 克明峻德 皆自明也

'강고'에 이르기를 덕을 밝힐 수 있어야 한다고 했고 '태갑(太甲)'에서는 하늘이 부여한 명을 항상 돌아보고 살펴야 한다고 했다. 또한 '제전(帝典)'에서는 위대한 덕을 밝힐 수 있어야 한다고 했다. 이처럼 덕을 밝히는 것이나 하늘의 밝은 덕을 잘 지켜 덕 쌓는 일은 모두가 스스로 밝히고 쌓는 것이다. _부문 명명덕(傳文 明明德)

※ '강고'는《서경(書經)》〈주서(周書)〉의 편명이고, '태갑'은〈상서(商書)〉의 편명이다.

탕 지 반 명 왈　구 일 신　일 일 신　우 일 신
湯之盤銘曰 苟日新 日日新 又日新

탕왕의 반명(盤銘)에는 이렇게 적혀 있었다. 만약 어느 날인가 새로워진다면 그것을 바탕으로 하여 날마다 새로워질 것이며 또 그것들을 바탕으로 하여 거듭 날마다 새로워지리라. _부문 신민(傳文 新民)

※ 반명: 옛날에는 자주 쓰는 그릇이나 물건에 자신이 다짐한 내용을 글로 적어두고 기회가 있을 때마다 들여다보며 결의를 다졌다고 한다. 탕 임금은 제사 때 손을 씻는 세숫대야에 '일일신 우일신'이라는 구절을 적어놓고 자신의 결의를 새롭게 했다고 한다.

군 자　무 소 불 용 기 극
君子 無所不用其極

군자는 항상 최선을 다하지 않는 것이 없다. _부문 신민(傳文 新民)

시 운　면 만 황 조　지 어 구 우
詩云 緡蠻黃鳥 止於丘隅
자 왈　어 지　지 기 소 지　가 이 인 이 불 여 조 호
子曰 於止 知其所止 可以人而不如鳥乎

《시경》에 '지저귀는 꾀꼬리는 수풀이 우거진 산모퉁이에 머물고 있구나'라는 구절이 있다. 이를 보고 공자가 말했다.

"새들도 어디에 머물러야 하는지를 알고 또한 그 시기도 잘 알고 있구나. 그런데 하물며 사람이 새만도 못하면 되겠는가." _부문 지지선(傳文 止至善)

爲人君 止於仁 爲人臣 止於敬 爲人子
止於孝 爲人父 止於慈 與國人交 止於信

임금은 어진 데 머물러 있어야 하고, 신하는 공경 속에 머물러 있어야 하며, 자식은 효에 머물러 있어야 하고, 부모는 자애로운 데 머물러 있어야 한다. 또한 백성들을 다스릴 때는 믿음 속에 머물러 있어야 한다. _부문 지지선(傳文 止至善)

無情者不得盡其辭 大畏民志 此謂知本

진실하지 못한 자는 계속 꾸며대기가 힘들다. 이는 백성들의 뜻을 크게 두려워하기 때문이므로 이것이 바로 근본을 안다는 의미다. _부문 본말(傳文 本末)

所謂誠其意者 毋自欺也 如惡惡臭 如好好色
此之謂自謙 故君子 必慎其獨也

이른바 자신의 뜻을 성실하게 한다는 것은 스스로 자신을 속이지 않는 것이다. 악을 싫어하기를 마치 나쁜 냄새를 싫어하듯 하며, 선을 좋아하기를 마치 미녀를 좋아하듯 하는 것, 이를 가리켜 '스스로 만족한다'고 말하는 것이다. 따라서 군자는 혼자 있을 때도 반드시 신중하게 행동해야 한다. _부문 성의(傳文 誠意)

曾子曰 十目所視 十手所指 其嚴乎

증자가 말했다. 사방에 열 개의 눈이 있어 자신을 지켜보고 있으며 사방에 열 개의 손가락이 있어 자신을 가리키고 있으니 이 얼마나 두려운 일인가. _부문 성의(傳文 誠意)

부 윤 옥　덕 윤 신
富潤屋 德潤身
심 광 체 반　고 군 자 필 성 기 의
心廣體胖 故君子必誠其意

부는 자신의 집을 윤택하게 하고, 덕은 자신의 몸을 윤택하게 한다. 마음이
넓어지면 몸도 편안해진다. 그러므로 군자는 자신의 의지를 성실하게 갖는
다. _부문 성의(傳文 誠意)

소 위 수 신 재 정 기 심 자　신 유 소 분 치 즉 부 득 기 정
所謂修身在正其心者 身有所忿懥則不得其正
유 소 공 구 즉 부 득 기 정　유 소 호 락 즉 부 득 기 정
有所恐懼則不得其正 有所好樂則不得其正
유 소 우 환 즉 부 득 기 정
有所憂患則不得其正

이른바 몸을 닦는 것이 마음을 바르게 함에 있다고 하는 것은, 자신의 마음
에 노여워함이 있으면 바른 마음을 얻지 못하고 두려워하는 감정이 있어도
바른 마음을 얻지 못한다는 의미다. 또한 좋아하고 즐거워하는 감정이 있어
도 바른 마음을 얻지 못하고, 걱정하는 감정이 있어도 바른 마음을 얻지 못
한다는 뜻이다. _부문 정심수신(傳文 正心修身)

소 위 제 기 가 재 수 기 신 자
所謂齊其家在修其身者
인 지 기 소 친 애 이 벽 언
人之其所親愛而辟焉
지 기 소 천 오 이 벽 언　지 기 소 경 외 이 벽 언
之其所賤惡而辟焉 之其所敬畏而辟焉
지 기 소 애 긍 이 벽 언　지 기 소 오 타 이 벽 언
之其所哀矜而辟焉 之其所敖惰而辟焉
고 호 이 지 기 악　오 이 지 기 미 자　천 하 선 의
故好而知其惡 惡而知其美者 天下鮮矣

이른바 자기 집안을 바로잡기 위해 자기 몸을 닦아야 한다고 하는 것은 다음
과 같은 의미이다. 사람이란 친하고 사랑하는 사람에게 치우치고, 싫어하는

198

사람에게는 편견을 가지며, 두려워하고 공경하는 사람에게는 지나치게 기울고, 불쌍하게 여기는 사람에게는 너무 마음을 쏟는다. 그러므로 좋아하는 것에서 나쁜 점을 알고 미워하는 것에서 아름다움을 파악할 능력이 있는 사람은 천하에 아주 드물다. _부문 수신제가(傳文 修身齊家)

故諺 有之曰 人莫知其子之惡 莫知其苗之碩

그러므로 속담에 이런 것이 있다. 사람들은 자기 자식의 나쁜 점을 알지 못하고 자기 밭의 곡식에 싹이 나는 것을 알지 못한다. _부문 수신제가(傳文 修身齊家)

所謂治國必先齊其家者 其家不可教
而能教人者無之 故君子不出家而成教於國
孝者 所以事君也 弟者 所以事長也 慈者 所以使眾也

이른바 나라를 다스림에 앞서 반드시 자기 집안을 바로잡아야 한다는 의미는 이렇다. 자기 집안을 교화시키지도 못하면서 남을 교화시킬 수 있는 사람은 없다. 그러므로 군자는 집을 나서지 않고도 가르침을 온 나라에 이룰 수 있다. 효란 임금을 섬기는 방법이고, 공손함은 어른을 섬기는 방법이며, 자애로움이란 백성을 부리는 방법이다. _부문 제가치국(傳文 齊家治國)

康誥曰 如保赤子 心誠求之 雖不中 不遠矣
未有學養子而後嫁者也

'강고'에 말하기를 갓난아기를 돌보듯 하라고 했다. 그러니 마음으로 정성껏 구한다면, 비록 들어맞지는 않으나 멀지는 않을 것이다. 자식 기르는 법을

배운 뒤에 시집가는 사람은 없다. _부문 제가치국(傳文 齊家治國)

요 순 솔 천 하 이 인　이 민 종 지　걸 주 솔 천 하 이 폭
堯舜帥天下以仁 而民從之 桀紂帥天下以暴

이 민 종 지　기 소 령　반 기 소 호　이 민 부 종
而民從之 其所令 反其所好 而民不從

시 고 군 자　유 저 기 이 후 구 저 인
是故君子 有諸己而后求諸人

무 저 기 이 후 비 저 인　소 장 호 신 불 서
無諸己而后非諸人 所藏乎身不恕

이 능 유 저 인 자　미 지 유 야
而能喻諸人者 未之有也

요 임금이 너그러움으로 천하를 이끌자 백성들은 그분의 인자함을 그대로 따랐고 걸왕과 주왕이 난폭함으로 천하를 이끌자 백성들은 그들의 난폭함을 그대로 따랐다. 임금이 입으로는 백성들에게 인자해야 한다고 말하면서 임금 자신은 난폭하다면 이는 전혀 상반되는 것이다. 따라서 백성들은 임금의 말을 따르지 않을 것이다.

그러므로 군자는 자신에게 선한 마음이 있은 후에야 다른 사람에게 선함을 요구하고, 악한 마음을 없앤 후에야 다른 사람들의 악함을 비난한다. 자신이 간직하거나 없애지 않고서 남을 깨우쳐줄 수 있는 사람은 없다. _부문 제가치국 (傳文 齊家治國)

치 국　재 제 기 가
治國 在齊其家

나라를 다스리는 것은 집안을 가지런히 하는 데서 시작된다. _부문 제가치국(傳文 齊家治國)

의 기 가 인 이 후　가 이 교 국 인
宜其家人而後 可以教國人

그 집안사람들을 화목하게 한 뒤에야 백성들을 가르칠 수 있다. _부문 제가치국(傳文 齊家治國)

소 위 평 천 하　　재 치 기 국 자　　상 노 노 이
所謂平天下　在治其國者　上老老而
민 흥 효　　상 장 장 이　　민 흥 제　　상 휼 고 이
民興孝　上長長而　民興弟　上恤孤而
민 불 배　　시 이 군 자　　유 혈 구 지 도 야
民不倍　是以君子　有絜矩之道也

'천하를 태평하게 하는 것은 자기 나라를 잘 다스리는 데 있다'는 말에는 이러한 의미가 있다. 나라의 상층 계급에서 연로한 노인을 공경하면 백성들의 효심을 일으키고, 상층에서 연장자를 높이 떠받들면 백성들의 공경심을 일으킨다. 또한 상층에서 외로운 사람들을 불쌍히 여기면 백성들은 서로 배반하지 않는다. 그러므로 군자는 자신의 마음을 미루어보고 확충시켜 남의 마음을 헤아려볼 수 있는 것이다. _부문 치국평천하(傳文 治國平天下)

소 악 어 상　　무 이 사 하
所惡於上　毋以使下

위에서 싫다는 것을 아랫사람에게 시키지 말라. _부문 치국평천하(傳文 治國平天下)

민 지 소 호　　호 지
民之所好　好之
민 지 소 악　　악 지
民之所惡　惡之
차 지 위 민 지 부 모
此之謂民之父母

백성들이 좋아하는 것을 좋아하며 백성들이 싫어하는 것을 싫어하는 사람을 가리켜 백성의 부모라고 한다. _부문 치국평천하(傳文 治國平天下)

도 득 중 즉 득 국　실 중 즉 실 국
道得眾則得國 失眾則失國

시 고 군 자 선 신 호 덕　유 덕 차 유 인
是故君子先慎乎德 有德此有人

유 인 차 유 토　유 토 차 유 재　유 재 차 유 용
有人此有土 有土此有財 有財此有用

민중을 얻으면 나라를 얻고, 민중을 잃으면 나라를 잃는다. 그러므로 군자는
먼저 덕을 쌓아야 한다. 덕이 있으면 사람이 따르게 되고, 사람이 따르면 땅
이 있게 되고, 땅이 있으면 재물이 있게 되고, 재물이 있으면 쓰임새가 있게
된다. _부문 치국평천하(傳文 治國平天下)

덕 자 본 야　재 자 말 야　외 본 내 말　쟁 민 시 탈
德者本也 財者末也 外本內末 爭民施奪

덕은 근본이요 재물은 말단이니, 근본을 밖으로 소홀히 하고 말단을 안으로
중히 여기면 백성들은 다투어 약탈하게 된다. _부문 치국평천하(傳文 治國平天下)

재 취 즉 민 산　재 산 즉 민 취
財聚則民散 財散則民聚

재물이 모이면 백성들이 흩어지고 재물이 흩어지면 백성들이 모인다. 즉, 위
정자가 재물을 좋아하면 백성들은 등을 돌린다. _부문 치국평천하(傳文 治國平天下)

언 패 이 출 자　역 패 이 입
言悖而出者 亦悖而入

화 패 이 입 자　역 패 이 출
貨悖而入者 亦悖而出

말이 거슬리게 나간 것은 거슬려서 들어오고, 재물이 잘못 들어오면 또한 잘
못 나가게 된다. _부문 치국평천하(傳文 治國平天下)

초 서 왈　초 국 무 이 위 보　유 선 이 위 보
楚書曰 楚國無以爲寶 惟善以爲寶

《초서》에 이런 말이 있다. 초나라는 보배로 삼을 만한 것이 없고 오직 선한 것을 보배로 삼는다. _부문 치국평천하(傳文 治國平天下)

견 불 선 이 불 능 퇴
見不善而不能退
퇴 이 불 능 원 과 야
退而不能遠 過也

착하지 못한 사람을 보고도 물리치지 못하고, 물리치긴 했으나 멀리하지 못하는 것은 잘못이다. _부문 치국평천하(傳文 治國平天下)

호 인 지 소 오 오 인 지 소 호
好人之所惡 惡人之所好
시 위 불 인 지 성 치 필 체 부 신
是謂拂人之性 菑必逮夫身

남이 싫어하는 것을 좋아하고 남이 좋아하는 것을 싫어하는 것은 사람의 본성에 어긋나는 짓이니, 반드시 재앙이 자신에게 미치고야 말 것이다. _부문 치국

평천하(傳文 治國平天下)

생 재 유 대 도 생 지 자 중 식 지 자 과
生財有大道 生之者眾 食之者寡
위 지 자 질 용 지 자 서 즉 재 항 족 의
爲之者疾 用之者舒 則財恒足矣

재물을 생기게 하는 데도 변함없는 철칙이 있다. 즉, 생산자는 많고 소비자는 적으며, 생산은 빠르게 하며 소비는 아끼면서 한다면 곧 재물은 항상 풍족하게 된다. _부문 치국평천하(傳文 治國平天下)

인 자 이 재 발 신 불 인 자 이 신 발 재
仁者 以財發身 不仁者 以身發財

어진 사람은 재물을 잘 사용하여 몸을 일으키고, 어질지 못한 사람은 자기

몸을 혹사시켜 재물을 일으킨다. _부문 치국평천하(傳文 治國平天下)

未有上好仁而下不好義者也

未有好義 其事不終者也

未有府庫財非其財者也

윗사람이 어진 것을 좋아하는데 아랫사람이 의로움을 저버리는 경우는 없다. 또한 의로움을 좋아하는데 일이 잘 매듭지어지지 않는 경우는 없고, 그의 재물이 정당하지 않은 게 없다. _부문 치국평천하(傳文 治國平天下)

孟獻子曰 畜馬乘 不察於雞豚

伐冰之家 不畜牛羊 百乘之家

不畜聚斂之臣 與其有聚斂之臣

寧有盜臣 此謂國不以利爲利 以義爲利也

노나라의 현자 맹헌자가 말했다. 네 마리의 말을 치는 사람(대부)은 닭과 돼지를 생각하지 않고, 제사 때 얼음을 사용할 수 있는 사람(경대부)은 소나 양을 기르지 않으며, 마차 일백 대를 거느리고 있는 집안(경대부)에서는 백성의 피를 빨아먹는 신하를 키우지 않는다. 그런 무례한 신하를 키우느니 차라리 도적을 키울 것이다.

맹헌자의 이 말은 국가는 이익이 될 일만 벌여서 이익을 얻어내는 게 아니라 처음부터 의로움을 추구한 끝에 자연히 이익을 얻어낸다는 말이다. _부문 치국평천하(傳文 治國平
천하(傳文 治國平天下)

雖有善者 亦無如之何矣

임금이 간신을 두어 재물을 함부로 쓰다가 나라가 위기에 처하게 되면 비록 유능한 신하가 있을지라도 어찌할 수가 없는 것이다. _부문 치국평천하(傳文 治國平天下)

小人之使爲國家 災害

소인에게 나라를 맡기면 재앙과 해악이 그치지 않을 것이다. _부문 치국평천하(傳文 治國平天下)

中庸

중용

중용이란?

《중용》은 어떤 책인가

《중용》은 공자의 손자인 자사子思의 저서로 알려져 있다. 사마천의 《사기史記》에 들어 있는 〈공자세가孔子世家〉에 보면 '공자의 아들 백어는 나이 오십에 공자보다 앞서 죽었다. 백어는 아들 급伋을 낳았는데 자는 자사였으며, 송나라에서 곤경에 빠진 적이 있고, 중용은 그의 저술이다'라고 쓰여 있다.

《중용》도 《대학》과 마찬가지로 《예기》에 있는 〈중용편中庸篇〉을 떼어내 편집한 것인데, 송나라의 재용이 '중용 전2권'을 만들고 양 무제 때 사마광이 '중용강의'를 만들었다고 하나 전해지지는 않는다. 그 후 주자가 이를 토대로 해설서 《중용장구中庸章句》를 지음으로써 세상에 널리 퍼졌다. 우리나라에는 삼국 시대 때 전해졌다고 하는데, 고려 말에 주자학이 전래되면서 비로소 주목을 받았다는 설이 유력하다.

❀ 자사는 어떤 인물인가

중국 전국 시대 노나라 때의 유학자로, 이름은 공급孔伋이다. 공자의 손자로서 사서의 하나인 《중용》의 저자로 알려졌다. 높여서 자사자子思子라고도 한다. 거의 평생을 고향인 노나라에 살면서 증자에게 학문을 배워 유학 전승에 힘썼다.

맹자는 그의 제자인데, 공자 → 증자 → 자사 → 맹자로 이어지는 학통學統은 송학宋學에서 특히 존중된다. 자사학파의 사상을 전하는 책으로 《자사자子思子》가 있다.

❀ 《중용》에 담긴 사상

주자는 정자의 말을 빌려 '중中이란 어느 한쪽으로 치우치지 않는다는 것이요, 용庸이란 바뀌지 않는 평상平常을 뜻한다'고 했다. 그래서 '불편불의不偏不倚 무과불급無過不及 이평상지리 而平常之理'라고 했는데, 이 말은 '치우치지 않고 기대지 않아 지나침도 모자람도 없는 평상의 도리'라는 뜻이다.

인간의 본성은 하늘로부터 부여받은 천부적天賦的인 것이기 때문에 저마다 그 본성을 따르지 않으면 안 된다. 따라서 본성을 좇아 행동하는 것이 인간의 도이며 이 도를 닦기 위해서는 궁리窮理가 필요하다. 궁리란 사물의 이치를 깊이 연구하는 것을 말하는데, 이것을 '교敎'라고 한다.

《중용》은 바로 이 궁리를 연구한 책이다. 다시 말해《중용》은 세상의 기본이 되는 것으로서, 그 기본이 되는 것은 크게 보면 우주에 가득 차 있고, 작게 보면 아주 작은 미물에도 숨어 있다. 그러므로 중용의 오묘함이란 한이 없으며 또한 그것은 사람들의 일상생활에 늘 쓰이고 있어 이를 연구하는 학문이《중용》이라는 게 주자의 설명이다.

《중용》에서는 '성誠'을 가장 중시하는데, 이는 천지의 법칙으로서 하늘의 도인 동시에 사람의 도로서 지극한 정성을 나타낸다. 즉, 인간의 본성은 한마디로 성이라고 할 수 있는데, 사람은 어떻게 하여 이 성으로 돌아가는가를 규명한 책이 바로《중용》이라고 할 수 있다. 그리하여《중용》은 성선설의 바탕이 된 성리학의 기틀이 되었다.

요컨대 중용이란 어느 한쪽으로 치우치지 않는 평상심平常心으로 정도正道를 지켜 나아가는 것을 말한다.

❀《중용》의 구성

《중용》의 체제는《예기》고본에 의하면 33절인데 정자는 이것을 37절로 고쳤고, 주자는 다시 33장으로 만들었으며 이것이 바로 오늘날 가장 널리 알려져 있는《중용장구》다.

《중용장구》33장에는 원래 장명章名이 없으나 이렇게 장마다 제목을 붙이기도 한다. 이렇게 붙여진 33장의 이름은 다음과 같다.

중용장구서中庸章句序 : 주자가 중용을 편찬하면서 쓴 서문

제1편: 도道와 중용
제1장 하늘과 사람에 대하여

제2편: 군자와 중용
제2장 중용의 도에 대하여

제3장 중용의 덕에 대하여

제4장 과過와 불급不及에 대하여

제5장 내성內聖의 심정에 대하여

제6장 순 임금의 지혜에 대하여

제7장 일반인들의 지혜에 대하여

제8장 안회가 지킨 중용에 대하여

제9장 중용을 행하기가 어려움에 대하여

제10장 군자의 용맹함에 대하여

제11장 도를 향한 정진에 대하여

제3편: 도론道論
제12장 도의 쓰임새와 일체성—體性에 대하여

제13장 도의 현실성 및 충忠과 서恕에 대하여

제30장 공자와 하늘의 도에 대하여

제31장 지극한 정성의 감화感化에 대하여

제32장 지극한 정성의 경륜經輪에 대하여

제33장 중용의 요체에 대하여

❀ 그밖에

《중용》뿐만 아니라 '사서오경' 어느 것 하나 딱히 누구의 저술이
라고 단정 짓기에는 많은 설이 있고 미흡한 점이 많아 아직도 연구
를 거듭하고 있다.

원문에 나오는 '자왈子曰'은 공자를 말하는지 또는 자사를 말하는
지 확실하지 않다. 본문에 이런 대목이 많다.

《중용》은 사서 중에서도 가장 철학적이고 형이상학적이다. 그런
만큼 실생활에 옮길 수 있는 것보다는 사상적인 내용이 주로 기록
되어 있다.

궁색해도 개천이 될 수는 없어

君子素其位而行 不願乎其外
군자소기위이행 불원호기외

군자는 자기 자신의 위치에서 알맞게 처신할 뿐이다.
부당하게 자기 처지에서 벗어나 있는 것은 바라지 않는다.

_도론 道論

공자의 손자 자사는 거의 평생을 노나라에 살면서 유학을 공부
하고 연구한 학자다. 그는 한때 위나라에 머문 적이 있는데 생활은
몹시 궁색했다. 마땅한 수입도 없고 또한 위나라에서 녹을 받는 것
도 없어서 먹을 것과 입을 것이 초라하기 그지없었다.

이 소식을 들은 위나라의 돈 많은 부자 하나가 자사의 처지를 딱
하게 여겨 그를 걱정해주었다.

"그래도 노나라에서 내로라하는 학자인데 이곳에서 걸인 같은
생활을 한다면 그것은 예우가 아니지."

부자는 자사에게 여우 털로 만든 좋은 옷과 곡식을 보내기로 마음먹고 하인을 불렀다.

"그분께 이 물건들을 전하면서 이렇게 말씀드려라. 우리 주인은 사람들에게 물건을 빌려주면 금방 잊어버리는 습관이 있고 설령 빌려준 것을 기억한다 해도 잃어버린 셈치고 신경 쓰지 않으니 걱정하지 말고 받으시라고 말이다."

비록 지금은 궁색하나 군자의 풍모를 지닌 자사가 자신이 보낸 물건을 받지 않을 수도 있다는 생각에서 이른 말이었다.

역시나 부자의 예상이 들어맞고 말았다. 하인이 물건을 갖고 집을 떠난 지 한 시간도 되지 않아 물건을 고스란히 들고 돌아온 것이다. 부자는 이내 자사의 집으로 찾아갔다.

"선생, 저는 그래도 선생을 도우려는 충정에서 물건을 보내드렸던 것인데 너무 야박하게 내치시니 낯이 뜨겁습니다."

자사가 대답했다.

"물론 충정은 고맙게 받겠습니다. 하지만 옛말에 아무런 까닭 없이 자기 물건을 남에게 주는 것은 그 물건을 개천에 버리는 것과 같다 하였습니다. 그 말인즉 선생께서 보내신 물건을 받는다면 제가 개천이 되는 셈 아니겠습니까? 비록 지금 제가 궁색하긴 하나 저 스스로를 개천으로 만들 수는 없지요."

부자는 자사의 말을 듣고 다시 한번 군자다운 그의 면모에 감탄했다.

돈을 주고 산 어리석음

성 즉 형 형 즉 저 저 즉 명 명 즉 동 동 즉 변
誠則形 形則著 著則明 明則動 動則變

변 즉 화 유 천 하 지 성 위 능 화
變則化 唯天下至誠爲能化

성실하면 드러나고, 드러나면 분명해지고, 분명해지면 밝아지고,
밝아지면 움직이고, 움직이면 변화하고, 변화하면 교화되는 것이다.
그러니 오로지 천하의 지극한 성실함이라야 교화시킬 수가 있다.

_성론 誠論

전국 시대 때 위나라에 장의張儀라는 이름난 모사가 있었다. 그는
매우 현명하여 사람의 약점을 파고들어 목적한 바를 이루곤 했다.

한번은 그의 생활이 몹시 궁색해져 수하의 사람들이 모두 떠나
자 그는 생각한 끝에 초나라 회왕을 찾아갔다. 회왕이 여자를 좋아
하며 생활이 성실하지 못하고 방탕하다는 점을 이용하여 경제적 실
리를 얻을 심산이었다.

장의는 우선 회왕에게 고했다.

"지금 폐하께서는 저를 등용하실 의향이 없는 듯하여 진나라로

가볼까 합니다. 그런데 진나라에는 절색의 미녀들이 많다고 하는데 제가 가서 한번 알아봐드릴까 합니다. 어떠하신지요?"

당시 회왕은 남후南后와 정수鄭袖라는 두 미녀에게 푹 빠져 지내고 있었지만 장의의 입에서 미녀 소리가 나오니 눈이 번쩍 뜨였다.

"오, 그런가? 진나라에 그렇게 미인들이 많아? 그럼 가서 한번 알아보게. 내가 비용은 충분히 줄 테니까 말이야."

회왕은 장의에게 금은보화를 잔뜩 주었다.

한편 이 소식을 들은 남후와 정수는 깜짝 놀라 장의를 불러들였다.

"들리는 말에 의하면 이번에 진나라로 가신다고 하더군요. 거기 가더라도 돈이 필요하실 테니 이것을 가지고 가세요."

남후와 정수는 장의에게 은근히 뇌물을 먹일 심산으로 금화 천 냥을 내어주었다.

장의는 두 여자가 내미는 금화의 의미가 무엇인지 잘 알고 있었기 때문에 얼른 챙겨서 물러 나왔다.

며칠 후, 회왕은 진나라로 가는 장의를 위해 연회까지 베풀어주었다. 회왕은 그 자리에 남후와 정수도 불렀다.

연회가 시작될 무렵 장의는 회왕의 옆에 앉아 있는 두 여인을 보고는 짐짓 깜짝 놀라는 표정을 지으며 말했다.

"폐하, 제가 큰 실수를 저질렀습니다."

"실수라니 그게 무슨 말인가?"

회왕이 어리둥절해하며 물었다.

"지금까지 저는 천하의 많은 나라를 다녀보았습니다만 지금 폐하의 옆에 자리하신 두 분처럼 아름다운 여인은 처음 보았습니다."

장의의 거짓말에 회왕은 두 여인을 번갈아 보며 반색했다.

"오, 그렇지! 진나라에서도 이만한 미인은 구하기 어렵겠지?"

"아마도 그럴 것 같습니다."

"하하, 내 안목은 역시 천하제일이지. 그러니까 지금 내 옆에 있는 여인들이 천하제일의 절색이 아니겠는가? 하하하!"

"누가 감히 폐하의 안목을 부인하겠습니까? 저 역시 폐하의 그런 점은 발끝만큼도 쫓아가지 못할 것입니다."

계속되는 장의의 아부에 어리석은 회왕은 기분이 좋아 연신 히죽거리며 두 여인을 번갈아 쓰다듬었다.

이렇게 해서 장의는 별로 힘들이지 않고 많은 돈과 보화를 수중에 넣었다. 남후와 정수 두 여인도 장의 덕분에 마음이 편하게 되었으므로 그에게 준 돈을 아까워하지 않았다.

결국 방탕한 회왕은 또 한 번 자신의 무지함과 불성실함을 드러내고 말았다. 그것도 엄청난 금은보화를 장의에게 바치고 얻은 결과였기에 그의 미욱함이 천하 사람들에게 비웃음을 샀다.

기수는 말과 한마음이 되어야

_{성 자} _{비 자 성 기 이 이 야}   _{소 이 성 물 야}   _{성 기 인 야}   _{성 물 지 야}
誠者 非自成己而已也 所以成物也 成己仁也 成物知也

성실함은 자기 자신을 완성시킬 뿐만 아니라 다른 사물도 완성시키는 원인이 된다.
자기 자신을 완성시키는 것은 인자함이고, 만물을 완성시킴은 지혜로움이다.

_성론 誠論

조나라에 말을 잘 타는 왕자기라는 사람이 있었다.

어느 날 대부 한 사람이 그에게 승마를 가르쳐달라고 찾아왔다.
왕자기는 대부에게 한 달 동안 승마 요령을 가르쳐주었다. 그런데
아직 기술도 숙달되지 않은 대부가 왕자기에게 시합을 해보자고 청
했다.

"지금은 어렵습니다. 대부께서는 이제 겨우 걸음마를 배운 정도
에 불과합니다."

왕자기는 시합을 거절했으나 대부는 막무가내로 시합하자고 졸

랐다.

결국 시합을 벌였으나 결과는 당연히 왕자기의 완승이었다. 그 후 다섯 번이나 시합을 더 했지만 결과는 마찬가지였다.

약이 바짝 오른 대부가 성을 내며 왕자기에게 따졌다.

"다섯 번이나 시합을 했는데 내가 한 번도 이기지 못했다는 것은 그대가 나를 제대로 가르치지 않았다는 말 아니오?"

왕자기는 대부의 말에 노여워하지 않고 타이르듯 차분히 대답했다.

"그럴 리가 있겠습니까? 그동안 저는 제가 알고 있는 기술을 다 가르쳐드렸습니다."

"하지만 내 실력은 형편없지 않소?"

"그것은 대부께서 배움에 성실하지 못하셨기 때문입니다."

"그게 무슨 말이오?"

"저는 처음에 대부께 말씀드리기를 말을 다루는 데에서 가장 중요한 것은 말의 몸과 수레가 일치되어야 하고, 말의 마음과 기수의 마음이 합치되어야 한다고 말씀드렸습니다. 그렇게 되어야만 말이 제 속도를 낼 수 있기 때문이지요. 그런데 대부께서는 저와 경주를 하면서 말과 마음을 맞추려고 하지 않으셨습니다. 오로지 달리면서 저와의 간격에만 신경 쓰셨습니다. 그런 마음을 가지고는 저뿐만이 아니라 다른 사람과 경주를 하더라도 절대 이길 수 없을 것입니다."

현명한 아내 덕에 출세한 사내

군 자 준 도 이 행　반 도 이 폐　오 불 능 이 의
君子遵道而行 半塗而廢 吾弗能已矣

어떤 군자는 도를 좇아 행하다가 중도에 그만두기도 하지만
나는 그렇게 쉽사리 그만두지 않을 것이다.

_중용론 中庸論

전국 시대 때 낙양자樂羊子라는 사내가 있었다. 그는 다소 욕심이 많았고, 어떤 일을 할 때 끝까지 밀고 나아가는 지구력이 약했다. 그러나 그는 현명한 아내를 얻은 덕분에 출세할 수 있었다.

하루는 낙양자가 길을 가다가 우연히 금덩이 하나를 발견했다. 그는 임자 없는 물건을 아무리 귀한 것이라도 갖지 말아야 한다는 사실을 알고 있었으나 한순간 욕심에 금덩이를 몰래 주머니에 넣고 집으로 돌아왔다.

그의 아내는 금덩이를 보자마자 큰소리로 말했다.

"예로부터 옳고 그른 것을 분별할 줄 아는 군자는 임자 없이 흐르는 냇물도 가려 마신다고 했습니다. 그런데 당신은 분명 임자가 있을 이 금덩이를 집에 가져왔으니 이제 아예 군자의 길을 포기하려는 것입니까?"

낙양자는 아내의 다그침에 풀이 죽었고 이내 금덩이를 다시 제자리에 두었다. 그리고 군자 되기를 포기했느냐는 아내의 말을 곱씹으며 학문에 정진하기로 마음먹었다.

그로부터 몇 달 뒤 낙양자는 집을 떠나 멀리 타지에서 유학생활을 시작하게 되었다. 그는 아내의 말을 떠올리며 정신을 집중하려 했으나 결국 일 년을 넘기지 못한 채 집으로 돌아오고 말았다.

그가 집 마당에 들어섰을 때 아내는 한창 베를 짜고 있었다. 아내는 갑자기 돌아온 남편을 보더니 조용히 물었다.

"아직 학업을 마치려면 멀었는데 어찌 돌아오셨습니까?"

"집 생각이 나서 도저히 견딜 수가 없었소. 오늘 하룻밤만 자고 내일 아침 일찍 떠날 테니 제발 내쫓지 마시오."

아내는 갑자기 품에서 칼을 꺼내 들더니 베틀 위에 있는 천을 단숨에 찢어버렸다. 그러고는 말없이 방문을 닫아버렸다.

낙양자는 아내가 보여준 무언의 행동이 무슨 의미인지 깨닫고 발길을 돌렸다. 결국 낙양자는 위나라 문후文侯에게 발탁되어 큰 업적을 이루었다.

간사한 지혜

자 왈　도 지 불 행 야　아 지 지 의　지 자 과 지　우 자 불 급 야
子曰　道之不行也　我知之矣　知者過之　愚者不及也

도 지 불 명 야　아 지 지 의　현 자 과 지　불 초 자 불 급 야
道之不明也　我知之矣　賢者過之　不肖者不及也

공자가 말했다.
도가 행하여지지 않는 까닭을 나는 안다.
지혜로운 자는 지나치고, 어리석은 자는 미치지 못하기 때문이다.
도가 밝게 드러나지 않는 이유 또한 나는 안다.
현명한 자는 지나치고 못난 자는 미치지 못하기 때문이다.

_중용론 中庸論

어느 해 여름, 정나라에 폭우가 쏟아져 부자 한 사람이 강물에 빠져 죽었다. 그런데 한 사내가 우연히 그 시신을 건졌는데, 문득 그의 머리에 스치는 것이 있었다.

'이 사람이 부자였으니 잘하면 큰돈을 만져볼 수 있겠는걸……'

아닌 게 아니라 그 부자의 가족들이 사내를 찾아왔다.

"섭섭하지 않게 돈을 주겠으니 시신을 넘겨주시오."

그러나 그는 더 큰돈을 요구하며 시신을 넘겨주지 않았다.

부자의 가족들은 중재를 잘하기로 이름난 한 노인에게 찾아가 이 문제를 해결할 방법을 알려달라고 부탁했다. 노인은 태연하게 말했다.

"무슨 걱정을 그렇게 하시오. 그자는 결국 시신을 내놓을 수밖에 없을 텐데. 생각해보시오. 그 시신을 가져갈 사람은 당신들밖에 없지 않소?"

듣고 보니 맞는 말이었다. 부자의 가족들은 돈을 더 줄 수 없다며 버텼다. 그러자 이번에는 시신을 갖고 있는 사내가 노인을 찾아왔다.

"그들에게 돈을 더 받아낼 방법이 없겠습니까?"

노인은 이번에도 역시 태연하게 말했다.

"걱정할 것 없소. 당신이 버티면 버틸수록 더 많은 돈을 받을 수 있을 것이오. 생각해보시오. 그들이 돈을 주고 살 시신은 당신이 갖고 있는 것밖에 없지 않소?"

치욕을 안겨준 은인

재 상 위 불 룽 하　재 하 위 불 원 상
在上位 不陵下 在下位 不援上

정 기 이 불 구 어 인　즉 무 원　상 불 원 천　하 불 우 인
正己而不求於人 則無怨 上不怨天 下不尤人

고 군 자 거 이 이 사 명　소 인 행 험 이 요 행
故君子居易以俟命 小人行險以徼幸

윗자리에 있으면서 아랫사람을 업신여기지 말라.
아랫자리에 있으면서 윗사람에게 아부하지 말라.
자신을 바로잡고 남에게 책임을 전가하지 않으면 원망을 듣지 않을 것이니,
위로는 하늘을 원망하지 말고 아래로는 다른 사람을 탓하지 말라.
그러므로 군자는 평범하게 살면서 천명을 기다리고,
소인은 위험한 일을 행하고 나서는 요행을 기다린다.

_도론 道論

한漢나라의 명장 한신韓信이 젊었을 때의 일이다.

그의 집은 매우 가난하여 남의 집에 얹혀살기 일쑤였다. 그러나 집 주인은 한신을 홀대하여 밥 한 끼 제대로 주지 않았다.

한신은 할 수 없이 그 집을 나올 수밖에 없었다. 그 집에서 굶어

죽으나 밖에서 굶어 죽으나 죽기는 매한가지였기 때문이다. 그런데 사람이 죽으라는 법은 없어서 한신에게 구세주 같은 사람이 나타났다.

하루는 한신이 물고기라도 잡아먹을 요량으로 강가에서 손으로 고기를 잡고 있는데, 마침 빨래하러 온 여인이 그를 발견했다.

"저런, 젊은 나이에 강가에서 고기나 잡아먹으려 하다니……."

여인은 곧장 집으로 가서 밥과 반찬을 날라 왔다. 그녀는 이후에도 수십 일 동안 한신에게 먹을 것을 주었다.

한신은 너무나 고마워 여인에게 은혜를 꼭 갚겠노라 다짐했다. 그러나 여인은 자신이 한 일에 대하여 전혀 생색을 내지 않았다.

"나는 그저 젊은이가 끼니를 굶어 풀 죽은 모습이 하도 딱해 그런 것뿐이라오."

그 후 인근 마을의 한 젊은이가 한신의 이야기를 전해 듣고 여러 사람이 모인 자리에서 한신을 불러 모욕을 주었다.

"사내놈이 오죽 못났으면 여편네가 날라다 주는 밥을 먹고 사느냐? 그래도 네가 사내라고 할 수 있느냐?"

그러면서 그는 한신에게 남자라면 자신을 칼로 찔러보라고 도발했다. 만약 그럴 용기가 없으면 자신의 가랑이 사이로 기어가라는 것이었다.

"나는 아무 이유 없이 살인하여 죄를 짓고 싶지 않다!"

그러자 젊은이는 한신을 더욱 깔보며 소리쳤다.

"나를 찌를 용기도 없는 놈이 무슨 큰소리인가? 결국 너는 나를 찌르지 못했으니 내 가랑이 사이로 기어서 지나가라."

젊은이의 말에 한신은 피가 거꾸로 솟는 듯했으나 이내 이를 악물고 그가 시키는 대로 기어서 가랑이 사이로 지나갔다. 그러자 그 광경을 지켜보던 사람들이 모두 배를 잡고 웃었다.

몇 년 후 한신은 초나라의 왕위에 올랐다.

어느 날 한신은 과거에 신세를 진 사람들을 궁궐로 불러들였다. 그는 강가로 먹을 것을 날라다주던 여인에게는 일천 금을 주었다. 그리고 한때 얹혀살던 집 주인에게는 일백 전을 주었다.

한신은 집 주인에게 말했다.

"당신보다 여유가 없는 사람들에게 덕을 베풀지 못했으니 당신은 소인이오. 그러니 당연히 대인의 면모를 갖춘 저 여인보다 적은 돈을 내린 것이오."

그리고 과거에 자신을 칼로 찌르라고 종용하며 가랑이 사이로 기어가게 한 젊은이에게는 벌 대신 관직을 주었다.

신하들은 한신의 그 같은 조치를 이해하지 못했다. 한신이 의아한 표정을 짓는 신하들에게 말했다.

"만약 예전에 한순간의 분노를 참지 못하고 저자를 칼로 찔렀다면 오늘 이 자리에 내가 없었을 것이다. 나는 그날의 수모를 잊지 않으려고 매일 이를 악물었다. 그리고 엄청난 노력을 했다. 그러므로 어찌 보면 저자는 나의 은인일 수도 있는 것이다."

이제 죽은 목숨이라고 생각했던 그 젊은이는 한신의 넓은 도량에 새삼 감탄을 금치 못했다.

어려워도 꿋꿋한 것이 용기

어느 날 제자 자로가 공자를 찾아와 물었다.

"스승님, 강하다는 것은 어떤 걸 말합니까?"

자로는 공자의 제자 중에서도 가장 용맹스럽고 힘이 센 장수 같은 인물이었다.

자로의 물음에 공자가 되물었다.

"남쪽 지방에서 말하는 강함을 묻는 것이냐? 혹은 북쪽 지방에서 말하는 강함을 묻는 것이냐? 아니면 너 자신이 생각하는 강함을 묻는 것이냐?"

자로는 자신의 질문에 대하여 그렇게 여러 종류의 답이 나오리라고는 미처 생각하지 못했다.

"제가 잘못 여쭌 것 같습니다. 이 기회에 강함의 모든 것을 알고 싶습니다."

"그렇다면 일러주마."

공자는 우선 남쪽 지방에서 말하는 강함의 의미를 설명해주었다.

"남쪽 지방에서는 너그럽고 부드러운 기운으로 가르치고 잘못한 행동에 대해서는 보복하지 않는 것을 강하다고 한다."

그러고는 북쪽 지방에서 말하는 강하다는 의미를 설명했다.

"북쪽 사람들의 용맹함이란 억세고 거친 사람들의 그것이다. 창과 갑옷으로 무장하고 죽어도 아무 미련을 두지 않는 것이 그 사람들이다."

"예, 잘 알겠습니다. 그렇다면 어느 것이 진정한 용맹이라고 할 수 있습니까?"

"군자는 강한 것을 힘으로 여기지 않는 법이다. 군자는 아무리 어려운 상황에 처해 있더라도 평소에 잘 다져진 마음을 꿋꿋하게 지킨다. 이것이 진정한 용기라고 할 수 있지. 그러니 어느 쪽이 더 용맹스러운 것이겠느냐?"

君子和而不流 強哉矯 中立而不倚 強哉矯

군자화이불류 강재교 중립이불의 강재교

군자는 여러 사람과 어울리면서 사악함에 빠지지 않으니 얼마나 강한가

그 꿋꿋한 기상이여

또한 가운데 똑바로 서서 한쪽으로 기울지 않으니 얼마나 강한가

그 꿋꿋한 기상이여

중용론 中庸論

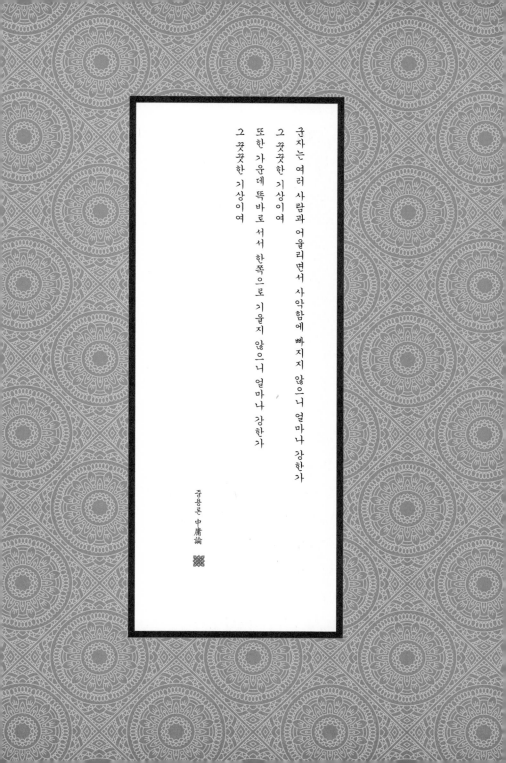

인생의 정곡을 짚을 줄 알아야

자 왈　사 유 사 호 군 자　실 제 정 곡　반 구 제 기 신
子曰 射有似乎君子 失諸正鵠 反求諸其身

공자가 말했다.

활쏘기는 군자가 자기 행동을 반성하는 것과 유사한 점이 있다.

활을 쏘아 정곡을 맞히지 못하면 자신에게서 잘못을 찾는다.

_도론 道論

말을 길들이는 두 조련사가 있었다.

그들은 한 스승 밑에서 함께 조련술을 배웠는데, 나중에는 말의 얼굴만 보아도 어떤 녀석이 뒷발질을 잘하는지 분별해낼 정도로 능숙한 기술을 갖게 되었다.

하루는 스승이 두 제자를 불러 시험을 보았다.

"자, 여기 말 한 마리가 있는데 이 녀석이 뒷발질을 잘할 것 같은지 한번 판별해보아라."

평소 그 말은 성격이 고약한 편이었다. 그래서 조금 나중에 조련

술을 시작한 제자는 뒷발질을 엄청 강하게 할 것 같다고 대답했다. 그러나 그보다 먼저 조련술을 배운 제자는 대답도 하지 않은 채 말의 뒤로 돌아가서 손바닥으로 엉덩이를 서너 차례 때렸다.

"사형, 위험해!"

나중에 배운 제자가 깜짝 놀라며 소리쳤으나, 말은 뒷발질은커녕 엉덩이를 더 맞지 않으려고 앞으로 슬금슬금 도망치기 시작했다.

"참으로 이상하군. 평소에는 분명히 성질이 고약한 녀석이었는데……."

후배 제자가 무안해하자 선배 제자가 까닭을 설명해주었다.

"자네 판단도 전혀 틀린 건 아닐세. 이놈은 분명히 평소에 사나운 녀석이었으니까. 그런데 자세히 보면 지금 저 녀석의 앞무릎이 평소보다 많이 부어올라 있네. 앞발을 다친 게지. 말이 뒷발질을 하려면 자기 몸의 무게를 앞발에다 두어야 하는데, 지금은 부상을 입었기 때문에 뒷발질을 할 수 없음일세."

후배 제자가 가까이 가서 말을 살펴보니 정말 앞발이 눈에 띄게 부어 있었다.

"결국 자네는 가장 중요한 한 가지를 소홀히 했기 때문에 전체적인 판단에서 실수를 한 셈이지."

그때 두 사람의 행동을 잠자코 지켜보던 스승이 나서서 말했다.

"사람의 삶에도 말의 앞발과 같이 그 힘의 중심이 되는 곳이 있게 마련이다. 하지만 사람이 살아가다 보면 때론 그 중심이 되는 곳에 말의 무릎과 같은 고장이 생겨 자기 능력을 제대로 발휘할 수 없는 경우가 생기지. 너희는 지금 저 말을 통해 인생의 중요한 것 한 가지를 배운 셈이다."

계획보다 중요한 실천

군 자 지 도 　 벽 여 행 원 필 자 이 　 벽 여 등 고 필 자 비
君子之道 辟如行遠必自邇 辟如登高必自卑

군자의 도를 비유하면 이렇다.
멀리 가려면 반드시 가까운 곳에서부터 시작하고,
높이 올라가려면 반드시 낮은 곳에서부터 시작해야 하는 것과 같다.

_도론 道論

중국 사천 변방에 있는 절에서 수양하던 두 스님이 더 넓은 세상을 보기 위해 여행을 계획했다.

그런데 한 스님은 가진 것이 하나도 없었고, 한 스님은 틈틈이 저축을 하여 꽤 많은 돈을 갖고 있었다.

어느 날 두 스님이 만나 여행 이야기를 나누었다. 가난한 스님이 말했다.

"이제 어느 정도 여행 계획도 마쳤으니 내일이라도 남쪽 지방으로 여행을 떠나야겠네. 나와 함께 가지 않겠나?"

저축을 많이 한 스님이 깜짝 놀라 말했다.

"나는 아직 준비가 덜 됐네. 한 이삼 년 더 저축을 하면 작은 배 한 척은 구입할 수 있을 것 같은데 그때 함께 가세."

"아닐세. 계획은 이미 충분히 세웠네."

"나는 자네보다 훨씬 먼저 여행 계획을 세우고도 아직 떠나지 못하고 있는데, 자네는 겨우 한 달 계획을 세우고 떠나려 하니 도대체 무엇을 믿고 그러는가?"

저축을 많이 한 스님이 묻자 가난한 스님이 대답했다.

"나는 물병 하나와 밥그릇 하나만 가지고 떠나려 하네. 그것 말고 뭐가 더 필요한가?"

이튿날, 가난한 스님은 절을 떠나 혼자 여정에 올랐다. 물론 저축을 많이 한 스님은 따라나서지 않았다.

이듬해, 가난한 스님은 삼 년 동안의 여행을 마치고 다시 절로 돌아왔다. 그러나 남아 있던 스님은 여전히 여행길에 오르지 못한 채 저축을 하며 계획만 세우고 있었다.

물의 도에 몸을 맡긴 사내

천 명 지 위 성   솔 성 지 위 도   수 도 지 위 교
天命之謂性 率性之謂道 修道之謂教

하늘이 만물에 부여해준 것을 본성이라 하고,
자기에게 부여된 본성에 따르는 것을 도라고 하며,
도를 닦는 것을 가르침이라고 한다.

_천인론 天人論

中庸

공자가 제자들과 함께 길을 가다가 큰 강 하나를 만났다. 그런데 가만히 보니 강 저편에서 사람이 허우적대고 있었다. 그것도 엄청나게 내리쏟아지는 폭포 밑에서 허우적대는 것이었다.

"저 정도로 거센 물살이라면 물고기조차도 살 수 없을 것이다."

"아마도 자살을 하려는 것이 아닌가 싶습니다."

제자 중 하나가 공자에게 말했다.

"음, 그럴지도 모르지. 너희가 가서 저자를 구해주거라."

그러나 제자들이 물속으로 뛰어들려고 할 때 그는 이미 강물을

따라 밑으로 떠내려가기 시작했다. 제자들은 강으로 뛰어들지 않고 그를 쫓아 밑으로 내려갔다.

그런데 제자들이 강 밑으로 가보니 그는 유유히 콧노래를 부르며 천으로 몸의 물기를 닦고 있었다. 그의 얼굴을 살펴보니 자살하려는 사람의 표정이 아니었다.

공자가 그에게 다가가 물었다.

"저 폭포는 높이가 서른 길도 더 되는 것 같고 저 정도의 소용돌이라면 물고기는 말할 것도 없고 악어처럼 힘센 것도 헤엄을 칠 수 없을 것이오. 그런데 그대는 저처럼 험한 곳에서 빠져나와 콧노래까지 부르고 있으니 도대체 어찌 된 영문이오?"

그가 대답했다.

"저는 그저 저 강에서 수영을 하고 방금 올라온 것뿐입니다."

"오, 그렇소? 그렇다면 헤엄을 치는 데도 무슨 특별한 기술이나 도가 있다는 말이오?"

그가 담담하게 대답했다.

"제가 특별한 기술이나 도를 가졌다는 생각은 한 번도 해보지 않았습니다. 저는 지금까지 하늘이 내려주신 천성에 따라 커왔고 천명에 따라 헤엄치는 기술을 배우고 또 천명에 따라 헤엄쳤을 뿐입니다. 저는 물을 거스른 것이 아니라 물결의 소용돌이를 따라 물속으로 들어갔다가 소용돌이가 솟구치면 따라 올라온 것뿐입니다."

그의 말을 듣고 공자가 제자들을 향해 말했다.

"지금 이자는 물의 도에 따라 자신의 몸을 맡겼다고 말하고 있는 것이다. 이처럼 천성에 따라 자란 몸은, 사사로운 생각을 버리고 천명에 따라 움직이면 그 해가 미치지 않는 법이다."

《중용》의 명구절

도야자 불가수유리야 가리비도야
道也者 不可須臾離也 可離非道也
시고군자계신호기소부도 공구호기소불문
是故君子戒愼乎其所不睹 恐懼乎其所不聞

도라는 것은 잠시도 떠날 수 없는 것이다. 떠날 수가 있다면 그것은 도가 아

니다. 그러므로 군자는 보이지 않는 곳에서도 조심하고 삼가며, 들리지 않는

곳을 두려워하는 것이다. _천인론(天人論)

막현호은 막현호미 고군자 신기독야
莫見乎隱 莫顯乎微 故君子 愼其獨也

숨겨진 것보다 잘 드러나는 것은 없으며 작은 것보다 잘 나타나는 것은 없

다. 그러므로 군자는 홀로 있을 때 신중히 행동하는 것이다. _천인론(天人論)

희로애락지미발 위지중
喜怒哀樂之未發 謂之中
발이개중절 위지화
發而皆中節 謂之和
중야자 천하지대본야
中也者 天下之大本也

화 야 자 천 하 지 달 도 야
和也者 天下之達道也

희로애락의 감정이 아직 일어나지 않은 상태는 중(中)이다. 이러한 감정들이 일어나 모두 절도에 맞는 상태에 이르는 것을 화(和)라고 한다. 중이란 천하에 있는 모든 것의 가장 큰 근본이며, 화란 천하의 모든 것에 두루 통하는 도를 말한다. _천인론(天人論)

치 중 화 천 지 위 언 만 물 육 언
致中和 天地位焉 萬物育焉

중과 화에 이르면, 하늘과 땅이 제자리에 있게 되고 만물이 번성하게 된다. _천인론(天人論)

중 니 왈 군 자 중 용 소 인 반 중 용
仲尼曰 君子 中庸 小人 反中庸
군 자 지 중 용 야 군 자 이 시 중
君子之中庸也 君子而時中
소 인 지 중 용 야 소 인 이 무 기 탄 야
小人之中庸也 小人而無忌憚也

중니(공자)가 말했다. 군자는 중용이요, 소인은 중용과 반대다. 즉, 군자는 중용에 따라 행동하고, 소인은 중용에 반하여 행동한다.

군자는 덕을 갖추고 있으면서 때에 알맞게 중에 처하기 때문에 중용이라고 하는 것이고, 소인은 덕이 없이 좁은 마음으로 아무 거리낌 없이 행동하기 때문에 중용에 반(反)한다고 하는 것이다. _중용론(中庸論)

자 왈 중 용 기 지 의 호 민 선 능 구 의
子曰 中庸其至矣乎 民鮮能久矣

공자가 말했다. 중용은 지극한(좋은) 것이나 백성 가운데 중용을 행할 수 있는 사람이 드물구나. _중용론(中庸論)

^{인 막 불 음 식 야　선 능 지 미 야}
人莫不飲食也 鮮能知味也

사람은 누구나 먹고 마시지 않는 사람이 없으나 맛을 아는 이는 드물다. _중용
론(中庸論)

^{자 왈　순 기 대 지 야 여　순 호 문 이 호 찰 이 언}
子曰 舜其大知也與 舜好問以好察邇言

^{은 악 이 양 선　집 기 양 단　용 기 중 어 민　기 사 이 위 순 호}
隱惡而揚善 執其兩端 用其中於民 其斯以爲舜乎

공자가 말했다. 순 임금은 큰 지혜를 가진 분이다. 그는 남에게 묻기를 좋
아하시며 그저 건성으로 넘길 만한 말도 그냥 지나치지 않고 잘 생각해보
곤 했다. 또한 남들의 천박한 말 속에서도 좋은 말만을 취해 악함을 감추고
선함을 드러내주었고, 양극단을 파악하여 백성에게 그 가운데를 사용했다.
이러한 점이 순 임금을 성인으로 만들어준 것이다. _중용론(中庸論)

^{자 왈　인 개 왈　여 지　구 이 납 저 고 확 함 정 지 중　중 이 막 지 지 피 야}
子曰 人皆曰 予知 驅而納諸罟擭陷穽之中 而莫之知辟也

^{인 개 왈 여 지　택 호 중 용　이 불 능 기 월 수 야}
人皆曰予知 擇乎中庸 而不能期月守也

공자가 말했다. 사람들은 저마다 똑똑하다고 말한다. 그러나 그물이나 덫 같
은 함정에 빠지면 빠져나오려는 사람이 많지 않다. 사람들은 저마다 지혜롭
다고 말한다. 그러나 중용을 택하여 한 달 동안 그 상태를 지켜내는 사람은
없다. _중용론(中庸論)

^{자 왈　회 지 위 인 야　택 호 중 용}
子曰 回之爲人也 擇乎中庸

^{득 일 선　즉 권 권 복 응 이 불 실 지 의}
得一善 則奉奉服膺而弗失之矣

공자가 말했다. 안회의 사람됨은 칭찬할 만하다. 중용을 택하여 한 가지 선

을 얻으면, 그것을 정성껏 받들어 가슴속에 지니고 잃지 않았다. _중용론(中庸論)

<ruby>子<rt>자</rt></ruby><ruby>曰<rt>왈</rt></ruby> <ruby>天<rt>천</rt></ruby><ruby>下<rt>하</rt></ruby><ruby>國<rt>국</rt></ruby><ruby>家<rt>가</rt></ruby><ruby>可<rt>가</rt></ruby><ruby>均<rt>균</rt></ruby><ruby>也<rt>야</rt></ruby> <ruby>爵<rt>작</rt></ruby><ruby>祿<rt>록</rt></ruby><ruby>可<rt>가</rt></ruby><ruby>辭<rt>사</rt></ruby><ruby>也<rt>야</rt></ruby>
子曰 天下國家可均也 爵祿可辭也
白刃可蹈也 中庸不可能也

공자가 말했다. 천하의 국가도 고르게 다스릴 수 있고, 작위와 녹봉도 사양할 수 있으며, 서슬 퍼런 칼날도 밟을 수 있다 해도 중용은 잘할 수가 없다. _중용론(中庸論)

子曰 素隱 行怪
後世有述焉 吾弗爲之矣

공자가 말했다. 은밀한 이치를 찾아내려 하고 더 나아가 괴이한 행동을 하면 후세에 그의 이름이 기억되긴 하겠지만 나는 그런 짓을 하지 않을 것이다. _중용론(中庸論)

君子依乎中庸 遯世不見知而不悔 唯聖者能之

군자는 중용에 의지하여 세상에 숨어 살면서 누구 하나 알아주지 않아도 후회하지 않으니 이는 오직 성인이라야 그렇게 할 수 있다. _중용론(中庸論)

君子之道 費而隱

군자의 도는 광대하면서도 드러나지 않는다. _도론(道論)

君子之道 造端乎夫婦

^{급 기 지 야　찰 호 천 지}
及其至也 察乎天地

군자의 도는 필부(匹夫), 필부(匹婦)에서 비롯되지만, 그 지극함에 이르러서는

천지를 밝힐 수 있는 위대한 힘으로 나타난다. ＿도론(道論)

^{자 왈　도 불 원 인　인 지 위 도 이 원 인　불 가 이 위 도}
子曰 道不遠人 人之爲道而遠人 不可以爲道

공자가 말했다. 도는 사람에게서 멀지 않다. 사람이 도를 행하면서 사람과

멀리한다면 진정한 도가 될 수 없는 것이다. ＿도론(道論)

^{충 서 위 도 불 원　시 저 기 이 불 원　역 물 시 어 인}
忠恕違道不遠 施諸己而不願 亦勿施於人

충과 서는 도에서 멀지 않다. 나에게 베풀어지기를 원하지 않는 것은 남에게

도 베풀지 말아야 한다. ＿도론(道論)

^{용 덕 지 행　용 언 지 근}
庸德之行 庸言之謹

평범한 덕을 중용에 맞도록 실천하며 평범한 말도 중용에 맞도록 조심한다.

＿도론(道論)

^{자 왈　순 기 대 효 야 여　덕 위 성 인}
子曰 舜其大孝也與 德爲聖人
^{존 위 천 자　부 유 사 해 지 내}
尊爲天子 富有四海之內
^{종 묘 향 지　자 손 보 지　고 대 덕　필 득 기 위}
宗廟饗之 子孫保之 故大德 必得其位
^{필 득 기 록　필 득 기 명　필 득 기 수}
必得其祿 必得其名 必得其壽

공자가 말했다. 순 임금은 위대한 효자이셨다. 그분의 덕은 성인의 경지였으

며 존귀하기로는 천자의 직위에 오르셨으며, 부유하기로는 사해의 모든 영

토를 소유하여 종묘가 흠향(歆饗)하였고 자손이 보존했다. 그러므로 위대한 덕을 지닌 사람은 반드시 그 지위를 얻고, 반드시 그에 맞는 녹을 얻으며, 반드시 그에 합당한 명예를 얻고, 반드시 그에 맞는 수명을 얻어 삶을 누리게 되는 것이다. _도론(道論)

※ 순 임금은 덕을 쌓아 성인이 되었고 임금이 된 뒤 110세를 살고 자손도 번창했다.

천 지 생 물 필 인 기 재 이 독 언
天之生物 必因其材而篤焉
고 재 자 배 지 경 자 복 지
故栽者培之 傾者覆之

하늘이 만물을 낳을 때는 반드시 그 재질에 따라 베풀어준다. 그러므로 뿌리를 뻗고 자라는 것은 더욱 북돋아주고, 기울어진 것은 넘어뜨린다. 즉, 하늘은 공평하게 사람들을 대하지만 덕을 쌓으면 복을 더 많이 내려준다. _도론(道論)

자 왈 무 우 자 기 유 문 왕 호
子曰 無憂者 其惟文王乎
이 왕 계 위 부 이 무 왕 위 자
以王季爲父 以武王爲子
부 작 지 자 술 지
父作之 子述之

공자가 말했다. 아무 걱정이 없는 이는 바로 문왕이다. 아버지는 왕계이고 아들은 무왕이니, 아버지는 일을 일으키셨고 아들은 일을 이어받았기 때문이다. _도론(道論)

부 효 자 선 계 인 지 지 선 술 인 지 사 자 야
夫孝者 善繼人之志 善述人之事者也

무릇 효라는 것은 선인의 뜻을 잘 계승하고, 선인의 일을 잘 이어나가는 것이다. _도론(道論)

^{인 자}^{인 야}^{친 친 위 대}
仁者 人也 親親爲大
^{의 자}^{의 야}^{존 현 위 대}
義者 宜也 尊賢爲大

인이라는 것은 사람다움이니 친족과 친하게 지내는 것이 크고, 의라는 것은

마땅함이니 어진 이를 높이는 것이 크다. _성론(誠論)

^{재 하 위}^{불 획 호 상}
在下位 不獲乎上
^{민 불 가 득 이 치 의}
民不可得而治矣

낮은 직위에 있으면서 윗사람에게 신임을 얻지 못하면 백성을 잘 다스릴 수

없다. _성론(誠論)

^{천 하 지 달 도 오}^{소 이 행 지 자 삼}
天下之達道五 所以行之者三
^{왈 군 신 야}^{부 자 야}^{부 부 야}
曰君臣也 父子也 夫婦也
^{곤 제 야}^{붕 우 지 교 야}^{오 자}
昆弟也 朋友之交也 五者
^{천 하 지 달 도 야}^{지 인 용 삼 자}
天下之達道也 知仁勇三者
^{천 하 지 달 덕 야}^{소 이 행 지 자 일 야}
天下之達德也 所以行之者一也

천하에 통용되는 도는 다섯이고, 그것을 행하는 것은 셋이다. 즉, 군신·부

자·부부·형제·친구는 천하에 두루 통하는 도이며, 지혜·인자·용맹은 천

하에 두루 통하는 덕이다. 그러나 이것을 행하는 근본은 하나다. _성론(誠論)

^{자 왈}^{호 학 근 호 지}
子曰 好學近乎知
^{역 행 근 호 인}^{지 치 근 호 용}
力行近乎仁 知恥近乎勇

공자가 말했다. 배움을 좋아하는 것은 지혜에 가깝고, 힘써 행하는 것은 인

자함에 가깝고, 부끄러움을 아는 것은 용기에 가까운 것이다. _성론(誠論)

<ruby>凡<rt>범</rt></ruby><ruby>爲<rt>위</rt></ruby><ruby>天<rt>천</rt></ruby><ruby>下<rt>하</rt></ruby><ruby>國<rt>국</rt></ruby><ruby>家<rt>가</rt></ruby><ruby>有<rt>유</rt></ruby><ruby>九<rt>구</rt></ruby><ruby>經<rt>경</rt></ruby> <ruby>曰<rt>왈</rt></ruby>
<ruby>脩<rt>수</rt></ruby><ruby>身<rt>신</rt></ruby><ruby>也<rt>야</rt></ruby> <ruby>尊<rt>존</rt></ruby><ruby>賢<rt>현</rt></ruby><ruby>也<rt>야</rt></ruby> <ruby>親<rt>친</rt></ruby><ruby>親<rt>친</rt></ruby><ruby>也<rt>야</rt></ruby>
<ruby>敬<rt>경</rt></ruby><ruby>大<rt>대</rt></ruby><ruby>臣<rt>신</rt></ruby><ruby>也<rt>야</rt></ruby> <ruby>體<rt>체</rt></ruby><ruby>群<rt>군</rt></ruby><ruby>臣<rt>신</rt></ruby><ruby>也<rt>야</rt></ruby> <ruby>子<rt>자</rt></ruby><ruby>庶<rt>서</rt></ruby><ruby>民<rt>민</rt></ruby><ruby>也<rt>야</rt></ruby>
<ruby>來<rt>내</rt></ruby><ruby>百<rt>백</rt></ruby><ruby>工<rt>공</rt></ruby><ruby>也<rt>야</rt></ruby> <ruby>柔<rt>유</rt></ruby><ruby>遠<rt>원</rt></ruby><ruby>人<rt>인</rt></ruby><ruby>也<rt>야</rt></ruby> <ruby>懷<rt>회</rt></ruby><ruby>諸<rt>제</rt></ruby><ruby>侯<rt>후</rt></ruby><ruby>也<rt>야</rt></ruby>

무릇 천하와 국가를 다스리는 데는 다음과 같은 아홉 가지의 변치 않는 도리가 있다. 말하자면 몸을 닦는 것, 어진 이를 높이는 것, 친족을 사랑하는 것, 훌륭한 대신(大臣)을 공경하는 것, 여러 신하를 보살피는 것, 백성을 자식처럼 돌보는 것, 모든 장인(기술자)을 자기 나라로 모여들도록 하는 것, 객지에 떨어져 있는 사람들을 잊지 않고 대접하는 것, 제후들을 잘 대우해주어 포용하는 것이 그것이다. _성론(誠論)

<ruby>凡<rt>범</rt></ruby><ruby>事<rt>사</rt></ruby> <ruby>豫<rt>예</rt></ruby><ruby>則<rt>즉</rt></ruby><ruby>立<rt>립</rt></ruby> <ruby>不<rt>불</rt></ruby><ruby>豫<rt>예</rt></ruby><ruby>則<rt>즉</rt></ruby><ruby>廢<rt>폐</rt></ruby>

모든 일은 미리 준비하면 곧 이루어지고 미리 준비되어 있지 않으면 바로 실패하게 된다. _성론(誠論)

<ruby>誠<rt>성</rt></ruby><ruby>身<rt>신</rt></ruby><ruby>有<rt>유</rt></ruby><ruby>道<rt>도</rt></ruby> <ruby>不<rt>불</rt></ruby><ruby>明<rt>명</rt></ruby><ruby>乎<rt>호</rt></ruby><ruby>善<rt>선</rt></ruby> <ruby>不<rt>불</rt></ruby><ruby>誠<rt>성</rt></ruby><ruby>乎<rt>호</rt></ruby><ruby>身<rt>신</rt></ruby><ruby>矣<rt>의</rt></ruby>

자신을 성실하게 하는 데는 방법이 있다. 착한 일에 밝지 못하면 자신을 성실하게 할 수 없다. _성론(誠論)

<ruby>誠<rt>성</rt></ruby><ruby>者<rt>자</rt></ruby> <ruby>天<rt>천</rt></ruby><ruby>之<rt>지</rt></ruby><ruby>道<rt>도</rt></ruby><ruby>也<rt>야</rt></ruby>

성 지 자　인 지 도 야
誠之者　人之道也

성실이라는 것은 타고날 때부터 가진 도이며 성실하게 하려는 것은 사람의
도리이다. _성론(誠論)

성 지 자　택 선 이 고 집 지 자 야
誠之者　擇善而固執之者也

성실하게 한다는 것은 착한 일을 골라서 굳게 지키려는 것이다. _성론(誠論)

박 학 지　심 문 지　신 사 지　명 변 지　독 행 지
博學之　審問之　慎思之　明辨之　篤行之

학문을 하거나 몸을 닦으려는 사람이 성실해지기 위해서는 널리 배우고, 자
세히 묻고, 신중하게 생각하고, 명확하게 판단하고, 착실하게 행동해야 한다.
_성론(誠論)

인 일 능 지　기 백 지　인 십 능 지　기 천 지
人一能之　己百之　人十能之　己千之

다른 사람은 한 번을 해서 능통해졌는데 자기는 그럴 수 없다면 백 번을 하
고, 다른 사람이 열 번을 해서 그렇게 됐다면 자신은 천 번을 해야 한다. _성론
(誠論)

자 성 명　위 지 성　자 명 성 위 지 교　성 즉 명 의　명 즉 성 의
自誠明　謂之性　自明誠謂之教　誠則明矣　明則誠矣

성실함을 통해 명철해지는 것을 성(性)이라고 하는데, 이는 하늘의 도다. 명
철함으로 말미암아 성실해지는 것을 교(敎)라고 하는데, 이는 사람의 도다.
성실하면 곧 명철해지고, 명철하면 곧 성실해진다. _성론(誠論)

國家將興 必有禎祥
국 가 장 흥 필 유 정 상

國家將亡 必有妖孽
국 가 장 망 필 유 요 얼

장차 한 나라가 흥하려고 할 때는 반드시 좋은 징조가 있고, 장차 한 나라가 망하려고 할 때는 반드시 흉한 징조가 생긴다. _성론(誠論)

至誠 如神
지 성 여 신

지극한 정성을 쌓으면 신과 같은 힘을 갖게 된다. _성론(誠論)

誠者 自成也 而道 自道也
성 자 자 성 야 이 도 자 도 야

정성은 스스로 이루는 것이고, 도는 스스로 행하는 것이다. _성론(誠論)

誠者 物之終始 不誠無物
성 자 물 지 종 시 불 성 무 물

是故君子誠之爲貴
시 고 군 자 성 지 위 귀

성실은 만물의 처음이자 끝이다. 그러므로 성실하지 않으면 어떠한 만물도 있을 수 없다. 따라서 군자는 성실함을 가장 소중하게 여긴다. _성론(誠論)

博厚 配地 高明 配天 悠久 無疆
박 후 배 지 고 명 배 천 유 구 무 강

덕의 넓고 두터운 것은 땅과 같으며, 높고 밝음은 하늘과 같으며, 멀고 오래 감은 끝이 없다. _성론(誠論)

天地之道 博也 厚也 高也 明也 悠也 久也
천 지 지 도 박 야 후 야 고 야 명 야 유 야 구 야

하늘과 땅의 도는 넓고 두터우며, 높고 밝고, 멀고 영원하다. _성론(誠論)

대재 성인지도 양양호 발육만물 준극우천
大哉 聖人之道 洋洋乎 發育萬物 峻極于天

위대하다. 성인의 도여! 성인의 덕이 한없이 넓게 충만하여 만물을 자라게

하니 그 높고 위대함이 하늘에까지 닿았구나. _성론(聖論)

군자 존덕성이도문학 치광대이진정미 극고명이도중용
君子 尊德性而道問學 致廣大而盡精微 極高明而道中庸
온고이지신 돈후이숭례 시고 거상불교 위하불배 국유도
溫故而知新 敦厚以崇禮 是故 居上不驕 爲下不倍 國有道
기언 족이흥 국무도 기묵 족이용
其言 足以興 國無道 其默 足以容

군자는 덕성을 높이고 묻고 배우는 길을 간다. 넓고 큰 것을 목표로 아주 작

고 미세한 것을 다 이루고, 높고 밝음을 지극히 하여 중용의 길을 가며 옛것

을 익혀서 새것을 알며, 인정을 두텁게 함으로써 예를 높인다. 그러므로 윗

자리에 있어도 교만하지 않고, 아랫자리에 있어도 배반하지 않는다. 나라에

도가 있어 잘 다스려질 때는 그의 올바른 말이 받아들여져 중요한 자리에 등

용되고, 나라에 도가 없어 혼란할 때는 그의 공손한 침묵이 용납되어 살아남

을 수 있는 것이다. _성론(聖論)

자왈 우이호자용
子曰 愚而好自用
천이호자전 생호금지세
賤而好自專 生乎今之世
반고지도 여차자 재급기신자야
反古之道 如此者 裁及其身者也

공자가 말했다. 어리석으면서도 자기를 내세우기 좋아하고 지위가 낮으면서

도 자기 멋대로 행동하기를 좋아하며 지금 세상에 살면서 옛날의 도를 어기

는 자는 재앙이 그의 몸에 미치게 될 것이다. _성론(聖論)

252

군자지도 본제신 징제서민
君子之道 本諸身 徵諸庶民

고제삼왕이불류 건제천지이불패
考諸三王而不謬 建諸天地而不悖

질제귀신이무의 백세이사성인이불혹 질제귀신이무의
質諸鬼神而無疑 百世以俟聖人而不惑 質諸鬼神而無疑

지천야 백세이사성인이불혹 지인야
知天也 百世以俟聖人而不惑 知人也

군자의 도는 자신에게 근본을 두고 백성들에게서 입증된다. 또한 군자의 도는 하나라 우왕, 은나라 탕왕, 주나라 문왕·무왕 등에게 비추어 보아 그릇된 것이 없고, 천지에 세워두어도 어긋남이 없고, 귀신에 물어보아도 의심되는 것이 없으며, 백대 뒤의 성인을 다시 만나도 의혹을 받지 않을 것이다. 귀신에 물어보아도 의심되는 것이 없을 거라는 말은 하늘의 도를 알기 때문에 가능한 일이고, 백대 뒤의 성인을 다시 만나도 의혹을 받지 않을 것이라는 말은 사람의 도를 알기 때문이다. _성론(聖論)

중니 조술요순 헌장문무 상율천시 하습수토
仲尼 祖述堯舜 憲章文武 上律天時 下襲水土

공자는 요 임금과 순 임금을 으뜸가는 조상으로 이어받았고, 문왕과 무왕의 법도를 지켰으며, 위로는 하늘의 뜻을 법으로 삼고 아래로는 물과 흙의 이치를 따랐다. _성론(聖論)

만물병육이불상해 도병행이불상패
萬物並育而不相害 道並行而不相悖

만물은 함께 자라도 서로 해치지 않으며 도는 함께 행해져도 서로 거슬리지 않는다. _성론(聖論)

<ruby>小<rt>소</rt></ruby><ruby>德<rt>덕</rt></ruby><ruby>川<rt>천</rt></ruby><ruby>流<rt>류</rt></ruby> <ruby>大<rt>대</rt></ruby><ruby>德<rt>덕</rt></ruby><ruby>敦<rt>돈</rt></ruby><ruby>化<rt>화</rt></ruby> <ruby>此<rt>차</rt></ruby><ruby>天<rt>천</rt></ruby><ruby>地<rt>지</rt></ruby><ruby>之<rt>지</rt></ruby><ruby>所<rt>소</rt></ruby><ruby>以<rt>이</rt></ruby><ruby>爲<rt>위</rt></ruby><ruby>大<rt>대</rt></ruby><ruby>也<rt>야</rt></ruby>

작은 덕은 냇물이 흐르는 것과 같고, 큰 덕은 백성들을 돈독하게 교화시킨다. 바로 이것이 하늘과 땅이 위대한 이유다. _성론(聖論)

<ruby>唯<rt>유</rt></ruby><ruby>天<rt>천</rt></ruby><ruby>下<rt>하</rt></ruby><ruby>至<rt>지</rt></ruby><ruby>聖<rt>성</rt></ruby>

<ruby>爲<rt>위</rt></ruby><ruby>能<rt>능</rt></ruby><ruby>聰<rt>총</rt></ruby><ruby>明<rt>명</rt></ruby><ruby>睿<rt>예</rt></ruby><ruby>知<rt>지</rt></ruby> <ruby>足<rt>족</rt></ruby><ruby>以<rt>이</rt></ruby><ruby>有<rt>유</rt></ruby><ruby>臨<rt>림</rt></ruby><ruby>也<rt>야</rt></ruby>

<ruby>寬<rt>관</rt></ruby><ruby>裕<rt>유</rt></ruby><ruby>溫<rt>온</rt></ruby><ruby>柔<rt>유</rt></ruby> <ruby>足<rt>족</rt></ruby><ruby>以<rt>이</rt></ruby><ruby>有<rt>유</rt></ruby><ruby>容<rt>용</rt></ruby><ruby>也<rt>야</rt></ruby>

<ruby>發<rt>발</rt></ruby><ruby>强<rt>강</rt></ruby><ruby>剛<rt>강</rt></ruby><ruby>毅<rt>의</rt></ruby> <ruby>足<rt>족</rt></ruby><ruby>以<rt>이</rt></ruby><ruby>有<rt>유</rt></ruby><ruby>執<rt>집</rt></ruby><ruby>也<rt>야</rt></ruby>

<ruby>齊<rt>제</rt></ruby><ruby>莊<rt>장</rt></ruby><ruby>中<rt>중</rt></ruby><ruby>正<rt>정</rt></ruby> <ruby>足<rt>족</rt></ruby><ruby>以<rt>이</rt></ruby><ruby>有<rt>유</rt></ruby><ruby>敬<rt>경</rt></ruby><ruby>也<rt>야</rt></ruby>

<ruby>文<rt>문</rt></ruby><ruby>理<rt>리</rt></ruby><ruby>密<rt>밀</rt></ruby><ruby>察<rt>찰</rt></ruby> <ruby>足<rt>족</rt></ruby><ruby>以<rt>이</rt></ruby><ruby>有<rt>유</rt></ruby><ruby>別<rt>별</rt></ruby><ruby>也<rt>야</rt></ruby>

오직 천하의 지극한 성인이어야만 청명함과 예지로써 군림할 수 있을 것이다. 너그러움과 부드러움으로 모든 것을 포용하고, 힘차고 굳세어 확실하게 지켜나갈 수가 있을 것이다. 단아하면서도 위엄을 세워 치우침 없이 매사를 유지하여 공경받을 수 있을 것이며 세심하게 이치를 밝혀 분별로써 대처할 수 있을 것이다. _성론(聖論)

<ruby>唯<rt>유</rt></ruby><ruby>天<rt>천</rt></ruby><ruby>下<rt>하</rt></ruby><ruby>至<rt>지</rt></ruby><ruby>誠<rt>성</rt></ruby> <ruby>爲<rt>위</rt></ruby><ruby>能<rt>능</rt></ruby><ruby>經<rt>경</rt></ruby><ruby>綸<rt>륜</rt></ruby><ruby>天<rt>천</rt></ruby><ruby>下<rt>하</rt></ruby><ruby>之<rt>지</rt></ruby><ruby>大<rt>대</rt></ruby><ruby>經<rt>경</rt></ruby>

<ruby>立<rt>입</rt></ruby><ruby>天<rt>천</rt></ruby><ruby>下<rt>하</rt></ruby><ruby>之<rt>지</rt></ruby><ruby>大<rt>대</rt></ruby><ruby>本<rt>본</rt></ruby> <ruby>知<rt>지</rt></ruby><ruby>天<rt>천</rt></ruby><ruby>地<rt>지</rt></ruby><ruby>之<rt>지</rt></ruby><ruby>化<rt>화</rt></ruby><ruby>育<rt>육</rt></ruby> <ruby>夫<rt>부</rt></ruby><ruby>焉<rt>언</rt></ruby><ruby>有<rt>유</rt></ruby><ruby>所<rt>소</rt></ruby><ruby>倚<rt>의</rt></ruby>

오직 천하의 지극한 성실함이라야 천하의 큰 도를 다스릴 수 있다. 그것만이 천하의 위대한 근본을 세울 수 있으며, 하늘과 땅의 온갖 생성과 변화를 알 수 있으니 어찌 달리 의지할 데가 있겠는가? _성론(聖論)

순 순 기 인　연 연 기 연　호 호 기 천
肫肫其仁 淵淵其淵 浩浩其天

지극한 성실함은 그 인자함과 같은 것이며, 깊고 깊음은 그 연못과 같은 것

이며, 넓고 넓음은 그 하늘과 같은 것이다. _성론(聖論)

군 자 지 도　암 연 이 일 장
君子之道 闇然而日章
소 인 지 도　적 연 이 일 망
小人之道 的然而日亡

군자의 도는 어두운 것 같으나 날로 밝아지고, 소인의 도는 밝은 것 같으나

날로 어두워진다. _성론(聖論)

군 자　부 동 이 경　불 연 이 신
君子 不動而敬 不言而信

군자는 움직이지 않아도 존경을 받고 말하지 않아도 믿음을 준다. _성론(聖論)

군 자　불 상 이 민 권
君子 不賞而民勸
불 노 이 민 위 어 부 월
不怒而民威於鈇鉞

군자는 상을 주지 않아도 백성들이 힘을 다해 따르고, 성을 내지 않아도 도

끼보다 두려워한다. _성론(聖論)

군 자　독 공 이 천 하 평
君子 篤恭而天下平

군자는 백성들로부터 존경을 많이 받음으로써 천하가 화평해질 수 있다. _성

론(聖論)

자 왈 성 색 지 어 이 화 민 말 야
子曰 聲色之於以化民 末也

공자가 말했다. 목소리와 얼굴빛으로 백성을 다스리는 것은 말단이다. _성론(聖論)

書經

서경

서경이란?

● 《서경》은 어떤 책인가

《서경》은 중국의 요 임금과 순 임금 시대부터 하나라·은나라·
주나라의 임금에 대한 행적을 기록한 책이다.

중국에서는 태고 때부터 사관史官 들이 임금의 곁에서 듣고 본 사
실들을 기록으로 남겼다. 바로 이들 사관의 기록이 《서경》의 토대
가 되었다. 그 사관들의 기록을 체계적으로 정리·편집한 사람이 바
로 공자로 알려졌다.

사관들이 기록한 것은 방대하여 3,240여 편이라고 한다. 이 중에
서 가치 있는 100여 편을 골라 공자가 엮은 것이 《서경》이다. 이 또
한 진시황의 분서갱유焚書坑儒, 실용 서적을 제외한 모든 사상 서적을 불태우고 유학
자들을 생매장한 일 때 없어져 58편만 남아 있는데, 그중 20편 정도는 훗
날 다시 쓰인 것이라고 한다.

《서경》은 원래 그냥 '서書'라고 불리다가 전국 시대 이후부터 뒤

에 '경經' 자가 붙었다. 또한 '상서尚書'라고 불리기도 하는데, 오래된 옛날 책이라는 뜻이다. '상尚'이라는 글자에는 옛날이라는 뜻 말고도 높다는 뜻이 있어, '높은 책'이라는 뜻도 지닌다.

✸ 《서경》에 담긴 사상
- 혁명사상: 군주와 혁명에 대한 것으로, 군주가 잘못하면 언제나 바뀔 수 있음을 천명한다.
- 위민사상: 백성을 편히 살게 하는 사상으로, 서경의 기본 사상이라고 할 수 있다.
- 덕치사상: 임금은 어진 자를 등용하고 이들로 하여금 백성들에게 고르게 덕이 미치도록 해야 한다는 사상이다.
- 효사상: 부모에 대한 효도를 강조하였는데, 이것은 도덕의 중심 사상이 되기 때문이다.

✸ 《서경》의 구성
나라의 법도, 임금의 치적, 나라를 다스리는 훈계, 전쟁을 앞두고 임금이 백성과 군사들에게 한 훈시 등이 기록되어 있다.

세부적인 구성은 다음과 같다.
- 우서虞書 : 치수治水 에 대한 내용과 요 임금, 순 임금의 덕에 관한 내용들이 기록되어 있다.

요전堯典, 순전舜典, 대우모大禹謨, 고요모皐陶謨, 익직益稷

- 하서夏書: 하나라 우 임금과 그 밑의 뛰어난 신하들에 대한 치적과 언행이 기록되어 있다.

  우공禹貢, 감서甘誓, 오자지가五子之歌, 윤정胤征

- 상서商書: 상商나라 때 훌륭한 왕과 신하들의 치적이나 언행이 기록되어 있다.

  탕서湯誓, 중훼지고仲虺之誥, 탕고湯誥, 이훈伊訓, 태갑상太甲上, 태갑중太甲中, 태갑하太甲下, 함유일덕咸有一德, 반경상盤庚上, 반경중盤庚中, 반경하盤庚下, 열명상說命上, 열명중說命中, 열명하說命下, 고종융일高宗肜日, 서백감려西伯戡黎, 미자微子

- 주서周書: 주나라의 여러 사적이 주나라 사관들에 의해 기록되어 있다.

  태서상泰誓上, 태서중泰誓中, 태서하泰誓下, 목서牧誓, 무성武成, 홍범洪範, 여오旅獒, 금등金縢, 대고大誥, 미자지명微子之命, 강고康誥, 주고酒誥, 자재梓材, 소고召誥, 낙고洛誥, 다사多士, 무일無逸, 군석君奭, 채중지명蔡仲之命, 다방多方, 입정立政, 주관周官, 군진君陳, 고명顧命, 강왕지고康王之誥, 필명畢命, 군아君牙, 경명冏命, 여형呂刑, 문후지명文侯之命, 비서費誓, 진서秦誓

✸ 그밖에

　서전書典은 서경에 주해를 달아서 편찬한 책이다. 송나라 때 주희가 제자인 재침을 시켜서 주해한 글을 모은 것이라고 한다.

　경經은 금문今文과 고문古文의 차이가 많았는데,《서경》은 특히 문자뿐 아니라 내용에서도 차이가 많았다고 한다. 금문은 한나라 때 쓰이던 예서隸書를 말하며, 고문은 진秦나라 이전의 동부 지방에서 쓰이던 옛 문자로 쓴 책을 말한다.

　《금문상서今文尙書》는 분서갱유 이후 한나라 문제 때 복생伏生이라는 사람이 구전되어온 상서 내용을 예서로 베낀 것이다. 그 후 경제景帝 때 노나라 공왕이 공자의 구택舊宅을 부수고 발견한 상서를《고문상서古文尙書》라고 한다.

백성의 마음은 하늘의 마음

천 시 자 아 민 시　천 청 자 아 민 청
天視自我民視　天聽自我民聽

백성들의 눈은 하늘의 눈이고, 백성들의 귀는 하늘의 귀이다.

_주서 태서중 周書 泰誓中

書
經

맹자의 제자 만장이 스승에게 찾아가 물었다.

"요 임금께서 천하를 순 임금에게 주셨다고 하는데 그게 사실입니까?"

맹자가 대답했다.

"그렇지 않다. 천자라고 해서 자기 마음대로 천하를 남에게 줄 권리는 없는 것이다."

만장이 다시 물었다.

"그렇다면 순 임금께서 천하를 얻은 것은 누가 주어서 그리된 것입니까?"

맹자가 대답했다.

"하늘이 주신 것이다."

"하늘이 주셨다면 하늘이 이렇게 해라, 저렇게 해라 자세하게 명령을 내리셨다는 말씀이십니까?"

"그게 아니다. 원래 하늘은 아무 말도 하지 않는다. 오직 그 사람의 행동과 그 행동에서 빚어지는 일의 발자취를 통해 하늘의 뜻을 표시할 뿐이다."

"사람의 행동과 일의 발자취를 가지고 하늘이 그 뜻을 보여준다는 것은 어떤 방법으로 그리하는 것인지요?"

"천자는 자기 자리를 물려받을 만한 인물을 찾아내서 하늘에 천거할 수는 있지만 하늘에 강요해서 자기가 점찍은 사람을 천자 자리에 앉힐 수는 없다. 옛날 요 임금께서는 순을 하늘에 천거하셨고 하늘은 이를 받아들였다. 그리고 백성들에게 순을 내놓아 여러 일을 시켜보았는데 하는 일마다 백성의 마음에 들게 하여 모두가 순을 따랐던 것이다. 바로 이를 두고 하늘은 말을 하지 않지만 천자로 추천된 사람의 행동과 그 행동에서 빚어지는 발자취를 통해 하늘의 뜻을 표하는 거라 말하는 것이다."

만장이 맹자의 말에 고개를 끄덕였다.

"결국 백성들의 마음이 하늘의 마음과 같다는 말씀이시군요!"

백성에게 다가갈 수 있어야

제나라 재상 관중이 병석에 누운 지 오랜 시간이 지났는데도 일어나지 못하자 환공이 친히 문병을 갔다. 환공이 보니 관중은 이제 일어날 가망성이 거의 없었다. 환공이 조심스레 물었다.

"내가 하는 말에 오해는 마시오. 만일 그대에게 불행한 일이 생긴다면 앞으로 누구에게 재상 자리를 맡기면 좋을지 말해줄 수 있겠소?"

관중이 대답했다.

"오해라니요. 당치도 않습니다. 폐하를 보필하지 못한 제 죄가 막중합니다. 폐하께서 지금 다음 재상을 생각하고 계시다는 것은 그만큼 국정을 잘 살피신다는 증거입니다. 혹시 다음 재상으로 생각해두신 사람이 있습니까?"

"나는 포숙아를 염두에 두고 있소."

포숙아가 관중과 가장 가까운 친구 사이라는 사실을 모르는 사람은 없었다. 그래서 환공은 포숙아라면 관중도 당연히 마음에 들어 할 것이라고 생각했다. 그러나 관중의 생각은 달랐다.

"포숙아는 적당하지 않습니다. 그는 분명 청렴하고 선한 인물이지만, 자기보다 못한 사람과는 가까이하지 않으려는 습성이 있습니다. 이런 사람은 백성들에게 허물없이 다가갈 수가 없습니다."

"그렇다면 누가 좋겠소?"

"제 생각으로는 습붕이 좋을 듯합니다. 그는 진리를 알고자 할 때 자기보다 못한 사람에게도 겸허히 배우려고 합니다. 또한 자기보다 어려운 자를 보면 가엾게 여겨 인정을 베풉니다. 그는 겸손하기 때문에 백성들에게 허물없이 다가갈 수 있을 것입니다. 물론 백성들 또한 그를 존경하며 따를 것입니다."

滿招損 謙受益 時乃天道

만초손 겸수익 시내천도

자만하는 자는 손해를 부르고
겸손한 자는 이익을 받는다
이것은 하늘의 도이다

우서 대우모 虞書 大禹謨

도둑을 없애려면

추현양능 서관내화
推賢讓能 庶官乃和

어진 사람을 등용하여 부리고,
능력 있는 사람에게 일을 맡기면
모든 이가 절로 화합할 것이다.

_주서 주관 周書 周官

書
經

진나라에 도둑이 심하게 들끓었다. 관졸을 풀어 모두 잡아들이려
했으나 도둑들이 워낙 신출귀몰해서 잡을 수 없었다.

왕은 고심 끝에 치옹을 불러들였다. 치옹에게는 사람의 눈과 눈
썹의 상을 보면 그가 무슨 마음을 품는지 꿰뚫는 신통력이 있었다.

그러자 진나라의 현자가 나서서 왕에게 진언했다.

"치옹은 도둑을 완전히 근절시킬 수 없을 것입니다."

"그게 무슨 말이오? 그는 비상한 재주를 지닌 사람이오. 나는 관
졸 천 명보다 치옹 한 사람이 더 낫다고 생각하고 있소."

"당장은 효과를 거둘 수 있겠지만 결국 치옹은 죽음을 당할 것입

니다."

현자의 말대로 치옹은 그동안 잡아들인 것보다 더 많은 수의 도둑을 검거해 감옥으로 보냈다. 치옹의 신통력에 위기감을 느낀 도둑들이 한자리에 모여 회의를 했다.

"치옹 때문에 우리가 마음 놓고 활동할 수 없으니 그를 제거해야겠소."

결국 그들은 기습조를 편성하여 한밤중에 치옹의 집에 잠입하여 그를 칼로 찔러 죽였다.

치옹이 죽자 왕은 낙심하여 다시 현자를 불러들였다.

"그대의 말이 옳았소. 이제 도둑을 잡아들이려면 어찌 해야겠소?"

현자가 대답했다.

"도둑을 없애는 방법은 꼭 도둑을 잡아들이는 것만이 능사가 아닙니다."

"그럼 어찌하면 되오?"

"현명한 사람을 등용하여 그를 통해 윗사람들을 밝게 교화시키고, 아랫사람들은 덕으로써 감화시켜야 합니다. 그리하면 백성들은 스스로 부끄러운 마음이 무엇인지 깨닫게 될 것입니다. 물론 단시일 내에 그게 이루어질 수는 없을 것입니다만, 도둑을 없애는 가장 확실하고도 근본적인 방법입니다. 관리와 백성들 스스로 도둑질이 부끄러운 짓임을 깨닫는다면 어찌 도둑질을 할 수 있겠습니까?"

왕은 현자의 충고를 받아들여 널리 어진 인재들을 모아 등용시켰다. 과연 하루가 다르게 도둑이 점차 줄더니 마침내 도둑질을 하는 자가 하나도 없게 되었다.

장단점을 받아들이는 귀

여청 여위여필 여무면종 퇴유후언
汝聽 予違汝弼 汝無面從 退有後言

그대들은 들으라.
내가 그릇되면 그대들이 나를 도우라.
그대들은 면전에서만 따르고
물러나서는 뒷말을 하는 일이 없도록 하라.

_우서 익직 虞書 益稷

書經

초나라 선왕 때 변사辯士 강을江乙은 재상 소해휼昭奚恤을 눈엣가시처럼 여겼다.

어떻게든 소해휼을 자리에서 끌어내리고 싶었으나, 마땅한 구실이 없을뿐더러 남의 단점을 꼬집으며 비방하는 것은 군자로서 취할 방법이 아니었다. 강을은 궁리 끝에 선왕을 찾아가 다른 이야기만 한참 하다가 말미에 결론을 지으면서 말했다.

"그래서 예로부터 아랫사람들이 하기에 달렸다는 말이 있습니다. 아래에서 모의를 꾸미면 윗사람이 곤경에 빠지지만 아래에서

271

갑론을박하며 서로 다투면 오히려 윗사람이 편안해진다는 것입니다. 이 말씀을 꼭 잊지 마십시오."

강을은 변사답게 유창한 말솜씨로 선왕에게 미리 선수를 쳐놓은 것이다. 며칠 뒤 강을은 다시 선왕을 찾아갔다.

"어떤 신하가 다른 사람의 좋은 점만을 간한다면 그 신하를 어떻게 평가하시겠습니까?"

"물론 훌륭하게 평가하지."

"그럼 반대로 다른 사람의 나쁜 점을 간하는 신하는 어떻게 평가하시겠습니까?"

"그런 자는 소인배나 다름없으니 가까이 두지 말아야겠지."

강을은 기회를 잡았다고 생각하며 얼른 다음 말을 이었다.

"그리되면 폐하께선 아비를 죽인 아들이나 임금을 죽인 신하가 있다는 사실을 끝내 모르시게 될 것입니다. 폐하께서 다른 이의 나쁜 점을 간하는 신하를 멀리 두셨기 때문입니다."

선왕은 그제야 강을의 말을 알아들었다.

"그렇군. 그대의 말이 옳다. 내가 왜 그 생각을 못 했단 말인가?"

강을의 뜻대로 선왕은 그때부터 나쁜 점을 간하는 신하의 말에도 귀를 기울였다.

그 후 강을은 기회가 생길 때마다 마음 놓고 소해휼의 나쁜 점을 선왕에게 간하곤 했다.

정신이상자들이 사는 세상

書經

춘추 시대 진나라에 봉씨라는 사람이 살았는데, 그에게는 골치 아픈 걱정거리가 하나 있었다. 하나밖에 없는 아들이 어려서는 총명했으나 커가면서 정신이상 증세를 보인 것이다.

그의 아들은 남이 우는 것을 보면 무슨 즐거운 일이 있느냐 말하고, 흰 것을 보면 검은 것이라 생각했으며, 단감을 먹으라면 누가 내게 똥을 먹이려 드느냐며 성을 냈다.

봉씨는 아직 앞날이 창창한 아들의 장래가 걱정스러워 어떻게든 손을 써보려고 백방으로 애썼다. 그러던 차에 이웃 마을의 어떤 이

가 한 가지 방법을 일러주었다.

"노나라에 현명한 군자가 많이 있다는데 거길 한번 가보시지요."

봉씨는 그렇게 하기로 작정하고 서둘러 길을 떠났다. 그런데 노나라로 가던 중 한 현자를 만났다. 그 현자는 마치 도사처럼 긴 수염을 늘어뜨리고 있었는데, 봉씨는 그에게 노나라로 가는 사연을 말해주었다.

"그런 사연이 있었구려. 그런데 당신은 과연 아들이 미쳤다고 생각하시오?"

갑작스런 질문에 봉씨는 잠시 어리둥절했다.

"그게 무슨 말씀이십니까? 흰 것을 보고 검은 것이라 하는 사람이 미친 게 아니고 무엇이겠습니까?"

"내 말 들어보시오. 지금 천하는 자기 이득만을 챙기고자 서로 물고 뜯느라 정신이 없소. 사람들이 거의 병적으로 변해가고 있소. 그런데 그들은 서로 같은 병을 앓고 있는 중이기 때문에 자신이 병들어 있다는 사실조차 알지 못하오. 지금 천하 사람들이 모두 당신의 아들처럼 정신이상자가 되어 있다면 그들의 눈으로 보기에는 당신이 미친 사람으로 보일 것이오."

"듣고 보니 그렇겠군요. 그럼 제 아들은 어찌하면 좋겠습니까?"

"내 보기에 노나라의 군자들이라고 해서 크게 다르지는 않을 것 같소. 모두 자기 이익에만 정신이 팔려 있는 세상이오. 병든 사람이 어떻게 병든 사람을 고친단 말이오? 공연히 헛걸음하지 말고 발길을 돌려 그대의 나라로 돌아가시오. 일단 세상이 정상적으로 돌아올 때까지 기다리는 게 좋을 것 같소."

봉씨는 현자의 말에 수긍하고 즉시 집으로 향했다.

유비무환

유 사 사　내 기 유 비　유 비 무 환
惟事事 乃其有備 有備無患

모든 일은 미리 준비해야 한다.
미리 준비해두면 뜻밖의 변이 생기더라도
이에 대처할 수 있으니 근심이 없다.

_상서 열명중 商書 說命中

노나라의 한 마을에 아들 교육을 엄하게 하는 아버지가 있었다.

어느 겨울 날 아들이 땔감을 구하려고 대문 밖을 나서려는데 안 방에서 아버지가 그를 불러들였다.

아들이 방에 들어오자 아버지가 물었다.

"지금 여기서 백 리나 떨어진 남산에도 땔감이 있고, 백 걸음만 가면 되는 야산에도 땔감이 있다고 하자. 너는 어느 곳으로 가서 땔 감을 구하겠느냐?"

아들이 답했다.

"물론 백 걸음만 가서 야산의 나무를 베어 오겠습니다."

아버지가 말했다.

"거리가 가깝다고 해서 쉽게 구해서는 안 된다. 또한 거리가 멀다고 해서 포기하는 일도 없어야 한다."

아들은 그 말이 무슨 뜻인지 이해가 되지 않았다.

"좀 더 상세하게 가르쳐주십시오."

"가까운 야산의 땔감은 항상 가져다 쓸 수 있다. 즉, 그 나무들은 우리 집 땔감이나 마찬가지라는 말이다. 그런데 멀리 남산에 있는 나무는 천하의 땔감이다. 우리 집 땔감을 아껴둔 채 천하의 땔감을 먼저 가져다 쓴다면, 천하의 땔감이 다 없어진다 해도 우리 집 땔감은 남아 있을 것이다. 무슨 말인지 알겠느냐?"

아들은 그제야 아버지의 말뜻을 알아들었다.

"예, 알겠습니다. 지금 대문을 나서서 천하의 땔감이 있는 산으로 가 나무를 해 오겠습니다."

그릇 속의 백성들

書
經

춘추 시대 때 어느 나라에 물고기 기르는 것을 취미로 삼는 사람이 있었다.

그는 사람들을 만나면 자기처럼 물고기를 좋아하는 사람은 없을 거라고 떠벌렸다. 그런데 그의 취미는 다른 사람과 달리 좀 유별난 데가 있었다.

여기저기서 잡아 온 물고기를 큰 연못이나 어항에 기르지 않고, 마당에 작은 그릇 몇 개를 놓고 그 안에 물고기를 넣어 길렀다.

하루는 어떤 사람이 그의 집에 찾아왔는데, 마당의 그릇을 보고는 대뜸 물었다.

"당신은 물고기를 좋아한다고 들었는데 그게 사실입니까?"

"그렇습니다."

"원래 물고기가 살던 곳은 어디였습니까?"

"강이었죠."

"그렇지요? 강이었지요. 그런데 지금 당신은 한 바가지밖에 안 되는 물속에 넣어 기르고 있으니 누구든 이 광경을 본다면 당신이 진정 물고기를 아끼고 좋아한다 믿을 수 있겠습니까?"

"나는 남의 말은 귀담아듣지 않소."

"그릇 안의 물고기들은 얼마 살지 못하고 죽을 것입니다. 당신이 진정 저 물고기들을 아낀다면 지금이라도 연못이나 강에서 살 수 있도록 해주시오."

그러나 그는 그렇게 하지 않았다.

과연 며칠이 지나자 물고기들은 모두 죽고 말았다. 사람들은 물고기를 기르는 그의 방법에 빗대어 이렇게 말했다.

"오늘날의 백성들은 그자가 기르는 물고기와 같고, 오늘날의 정치인들은 모두 물고기를 아낀다는 그자와 같다."

《서경》의 명구절

극 명 준 덕 이 친 구 족 구 족 기 목 평 장 백 성
克明俊德以親九族 九族旣睦平章百姓
백 성 소 명 협 화 만 방 여 민 어 변 시 옹
百姓昭明協和萬邦 黎民於變時雍

요 임금은 큰 덕을 밝혀 구족(九族)을 친하게 하니 그들이 화목하였고, 백성을
고루 밝게 다스려 온 나라가 화합하니 모든 백성이 교화되어 화평해졌다. _우
서 요전(虞書 堯典)

※ '수신제가치국평천하'를 말한다. 구족은 직계 촌수로, 고조·증조·조부·부친·자
　기·아들·손자·증손·현손을 뜻한다.

직 이 온 관 이 율 강 이 무 학 간 이 무 오
直而溫 寬而栗 剛而無虐 簡而無傲

순 임금이 백이에게 명하기를, 아들을 가르칠 때는 곧되 온화하게 해주고,
너그럽되 엄하게 해주며, 굳세되 사납지 않게 해주고, 단순하되 오만하지 않
게 해야 한다. _우서 순전(虞書 舜典)

후극간궐후　신극간궐신
后克艱厥后　臣克艱厥臣
정내예　여민민덕
政乃乂　黎民敏德

임금은 임금으로서의 할 일이 어렵다는 사실을 알고 신하는 신하로서의 할
일이 어렵다는 사실을 알고 밤낮으로 맡은 일에 매진하면, 정치는 순조롭게
되고 백성들은 감동하여 윗사람을 따르기에 힘쓸 것이다. _우서 대우모(虞書 大禹謨)

가언　망유복　야무유현　만방　함녕
嘉言　罔攸伏　野無遺賢　萬邦　咸寧

좋은 말은 숨겨지지 않도록 해야 하며, 어진 사람이 초야에 묻혀 지내지 않
게 해야 나라가 화평해질 것이다. _우서 대우모(虞書 大禹謨)

사기종인　불학무고　불폐곤궁
舍己從人　不虐無告　不廢困窮

자기 의견을 버리고 남의 의견을 따르며, 의지할 곳 없는 사람을 학대하지
말고, 곤궁한 사람을 버려두지 말아야 한다. _우서 대우모(虞書 大禹謨)

의모물성　백지유희
疑謀勿成　百志惟熙

의심스러운 일은 아예 하지 말아야 모든 뜻이 옳게 이루어진다. _우서 대우모(虞書
大禹謨)

형기우무형
刑期于無刑

형벌을 가하는 궁극의 목적은 형벌을 없애려는 데 있다. _우서 대우모(虞書 大禹謨)

^{성 윤 성 공}
成允成功

성실을 다하면 성공할 것이다. _우서 대우모(虞書 大禹謨)

^{천 지 역 수   재 이 궁}
天之曆數 在爾躬

하늘의 돌아가는 운수가 그대의 몸에 있다. _우서 대우모(虞書 大禹謨)

^{무 계 지 언   물 청   불 순 지 모   물 용}
無稽之言 勿聽 弗詢之謀 勿庸

근거 없는 말은 듣지 말고, 서로 상의하지 않은 꾀는 쓰지 말라. _우서 대우모(虞書

大禹謨)

^{구 출 호   흥 융}
口出好 興戎

입이란 듣기 좋은 말을 하기도 하지만 때로는 싸움을 일으키기도 한다. _우서

대우모(虞書 大禹謨)

^{지 성 감 신}
至成感神

지극한 정성은 신도 감동시킨다. _우서 대우모(虞書 大禹謨)

^{천 총 명   자 아 민 총 명}
天明畏 自我民明威

하늘이 보고 듣는 것은 우리 백성을 통해 듣고 보는 것이다. _우서 대우모(虞書 大禹謨)

^{천 서 유 전   내 아 오 전   오 돈 재}
天叙有典 勅我五典 五惇哉

하늘이 사람을 내었을 때는 질서가 있어 오륜을 두셨으니 오륜에는 친(親),

의(義), 별(別), 서(序), 신(信)이 있다. 임금은 백성들에게 이것을 두텁게 해야

한다. _우서 고요모(虞書 皐陶謨)

민 유 방 본 　 본 고 방 녕
民惟邦本 本固邦寧

나라의 근본은 백성이며, 근본이 튼튼해야 나라가 편안하다. _하서 우공(夏書 禹貢)

개 과 불 린
改過不吝

허물을 고치는 데 인색하지 말라. _상서 중훼지고(商書 仲虺之誥)

능 자 득 사 자 왕 　 위 인 막 기 약 자 망
能自得師者王 謂人莫己若者亡
호 문 즉 유 　 자 용 즉 소
好問則裕 自用則小

스스로 스승을 얻을 수 있는 사람은 왕이 될 것이다. 남이 자기보다 못하다

고 말하는 사람은 망할 것이다. 묻기를 좋아하면 넉넉해지고, 자기 생각만으

로 일하면 작아진다. _상서 중훼지고(商書 仲虺之誥)

기 이 만 방 유 죄 　 재 여 일 인
其爾萬方有罪 在予一人

온 세상에 죄가 있다면 오직 나 한 사람에게 책임이 있다. 즉, 백성들에게 죄

가 있다면 오직 임금에게 책임이 있다. _상서 탕고(商書 湯誥)

작 선 　 강 지 백 상 　 작 불 선 　 강 지 백 앙
作善 降之百祥 作不善 降之百殃

착한 일을 하면 온갖 복을 내려주시고 나쁜 일을 하면 온갖 재앙을 내리신

다. _상서 이훈(商書 伊訓)

習 여 성 성
習與性成

습관은 성품을 이룬다. _상서 태갑상(商書 太甲上)

천 작 얼 유 가 위 자 작 얼 불 가 활
天作孽 猶可違 自作孽 不可活

하늘이 내리는 재앙은 피할 수 있으나 스스로 악행을 저질러 지은 재앙은 피

할 수 없다. _상서 태갑중(商書 太甲中)

민 망 상 회 회 우 유 인
民罔常懷 懷于有仁

백성은 특별히 한 사람의 임금만을 한결같이 따르는 것이 아니라 어진 임금

만을 따르게 마련이다. _상서 태갑하(商書 太甲下)

약 승 고 필 자 하 약 척 하 필 자 이
若升高必自下 若陟遐必自邇

높은 곳에 오르려 한다면 반드시 아래에서부터 시작하고, 먼 곳에 가려 한다

면 반드시 가까운 곳에서부터 시작해야 한다. _상서 태갑하(商書 太甲下)

불 려 호 획 불 위 호 성
不慮胡獲 不爲胡成

생각하지 않고 무엇을 얻을 수 없으며, 움직이지 않고 무엇을 이룰 수 없다. _상

서 태갑하(商書 太甲下)

덕 무 상 사 주 선 위 사
德無常師 主善爲師

덕에는 일정한 스승이 없어 오로지 선을 실천하는 것을 스승으로 삼는다. _상

서 함유일덕(商書 咸有一德)

후 비 민 망 사 민 비 후 망 사 무 자 광 이 협 인
后非民 罔使 民非后 罔事 無自廣以狹人

임금은 백성이 아니면 부릴 사람이 없고, 백성은 임금이 아니면 섬길 사람이
없다. 그러므로 임금과 백성은 서로를 넓게 생각해야지, 속 좁은 마음으로
대해서는 안 된다. _상서 함유일덕(商書 咸有一德)

인 유 구 구 기 비 구 구
人唯求舊 器非求舊

사람을 구할 때는 되도록 옛사람을 구해야 하지만, 그릇은 옛것을 구하지 말
고 오로지 새것만을 구해야 한다. _상서 반경상(商書 盤庚上)

목 종 승 즉 정 후 종 간 즉 성
木從繩則正 后從諫則聖

나무는 먹줄을 따르면 곧아지고, 임금은 충신의 간언을 따르면 성군이 된다.
_상서 열명상(商書 說命上)

유 기 선 상 궐 선 긍 기 능 상 궐 공
有其善 喪厥善 矜其能 喪厥功

스스로 선하다 생각하면 그 선을 잃게 되고, 스스로 능력 있다 자랑하면 그
공로를 잃게 된다. _상서 열명상(商書 說命上)

비 지 지 간 행 지 유 간
非知之艱 行之惟艱

아는 것이 어려운 게 아니라 그것을 실천하는 게 어렵다. _상서 열명중(商書 說命中)

학 우 고 훈 내 유 획
學于古訓 乃有獲

옛사람들의 교훈을 배우면 무엇이든 얻는 것이 있다. _상서 열명하(商書 說命下)

惟^유斆^효學^학半^반 念^염終^종始^시 典^전于^우學^학 厥^궐德^덕修^수罔^망覺^각

가르친다는 것의 반은 배우는 일이다. 그러므로 처음부터 끝까지 배움에 힘쓴다면 자신도 모르는 사이에 덕이 몸에 쌓일 것이다. _상서 열명하(商書 說命下)

同^동力^력度^탁德^덕 同^동德^덕度^탁義^의

힘이 같을 경우에는 덕을 헤아리고, 덕이 같을 경우에는 의를 헤아려야 한다. _주서 태서상(周書 泰誓上)

民^민之^지所^소欲^욕 天^천必^필從^종之^지

백성이 하려고 하는 것은 반드시 하늘도 따른다. _주서 태서상(周書 泰誓上)

吉^길人^인爲^위善^선 惟^유日^일不^부足^족

옛말에 어진 사람은 착한 일을 하는 데 시간이 부족했다고 한다. _주서 태서중(周書 泰誓中)

樹^수德^덕務^무滋^자 除^제惡^악務^무本^본

일단 덕을 심었으면 잘 자라도록 힘써야 하고, 악을 제거하려 마음먹었다면 뿌리째 뽑아 없애야 할 것이다. _주서 태서하(周書 泰誓下)

王^왕曰^왈古^고人^인有^유言^언 曰^왈牝^빈雞^계無^무晨^신
牝^빈雞^계之^지晨^신 惟^유家^가之^지索^삭

옛말에 이런 것이 있다. 암탉은 새벽을 알리지 않는 법이다. 암탉이 새벽을

알리면 집안이 망한다. _주서 목서(周書 牧誓)

완 인 상 덕 완 물 상 지
玩人喪德 玩物喪志

사람을 희롱하면 덕을 잃고, 물건을 희롱하면 뜻을 잃는다. _주서 여오(周書 旅獒)

위 산 구 인 공 휴 일 궤
爲山九仞 功虧一簣

아홉 길 높이의 산을 쌓다가 한 삼태기의 흙이 모자라도 공을 이루지 못하는

법이다. _주서 여오(周書 旅獒)

인 무 어 수 감 당 어 민 감
人無於水鑑 當於民鑑

사람은 물을 거울로 삼을 것이 아니라 백성을 거울로 삼아야 한다. _주서 주고(周

書 酒誥)

궐 자 내 부 지 가 색 지 간 난
厥子 乃不知稼穡之艱難

자식들은 부모가 농사일을 하면서 심고 거두는 어려움을 헤아리지 못한다. _

주서 무일(周書 無逸)

천 명 불 이 천 난 심 내 기 추 명 불 극 경 력 사 전 인 공 명 덕
天命不易 天難諶 乃其墜命 弗克經歷嗣前人 恭明德

하늘의 명은 쉽지 않기 때문에 하늘을 믿고만 있기가 어렵다. 이 사실을 알

지 못하면 옛사람들이 밝힌 덕을 이어나가지 못할 것이다. _주서 군진(周書 君陳)

민 심 무 상 유 혜 지 회
民心無常 惟惠之懷

민심은 한결같지 않다. 오로지 은혜를 베풀어주는 사람만을 따른다. _주서 채중

지명(周書 蔡仲之命)

거 총 사 위 망 불 유 외 불 의 입 외
居寵思危 罔不惟畏 弗畏入畏

높은 자리에서 영화를 누리고 있을 때 위태로움을 생각하며 두려워해야 한

다. 두려워하지 않으면 두려운 일을 당하게 된다. _주서 주관(周書 周官)

불 학 장 면
不學牆面

배우지 않으면 벽을 향해서 선 것과 같다. _주서 주관(周書 周官)

공 숭 유 지 업 광 유 근
功崇惟志 業廣惟勤

공적을 높이는 것은 뜻에 달렸고, 사업을 넓히는 것은 근면함에 달렸다. _주서

주관(周書 周官)

작 덕 심 일 일 휴 작 위 심 로 일 졸
作德 心逸日休 作僞 心勞日拙

덕을 행하면 마음이 편안하여 날로 훌륭해지고, 거짓을 행하면 마음이 괴로

워 날로 졸렬해진다. _주서 주관(周書 周官)

필 유 인 기 내 유 제 유 용 덕 내 대
必有忍 其乃有濟 有容 德乃大

반드시 인내심이 있어야 성공할 것이고, 너그러움이 있어야 덕이 쌓일 것이

다. _주서 군진(周書 君陳)

^{지 치 형 향　감 우 신 명}
至治馨香 感于神明

지극한 다스림은 꽃과 같고 향기로워서 신명을 감동시킨다. _주서 군진(周書 君陳)

^{서 직 비 형　명 덕 유 형}
黍稷非馨 明德惟馨

신은 제사상에 오른 기장의 향기보다 제사상을 차린 사람의 밝은 덕망을 향

기롭게 여긴다. _주서 군진(周書 君陳)

^{이 무 분 질 우 완}
爾無忿疾于頑
^{무 구 비 우 일 부}
無求備于一夫

어떤 사람이 미련하다 하여 화내며 미워하지 말고 한 사람에게서 완전하기

를 바라지 마라. _주서 군진(周書 君陳)

^{망 왈 불 극　유 기 궐 심}
罔曰弗克 惟旣厥心

일을 시작하기도 전에 할 수 없다 말하지 말고, 오직 마음을 다하라. _주서 필명

(周書 畢命)

周易

주역

주역이란?

❀ 《주역》은 어떤 책인가

역易 또는 역경易經으로도 불리는 《주역》은 한마디로 점을 보는 점술서占術書다. 그러나 시간이 흐르면서 많은 부분이 더해져 천문학을 비롯하여 지리학·음악·수학·의학·병법 등 다양한 분야를 망라하게 되었고, 마침내 유교의 경전 중 하나로 자리 잡게 되었다.

본래 '역'은 《주역》 말고도 '귀장역'과 '연산역' 등이 있었는데 모두 남아 있지 않기에 주나라 때 만들어진 《주역》이 역을 대표하는 책이 되었다. 작자에 대해서는 분명하지 않다.

다만 몇 가지 설이 있는데, 위나라의 학자 왕필王弼에 따르면, 복희씨伏羲氏가 황하에서 나온 용마龍馬의 등에 있는 도형으로 계시를 얻어 천문지리를 살피면서 만물의 변화를 고찰하여 처음 8괘를 만들고 이것을 더 발전시켜 64괘를 만들었다고 했다.

《사기》의 저자 사마천은 복희씨가 8괘를 만들고 문왕이 64괘와 괘사 · 효사를 만들었다고 했다. 그러나 정확한 작자는 밝혀낼 수가 없다.

공자는 《주역》을 '대성'이라 했고, 주자는 '역경'이라고 불렀다.

❀《주역》에 담긴 사상

- 음양이원론陰陽二元論 : '역'의 기본 이론은 음陰, 坤, 땅과 양陽, 乾, 하늘의 대립이다. 음과 양이 서로 대립함으로써 세상의 모든 변화가 이루어진다는 것이다. 즉, 하늘은 양, 땅은 음, 해는 양, 달은 음, 강한 것은 양, 약한 것은 음 등 세상의 반대되는 모든 사물과 현상을 음과 양의 두 가지로 구분하고, 그 위치나 생태에 따라 끊임없이 변화한다는 것이 주역의 가장 기본적인 원리다.

  달이 차면 다시 기울고, 여름이 가면 가을과 겨울이 오는 현상은 끊임없이 변하지만 그 원칙은 영원불변한 것이며 이 원칙을 사람이 살아가는 세상살이에 적용시켜 풀이한 게 역의 이론이다.

- 괘의 원리 : 괘卦는 점괘占卦의 준말로, 고대 중국의 복희씨가 지었다. 천지간의 변화를 나타내고 길흉을 판단하는 주역점의 기본이 되는 것을 말한다. 기본적으로 8괘가 있으며, 이것이 더 발전하여 64괘로 변화한다.

괘의 기본은 강효剛爻 · 양효陽爻, 유효柔爻 · 음효陰爻다. 이 중 강효와 유효 부호는 남녀의 생식기를 상징한다고 하는 설도 있으나 분명치는 않다. 다만, 서로 반대되는 성질을 상징한다는 것만큼은 확실하다.

이 두 부호를 하나씩 더 사용해서 두 개의 결합을 만들어내면 네 가지의 변화가 생기고, 여기에 하나를 더 보태 세 개씩 만들면 여덟 가지 변화가 얻어진다. 이것이 바로 8괘다.

8괘에 자연현상을 적용한 것이 상象이다. 상은 쉽게 말해 자연의 상징을 뜻하는데, 이 8괘의 상이 역의 기본이다.

8괘의 명칭과 그에 따른 상은 다음과 같다.

-건乾, 하늘天

-곤坤, 땅地

-진震, 우레雷

-손巽, 바람風

-감坎, 물水

-이離, 불火

-간艮, 산山

-태兌, 못澤

여기서 8괘만으로는 복잡한 사물의 상을 점치기가 힘들어 8괘를 두 개씩 겹쳐서 만든 괘를 64괘라고 한다.

한편 효爻라는 것은 괘를 나타내는 6개의 가로 획을 말한다. 밑에서부터 세어 초효初爻, 이효二爻, 삼효三爻 … 상효上爻라고 한다. 임의의 3개의 효가 합쳐져 기본적인 괘를 이룬다.

- 실천 원리: 시시각각으로 변하는 사물의 변화에 대하여 그 본질을 찾아내고 그 본질에 따라 행동하는 것을 말한다.

❀《주역》의 구성

《주역》은 크게 나눠 8괘와 64괘 그리고 괘사卦辭, 효사爻辭, 십익十翼으로 되어 있다.

여기서 '십익'은 《주역》을 돕는 열 편의 책이라는 뜻으로, 공자가 지었다고는 하나 확실하지 않고 후세의 학자들이 십익에 권위를 부여하기 위해 만들어낸 이야기라는 설도 있다.

- 64괘 괘효사卦爻辭

  예순네 개의 괘에 대한 해설. 각각의 괘에 대한 효의 설명도 되어 있다. 각 괘에 붙여진 해설을 단사彖辭, 각 효에 붙여진 해설을 효사라고 한다.

- 계사전繫辭傳

  괘와 효에 대한 설명이 아니라 《주역》을 소재로 한 독자적인 생각, 즉 철학적 이야기를 하고 있다.

- 설괘전說卦傳

  예로부터 행해진 괘상卦象을 총체적으로 싣고 있다.

- 서괘전序卦傳

  64괘의 서열이 지닌 뜻을 설명한다.

- 잡괘전雜卦傳

  64괘를 2개씩 묶어 상호 비교하여 대조적으로 설명한다. 예를 들어 '건은 강하고, 곤은 순하다' 하는 식이다.

❀ 그밖에

'역'이란 변역變易, 즉 '바뀜', '변함'의 뜻을 가지고 있으며 천지 만물이 끊임없이 변화하는 자연현상의 원리를 설명하고 풀이한 것이다.

역易이라는 글자의 모양이 시간의 변화를 나타내는 해日와 달月의 두 단어로 합성된 것도 그러한 이유가 있기 때문이다. 그래서 주역은 영어로 'The Book of Change'라고 번역된다.

역이 점에 이용되기 전에는 거북점이라는 게 있었다. 이는 거북의 등가죽을 불로 지져 그 위에 생겨난 갈라진 선 모양을 보고 점을 치는 것이다. 이것을 점복占卜이라고 부른다. 즉, 점복이란 거북이라는 신령스런 동물을 통해 하늘의 뜻을 보는 것이다.

이에 대하여 역은 50개의 풀[草]과 음양으로 이루어진 64괘의 상
징 기호를 사용하여 미래를 예측하는 것이라 할 수 있다.

벼랑 끝에 선 명궁

저 양 촉 번　불 능 퇴　불 능 수　무 유 리
抵羊觸藩 不能退 不能遂 无攸利

간 즉 길　불 능 퇴　불 능 수　불 상 야　간 즉 길
艱則吉 不能退 不能遂 不詳也 艱則吉

숫양이 울타리를 들이받아 뿔이 그 사이에 걸려 앞으로 나아가지도 못하고
뒤로 물러나지도 못한 채 꼼짝없이 붙들려 있다.
이럴 때는 무엇을 해도 잘되지 않는다.
그러므로 우쭐대지 말고 그 상황에서 참고 견디며
열심히 노력하면 좋은 일이 생길 것이다.

_대장 大壯

활을 잘 쏘는 사내가 있었다. 그는 팔꿈치 위에 물이 담긴 종지를
올려놓고 활시위를 당겨도 종지에서 물 한 방울 흐르지 않았다. 게
다가 정확히 과녁에 명중하였으며, 다시 화살 하나를 날리면 먼저
쏜 화살의 꼬리 위에 꽂힐 정도로 명궁이었다.

어느 날 친구 하나가 찾아와 물었다.

"자네는 진정 천하의 명궁이라고 자부하는가?"

298

"남들이 그렇게 불러주니 나도 그리 생각할 수밖에 없지 않은가?"

"그렇다면 자네가 진정한 명궁인지 오늘 한번 시험을 해보겠나?"

"그렇게 하세."

그는 자신만만하게 친구의 뒤를 따라나섰다.

친구는 그를 데리고 높은 산꼭대기로 올라갔는데 깎아지른 벼랑이 있는 곳에 서서 그에게 말했다.

"내가 자네의 한쪽 다리를 잡아줄 테니 다른 쪽 다리는 벼랑의 허공으로 뻗어보게."

"뭐, 뭐라고……."

그는 이내 겁을 집어먹었다. 까마득한 낭떠러지의 허공에다 다리를 내미는 것은 결코 쉬운 일이 아니었다. 하지만 그는 친구가 시키는 대로 자세를 취했다.

"자, 이제 됐네. 어서 활을 쏘아 저쪽 나무의 한가운데를 맞춰보게."

그러나 그는 결국 단 한 발의 화살도 쏘지 못하고 벌벌 떨기만 하다가 한쪽 다리를 허공에서 거두었다.

친구가 그에게 말했다.

"어떤 것이든 최고의 경지에 이른 지인至人은 천지의 어느 곳에 있더라도 정신과 기가 변치 않는 법일세. 이제 자네가 천하제일의 명궁인지 아닌지 알 수 있겠나?"

선비의 헛된 죽음

아직 수양이 덜된 선비가 있었다.

그는 낯선 곳을 여행하다가 길을 잘못 들어 산속으로 들어가게 되었다. 날이 어두워졌기에 길을 찾다가 굶주림에 지쳐 쓰러지고 말았다.

선비는 그대로 잠이 들었다가 새벽녘이 되어서야 깨어났다. 그가 눈을 떴을 때 자기 앞에는 먹을 것이 놓여 있었다.

"오, 어느 고마운 분이 먹을 것을 놓고 가셨구나!"

선비는 그 음식을 누가 갖다 놓았는지 알지 못한 채 일단 단숨에 먹어치웠다.

잠시 후 선비 앞에 건장한 사내가 나타났는데 그는 '구'라는 이름을 가진 그 지방의 유명한 산적이었다. 선비는 사내의 정체를 알지 못한 채 물었다.

"선생이 제게 음식을 주신 분이십니까?"

"그렇소."

"정말 감사합니다. 그런데 선생은 누구십니까?"

"나는 구라는 사람이오."

선비는 그 이름을 듣자마자 깜짝 놀라며 말했다.

"그럼 당신이 그 유명한 산적이란 말이오? 이런…… 나는 정의로운 선비니 산적 따위가 주는 음식은 죽어도 먹을 수 없소!"

그러고는 손가락으로 목구멍을 찔러 먹은 것을 다 토해냈다.

그 후 선비는 결국 굶어 죽고 말았다.

선비 자신은 정의의 이름으로 죽어갔다고 생각했으나, 세상 사람들은 그의 얄팍한 정의로움을 비웃었다.

負且乘 致寇至 貞吝 負且乘
부차승 치구지 정린 부차승

亦可醜也 自我致戎 又誰咎也
역가추야 자아치융 우수구야

무거운 짐을 짊어진 인부가 분수에 맞지 않게 수레를 탔다

그리되면 도적들이 짐을 노리게 된다

이때는 짐을 잃는다 해도 누구를 원망할 수가 없다

자신이 도둑을 불러들였기 때문이다

즉 스스로 분수에 맞지 않는 일을 저질러 빚어진 결과이므로

사람들에게 비난을 받게 된다

해
解

징후가 보이면 결단을

초 서 고 재 삼 독 독 즉 불 고 이 정
初筮告 再三瀆 瀆則不告 利貞

처음에 점을 칠 때 성심껏 한다면 길흉을 잘 알려준다.
하지만 그 결과가 마음에 들지 않는다고
다시 여러 번 점을 친다면 어지러워져 길흉을 제대로 알 수 없다.
점의 신성함을 모독하는 것이기에 진실이 잘 나타나지 않는 것이다.
그러므로 곧고 바르게 나아가야 이로운 것이다.

_몽 蒙

어느 마을에 난폭한 사람이 살고 있었다.

그는 동네를 돌아다니며 아무나 붙잡고 욕설을 해대다가 마음이
틀어지면 노인이고 아이이고 할 것 없이 마구 주먹을 휘둘렀다.

이를 보다 못해 동네 사람 하나가 이웃 마을로 이사를 가려고 했
다. 그러자 옆집 사람이 찾아와서 그를 말렸다.

"그 망나니 놈은 이제 머지않아 자멸하고 말 거요. 그러니 조금
만 더 참읍시다."

그러나 이사를 가려던 사람은 고개를 저었다.

"아니오. 이제 나는 그 망나니의 얼굴만 보아도 두려워서 아무 일도 못하게 되었소."

"동네 사람들 치고 그놈을 무서워하지 않는 사람이 어디 있소?"

"내가 그를 두려워하는 것은 조금 다르오. 그가 내게 행패를 부리는 것이 그자의 마지막이 될지도 모른다는 게 내가 정말로 두려워하는 것이오."

그는 마음먹은 대로 기어코 마을을 떠났다.

며칠 뒤, 그를 찾아와 이사를 가지 말라고 권하던 옆집 사람이 죽고 말았다. 망나니가 정신이 돌아 칼을 들고 설치다가 그를 찔러버린 것이다.

이 사실을 전해 들은 현자가 이렇게 말했다.

"세상을 살아가다 보면 여러 징후와 접하게 된다. 그 징후가 나쁜 것이든 좋은 것이든 일단은 신경을 써서 파악해야만 한다. 그리고 가장 중요한 것은 어떤 징후가 보일 때 단호히 결단하고 행동하는 일이다."

《주역》의 명구절

군자체인 족이장인 가회 족이합례
君子體仁 足以長人 嘉會 足以合禮

군자는 만물을 낳고 기르는 인의 덕을 체득한다. 그러므로 모든 사람을 가르
치고 교화할 수 있다. 또한 착하고 아름다운 것을 모두 갖추고 있으므로 예
에서 벗어나는 일이 없다. _건 문언전(乾 文言傳)

군자종일건건 석척야 여무구
君子終日乾乾 夕惕若 厲无咎

군자는 낮에 하루 종일 굳세게 덕을 쌓고 저녁이 되어서도 계속 신중하게 반
성하니 허물이 없을 것이다. _건 문언전(乾 文言傳)

이서남득붕 동북상붕 안정길
利西南得朋 東北喪朋 安貞吉

여자가 결혼을 하기 전에는 좋은 친구를 얻어 도움을 받으나 출가한 뒤에는
그 친구를 떠나 오로지 남편을 섬겨야 한다. 그러면 마지막에는 큰 즐거움이
있을 것이다. 항상 여성스러운 정숙함을 잃지 않는다면 무한한 대지처럼 오

래 행복할 것이다. _곤(坤)

적 선 지 가 필 유 여 경 적 불 선 지 가 필 유 여 앙
積善之家 必有餘慶 積不善之家 必有餘慶

선행을 많이 쌓은 집안에는 반드시 남아 있는 경사(慶事)가 있고, 악행을 많이
쌓은 집안에는 반드시 남아 있는 재앙이 있다. _곤 문언전(坤 文言傳)

※ 전자는 자손 대대로 경사가 있을 것이지만, 후자는 자손 대대로 재앙이 있을 것이
라는 의미다.

소 리 왕 무 구 소 리 지 왕 독 행 원 야
素履 往无咎 素履之往 獨行願也
이 도 탄 탄 유 인 정 길 중 부 자 난 야
履道坦坦 幽人貞吉 中不自亂也

순수한 마음으로 신을 신고 가면 결코 허물이 없을 것이다. 신을 신고 간다
는 것은 홀로 자신의 뜻을 실행한다는 것이다. 고독한 사람은 바르고 곧아야
길하다. 이 말은 혼자 고독하게 대도(大道)의 길을 걷는 사람은 마음의 중심을
흩뜨리지 않아야 정도를 얻어 길하게 된다는 것이다. _이(履)

무 평 불 피 무 왕 불 복 간 정 무 구
無平不陂 無往不復 艱貞無咎
물 휼 기 부 우 식 유 복
勿恤其孚 于食有福

아무리 평평한 것이라도 결국 나중에는 울퉁불퉁해지지 않는 것이 없고, 한
번 간 것은 되돌아오지 않는 것이 없다. 그러므로 어려운 가운데서도 곧고
바르게 하면 재앙이 없을 것이다. 그 정도의 성실함을 가지고 있다면 걱정하
지 않아도 된다. 사람이 성실함만 갖고 있다면 먹고사는 데 큰 어려움을 당
하지 않을 것이다. _태(泰)

^{승 기 용 불 극 공 길 승 기 용 의 불 극 야 기 길 즉 곤 이 반 즉 야}
乘其墉 弗克攻 吉 乘其墉 義弗克也 其吉 則困而反則也

도둑이 담장을 탄 채 집 안을 엿보고 있으나 결코 담을 넘지는 못하리라. 이 것은 길한 징조다. 왜냐하면 도둑이 의를 이기지 못할 것이기 때문이다. 도 둑은 의로움 앞에 무릎을 꿇고 결국 정도로 돌아오게 될 것이니, 이것이 바 로 길하다는 말이다. _동인(同人)

^{무 망 지 재 혹 계 지 우 행 인 지 득 읍 인 지 재}
无妄之災 或繫之牛 行人之得 邑人之災

예기치 못한 뜻밖의 재난이란 무엇인가? 사람이 소를 매어놓았는데 길 가던 사람이 그 소를 몰고 갔다면 마을의 누군가가 영문도 모른 채 끌려가는 불운 을 겪게 될 것이다. 따라서 길 가던 행인이 소를 얻은 것은 곧 마을 사람에게 는 재앙이 닥친 것이나 마찬가지다. _무망(无妄)

^{일 중 즉 측 월 영 즉 식}
日中則昃 月盈則食

해가 중천에 떠 있으면 이제 기울 것이고, 달이 꽉 차 있으면 먹혀 들어갈 것 이다. _풍(豊)

^{풍 기 옥 부 기 가 규 기 호 기 무 인 삼 세 불 견 흉}
豐其屋 蔀其家 窺其戶 其無人 三歲不見 凶

한때는 하늘을 찌를 듯한 권세를 누렸던 사람이 이제는 거적때기로 대문을 가린 채 초라해져 있다. 문틈으로 엿보아도 사람의 기척이 없고, 아마도 사 람들의 눈을 피해 다른 곳으로 가 살고 있는 것 같다. 삼 년의 세월이 지났는 데도 그 집안사람들을 보았다고 하는 이가 아무도 없다면 흉한 일이다. _풍(豊)

顯諸仁 藏諸用

鼓萬物而不與聖人同憂

盛德大業至矣哉

富有之謂大業 日新之謂盛德

천지의 도는 만물을 키우면서도 인(仁)의 힘을 자랑하지 않는다. 그리고 자연의 신비한 변화 속에서 만물에 은밀하게 영향을 끼치지만 성인처럼 직접 가르치지는 않는다. 이것이야말로 성대한 덕이고, 위대함의 극치 아니겠는가. 만물을 널리 포용하는 대업, 날마다 새롭게 하는 성대한 덕 아니겠는가. _계사상전(系辭上傳)

仁者見之謂之仁 智者見之謂之智

어진 사람은 어떤 것을 보았을 때 어질다고 보고, 지혜로운 사람은 어떤 것을 보았을 때 지혜롭다고 본다. 즉, 같은 사물이라도 보는 사람에 따라 시각이 다르고 견해가 다른 것이다. _계사상전(系辭上傳)

夫易廣矣大矣

以言乎遠則不禦

以言乎邇則靜而正

以言乎天地之間則備矣

역의 작용은 넓고 크다. 움직여서 한곳에 뭉치기도 하고 또 그러다가도 멀리 퍼져 나가기도 한다. 먼 것을 말하자면 막힘이 없는 무한대라고 할 수 있으며 가까운 것을 말하자면 바로 눈앞의 모든 것이 안정된 정당함을 얻고 있다. 한

마디로 역의 작용은 천지간에 가득 차서 전혀 막힘이 없다. _계사상전(系辭上傳)

자 왈 역 기 지 의 호 부 역
子曰 易其至矣乎 夫易
성 인 소 이 숭 덕 이 광 업 야
聖人所以崇德而廣業也
지 숭 예 비 숭 효 천 비 법 지
知崇禮卑 崇效天 卑法也

공자가 말했다. 역의 도야말로 최고의 경지에 도달하는 법칙이다. 성인은 역
에 순종하여 그 이치를 본받음으로써 덕을 높이고 행도 넓힌다. 성인은 자기
지성은 높이고 몸은 낮춰 겸허한 마음을 지닌다. 이 같은 것은 모두 하늘과
땅에서 배운다. 즉, 지성을 높이는 것은 하늘을 통해 배우고, 자기를 낮추는
겸양은 땅을 통해 배우는 것이다. _계사상전(系辭上傳)

자 왈 군 자 거 기 실 출 기 언 선 즉 천 리 지 외 응 지
子曰 君子居其室 出其言善 則千里之外應之
황 기 이 자 호 언 출 호 신 가 호 민 행 발 호 이 견 호 원
況其邇者乎 言出乎身 加乎民 行發乎邇 見乎遠
언 행 군 자 지 추 기 추 기 지 발 영 욕 지 주 야
言行 君子之樞機 樞機之發 榮辱之主也
언 행 군 자 지 소 이 동 천 지 야 가 불 신 호
言行 君子之所以動天地也 可不愼乎

공자가 말했다. 군자가 자기 집에서 입 밖으로 내보낸 말이 선에 부합되는
것이라면 천 리 밖에 있는 사람도 이에 호응한다. 하물며 가까이 있는 사람
이야 말해서 무엇하겠는가? 그런데 이와 반대로 선에 위배되는 것이라면 천
리 밖에 있는 사람도 등을 돌려버린다. 이때도 역시 가까이 있는 사람은 말
할 것 없이 등을 돌리지 않겠는가?
말은 자신의 입에서 나와 널리 천하의 곳곳까지 퍼져 만인에게 영향을 주며
행동 또한 가까운 사람들로부터 영향을 주기 시작하여 먼 곳까지 퍼져나가

영향을 준다. 그러므로 말과 행동은 군자의 제동장치 같은 것이다. 제동장치를 풀어 말과 행동을 시작하면 그것이 바로 영광과 치욕을 결정짓는 시작이 되는 셈이다. 군자의 말과 행동으로써 천하가 움직이니, 어찌 삼가지 않을 수 있겠는가? _계사상전(系辭上傳)

천일지이 천삼지사 천오지육 천칠지팔 천구지십
天一地二 天三地四 天五地六 天七地八 天九地十

천수오 지수오 오위상득이각유합
天數五 地數五 五位相得而各有合

천수이십유오 지수삼십
天數二十有五 地數三十

범천지지수 오십유오
凡天地之數 五十有五

차소이성변화이행귀신야
此所以成變化而行鬼神也

하늘을 나타내는 천수(天數)는 홀수다. 1, 3, 5, 7, 9가 그것이다. 땅을 나타내는 지수(地數) 2, 4, 6, 8, 10은 짝수다. 이처럼 천수와 지수는 각각 다섯 개씩 있다.

천수와 지수가 서로 짝지어지면 오행(五行)이 된다. 그리고 천수를 합하면 25가 되고 지수를 합하면 30이 된다. 천수와 지수를 모두 합하면 55가 된다. 이 55라는 천지의 수에서 음양의 변화가 생기고 신의 작용이 일어나게 되는 것이다. _계사상전(系辭上傳)

※ 오행(五行)은 '목·화·토·금·수'다. 천수 6이 합해지면 수(水)가 되고, 3과 8이 만나면 목(木)이 되며, 5와 10이 만나면 토(土)가 되고, 7과 2가 만나면 화(火)가 되고, 9와 4가 만나면 금(金)이 된다.

^{길 흉 생 대 업}
吉凶生大業

^{시 고 법 상 막 대 호 천 지}
是故法象莫大乎天地

^{변 통 막 대 호 사 시}
變通莫大乎四時

^{현 상 저 명 막 대 호 일 월}
縣象著明莫大乎日月

^{숭 고 막 대 호 부 귀 비 물 치 용}
崇高莫大乎富貴 備物致用

^{입 성 기 이 위 천 하 리 막 대 호 성 인}
立成器以爲天下利 莫大乎聖人

세상의 길흉을 예측함으로써 인간의 활동은 진보하는 것이다. 천지는 가장 큰 형상이고 사계절은 가장 큰 변화이다. 천상 가운데 가장 빛나는 것은 해와 달이고 숭고한 것을 따지자면 임금이 부귀한 지위에서 천하를 다스리는 것보다 더 큰 것은 없다. 그리고 천하를 이롭게 하는 데는 성인보다 더 큰 힘을 가진 것은 없다. _계사상전(系辭上傳)

^{건 곤 기 역 지 온 사 건 곤 성 렬}
乾坤 其易縕所邪 乾坤成列

^{이 역 립 호 기 중 의 건 곤 훼}
而易立乎其中矣 乾坤毀

^{즉 무 이 견 역 역 불 가 견}
則無以見易 易不可見

^{즉 건 곤 혹 궤 호 식 의}
則乾坤或几乎息矣

역의 핵심은 건과 곤의 관계다. 건과 곤이 대립하는 가운데 비로소 역이 성립한다. 건과 곤 중에 어느 것 하나라도 없어지면 변화는 일어나지 않는다. 즉, 역이 성립되지 않는 것이다. 따라서 나중에 건이건 곤이건 간에 어떤 것 하나만 남게 되면 활동을 끝나는 것이다. _계사상전(系辭上傳)

역 지 위 서 야　불 가 원
易之爲書也 不可遠

위 도 야 누 천　변 동 불 거
爲道也屢遷 變動不居

역서(易書)는 항상 옆에 두고 오랫동안 꼼꼼하게 읽어야 할 책이다. 이유는 역
에서 말하는 도는 한순간도 멎지 않고 계속 변하기 때문이다. _계사상전(系辭上傳)

장 반 자　기 사 참
將叛者 其辭慙

중 심 의 자 기 사 지
中心疑者其辭枝

길 인 지 사 과　조 인 지 사 다
吉人之辭寡 躁人之辭多

무 선 지 인 기 사 유
誣善之人其辭游

실 기 수 자 기 사 굴
失其守者其辭屈

남을 배반하려는 자의 말을 가만히 들어보면 어딘지 모르게 꺼림칙한 면이
들어 있다. 마음속에 의심이 있는 자의 말에도 논리가 맞지 않는 부분이 들
어 있다. 덕 있는 자는 말이 적고 조급한 자는 말이 많다. 선을 악으로 속이려
는 자는 말이 지리멸렬하고 자신이 지킬 바를 잃어버린 자는 그 말에 비굴함
이 섞여 있다. _계사상전(系辭上傳)

천 지 정 위　산 택 통 기
天地定位 山澤通氣

뇌 풍 상 박　수 화 불 상 역
雷風相薄 水火不相射

팔 괘 상 착　수 왕 자 순
八卦相錯 數旺者順

지 래 자 역　시 고　역 역 수 야
知來者逆 是故 易逆數也

하늘과 땅이 그 위치를 정했다. 산과 못은 서로 기(氣)를 통하고 우레와 바람
은 서로 부딪치며 물과 불은 서로 침범치 않는다. 하늘과 땅, 산과 못, 우레와

바람, 물과 불, 이 8괘가 서로 아무런 교류도 없이 제각기 따로 떨어져 있기만 한다면 만물은 아무런 변화도 일어나지 않을 것이다. 생성도, 진보도 없을 것이다.

그러므로 8괘는 서로 끊임없이 교류하여 64괘가 되고 마침내는 많은 변화를 가져오게 된다. 그 변화의 과정에서 길흉화복이 나타나게 되는 것이다. 지나간 것을 아는 것은 순리이지만 앞으로 일어날 일을 알아내는 것은 거꾸로 거스르는 것이다. 따라서 《주역》은 미래를 알아내는 것이다. _설괘전(說卦傳)

^{군 자 도 장   소 인 도 우 야}
君子道長 小人道憂也

군자의 도는 성장하지만, 소인의 도는 근심스럽다. _잡괘전(雜卦傳)

詩經

시경

시경이란?

❋ 시경이란 무엇인가

《시경》은 춘추 시대의 민요民謠를 중심으로 한 중국 최고最古의 시집이다.

각각의 시에 대한 작자는 많으나 대부분 누가 지었는지 알 수 없다. 원래는 그냥 '시詩' 혹은 '삼백편三百篇'이라 불렸는데, 공자가 6경으로 묶으면서 경서로 그 격이 높아졌다. 그 후《시경》은 시간이 흐르면서 구양수, 소철, 주희 등 여러 사람이 연구를 거듭하여 해석서를 출간했다.

《시경》에 수록된 시들은 주나라 때부터 춘추 시대 중엽에 걸친 것으로 알려져 있는데, 주나라 때의 시가 주류를 이루고 있는 것으로 파악된다.

❀《시경》은 누가 편집했는가

작자는 분명하지 않다. 그러나 수집하여 편집한 이에 대해서는 세 가지 설이 있다.

- 산시刪詩: 원래 3,000여 편에 이르는 시들 중 중복되거나 유사한 시는 빼고 건전한 내용을 바탕으로 305편을 공자가 정리했다는 게 사마천의 주장이다. 그러나 공자 자신은 이에 대하여 밝힌 바가 없다.
- 채시采詩: 주나라에서 편집했다는 설이다. 주나라는 민간 가요를 중시하여 이른바 채시관采詩官을 두어 각 지방의 민속을 고찰하는 한편 그 지방의 시를 모았다고 한다. 그러나 뚜렷한 근거는 없다.
- 헌시獻詩: 여러 관직에 있는 관료나 사대부들이 천자와 제후의 업적을 기리는 시를 지어 바쳤다는 설이다.

❀《시경》의 구성

《시경》에 담긴 시는 모두 305편이다.

- 풍風: 국풍國風이라고도 하며 여러 지방의 일반인들 사이에서 불리던 민요를 말한다.

개개인이 자기 흥에 겨워 부른 노래가 구전되었기 때문에 대부분 작자를 알 길이 없다. 시의 내용은 사랑, 이별, 슬픔, 기쁨

등 개인 감정이 많이 들어가 있으며 305편 중 160편이 남아
있다.

- 아雅: 궁중의 아악과 귀족 사회의 시로 정치성이 강하다. 소아
  80편과 대아 31편으로 구성되어 있다. 소아 80편 중 6편은 제
  목만 남아 있다. 그래서 이 시들을 무시하고 《시경》의 총 편수
  는 311편이 아닌 305편으로 보는 것이다.

- 송頌: 종묘에서 제사 지낼 때 사용하던 제가다. 따라서 종교성
  이 짙으며 40편의 시가 남아 있다.

❀ 《시경》에 담긴 시의 내용

《시경》에 담긴 시들은 크게 세 가지의 내용으로 분류할 수 있다.

- 당대의 정치와 사회 풍토를 반영한 시 : 지도층의 비리와 부패
  한 정치를 비판하는 시를 비롯하여 강제노역, 불합리한 병역
  등을 노래한 시가 많다. 권력 앞에 무력할 수밖에 없는 백성들
  이 신세를 한탄한 노래를 통해 당시의 사회상을 엿볼 수 있다.

- 성군을 찬양하는 시 : 뛰어난 업적을 지닌 임금이나 신하들을
  찬양하는 시도 많이 있다.

- 남녀 간의 사랑이 담긴 시: 결혼 전 남녀의 연애시, 짝사랑에
  관련된 시, 신혼新婚시, 버림받은 남자나 여자의 시, 원한을 담
  은 시 등 다양하다. 성性에 대한 비유가 오늘날 못지않게 탁월

한 시도 많다.

- 기타: 효에 관한 시, 건국 신화에 관한 시, 철학적 내용을 담은 시 등이 있다.

나팔꽃 사랑

동 지 야   하 지 일
冬之夜 夏之日

백 세 지 후   귀 우 기 실
百歲之後 歸于其室

기나긴 겨울밤 기나긴 여름낮
내 목숨 다하면 임의 무덤으로 돌아가리

＿국풍 당풍 갈생 國風 唐風 葛生

옛날 중국 어느 고을에 그림을 잘 그리는 화공이 아름다운 아내
와 금실 좋게 살고 있었다.

어느 날 화공 부부가 사는 고을에 새 현령이 부임하였다. 그는 포
악하기로 이름난 인물이어서 마을 사람들은 몹시 불안에 떨었다.

아니나 다를까 현령은 부임한 첫날부터 고을의 미인들을 전부
불러들이라며 본색을 드러냈다.

"음, 이 고을에는 미인들이 많다더니 다 헛소리였구먼……."

수십 명의 여인이 관가로 끌려왔으나 현령은 눈에 차는 인물이

없다며 투덜거렸다. 그때 현령에게 아부를 하려는 자가 나서서 말했다.

"한 화공의 마누라가 기막힌 절색이긴 합니다만 이미 임자가 있는 몸이라서……."

물론 현령은 그런 것을 가릴 덕을 갖춘 인물이 아니었다.

"상관없으니 당장 가서 포박하여 끌고 오너라."

"예? 포박을 해서요?"

"그래."

무슨 영문인지는 몰랐지만 관가의 졸개들은 현령이 시키는 대로 화공의 집으로 쳐들어가 그의 아내를 밧줄로 묶어 끌고 왔다.

그녀가 관가의 마당에 꿇어앉자 현령이 말했다.

"네 죄가 무엇인지 알고 있겠지?"

영문도 모른 채 끌려온 화공의 아내는 눈물을 떨구며 항변했다.

"억울합니다. 제가 무슨 죄를 지었기에 이렇게 포박하여 끌고 오십니까?"

"정말 네가 지은 죄를 모른단 말이냐? 그렇다면 네 죄를 가르쳐 주마. 옛말에 경국지색이라는 말이 있느니라. 이 말은 한 나라를 망칠 만큼 아름다운 미녀라는 뜻이니 곧 너를 두고 한 말이다. 내가 이 고을에 와보니 너 때문에 밤잠을 이루지 못하는 사내들이 많더구나. 상사병에 걸려 자리에 누운 자들이 허다하고 너로 인해 집집마다 부부 싸움이 그칠 날이 없으니 이보다 더 큰 죄가 어디 있겠느냐?"

억지가 아닐 수 없음에도 현령은 거기서 그치지 않았다.

"자, 죄를 지었으니 옥살이를 하겠느냐? 아니면 나의 첩이 되겠느냐?"

비로소 현령의 의중을 알아챈 화공의 아내가 눈을 부릅뜨며 소리쳤다.

"이런 버러지만도 못한 인간 같으니, 어서 나를 옥에 가둬라!"

이렇게 하여 화공의 아내는 옥살이를 하게 되었다.

한편 귀가한 화공은 아내가 관가에 끌려갔다는 소리를 듣고 단숨에 달려왔다. 하지만 현령에게 항변하다가 매만 실컷 얻어맞고 쫓겨났다.

"이 억울함을 어디다 호소할까……."

힘이 없어 손을 쓸 방법이 없는 화공은 옥에 갇힌 아내를 생각하며 밤새 종이에다 그림을 그렸다. 그가 그린 그림은 꽃이었다.

이튿날 아침, 화공은 그림을 가지고 관가로 달려갔다. 하지만 관가에서는 현령의 엄명이라며 그를 막았다. 할 수 없이 그는 아내가 갇힌 감옥의 담장 근처로 가서 아내의 목소리라도 들으려고 불러보았다. 하지만 높은 축대가 가로막고 있어서 그의 목소리는 아내의 귀까지 미치지 못했다.

화공은 아내가 갇힌 감옥 밑에 주저앉아 땅을 파고는 자신이 밤새 그린 그림을 땅에 묻은 뒤 흙으로 덮었다. 화공은 그 자리에 주저

앉아 밤새 울었다. 얼마나 눈물을 쏟았는지 그가 앉아 있던 주변의 흙이 흥건하게 젖어버렸다.

날이 새자 화공은 스스로 목숨을 끊었다. 화공이 그림을 묻은 자리에서 싹이 하나 돋았다. 그 싹은 화공의 눈물을 거름 삼아 거침없이 줄기를 뻗고 단숨에 그의 아내가 갇힌 감옥 창살까지 다다랐다.

창살 앞에 다다른 줄기는 마침내 꽃 한 송이를 피웠다. 그 꽃은 나팔 모양과 흡사했다. 그래서 사람들은 그 꽃을 나팔꽃이라고 불렀다. 그 꽃은 아침에 활짝 꽃을 피웠다가 낮이 되면 오므라들었다. 사람들은 그 꽃을 보며 화공을 동정했다.

"화공의 넋이 이승에 남아 아내의 얼굴을 보기 위해 꽃이 되었구나!"

문둥병을 고친 아내의 사랑

<ruby>陟<rt>척</rt></ruby><ruby>彼<rt>피</rt></ruby><ruby>岨<rt>저</rt></ruby><ruby>矣<rt>의</rt></ruby> <ruby>我<rt>아</rt></ruby><ruby>馬<rt>마</rt></ruby><ruby>瘏<rt>도</rt></ruby><ruby>矣<rt>의</rt></ruby> <ruby>我<rt>아</rt></ruby><ruby>僕<rt>복</rt></ruby><ruby>痡<rt>부</rt></ruby><ruby>矣<rt>의</rt></ruby> <ruby>云<rt>운</rt></ruby><ruby>何<rt>하</rt></ruby><ruby>吁<rt>우</rt></ruby><ruby>矣<rt>의</rt></ruby>

바위산에 오르려 하나 내 말이 병들었구나
나를 도와주던 사람마저 주저앉으니
아, 어이하면 좋은가

_국풍 주남 권이 國風 周南 卷耳

詩
經

어떤 여인이 시집을 와서 남편과 행복한 나날을 보내던 중 남편이 그만 문둥병에 걸려 같이 살 수 없게 되었다.

남편은 가슴이 찢어졌지만 아내에게 말했다.

"우리가 함께 있다가는 당신도 문둥병에 걸릴 테니 떠나도록 하오."

결국 아내는 울면서 헤어질 수밖에 없었다. 아내는 집을 나오기는 했으나 마음은 여전히 남편 곁에 머물러 있었다. 그녀는 하루도 빼놓지 않고 정화수를 떠놓고 기도했다.

"남편의 병이 낫게 해주십시오."

매일 정성껏 기도를 올리며 효험이 있다는 약은 죄다 써보았으나 별다른 차도는 없었다.

그러던 어느 날 아내가 사는 집으로 스님이 찾아왔다. 스님은 아내의 얼굴을 가만히 보더니 말했다.

"안색을 보니 무슨 근심이 있는 듯하구려."

"제 남편이 지금 문둥병으로 고생하고 있습니다. 무슨 방법이 없겠습니까?"

스님은 잠시 눈을 감고 생각하더니 이내 입을 열었다.

"오봉산五峰山에다 불을 켜놓은 다음, 백 일 안에 남편을 찾아가시오. 그러면 남편의 병이 나을 것이오."

남편의 병이 낫는다는 말에 아내의 귀는 번쩍 뜨였다.

"그게 정말입니까? 그런데 오봉산은 처음 듣는데 어디에 있는 산입니까?"

"글쎄…… 가까이 있다면 가까이 있고, 멀리 있다면 멀리 있지요. 직접 그 산을 찾아보시오. 나는 그 말밖에 할 수가 없소."

스님은 끝내 오봉산이 있는 곳을 알려주지 않았다.

아내는 그 길로 오봉산을 찾아 떠났지만 온 천지를 다 뒤져도 오봉산을 발견하지 못했다.

마침내 스님이 말한 백 일이 하루 앞으로 다가왔다. 아내는 모든 것을 포기하고 남편의 곁으로 가 함께 죽기로 마음먹었다.

아내는 지친 몸을 이끌고 남편이 있는 집으로 향했다. 산을 몇 개씩 넘고 강을 건너 쉴 없이 걷고 또 걸었다. 이제 고개 하나만 넘으면 남편이 있는 집이었다. 지칠 대로 지쳐 있던 아내가 마지막 고개를 넘어갈 무렵에는 석양이 붉게 타오르고 있었다. 아내는 그 자리에 풀썩 쓰러지고 말았다.

"아, 해가 남아 있을 때 이 고개를 넘어야 하는데……."

쓰러진 채로 지는 해를 잡으려는 듯 손을 들어 내저었다. 바로 그때였다. 아내의 손가락 사이로 석양의 붉은 빛이 비쳤다. 아내는 정신이 번쩍 들었다.

"아, 그렇구나! 바로 내 다섯 손가락이 오봉산이었어!"

아내는 급히 마을로 내려가 기름과 성냥을 구했다. 스님의 말을 떠올리며 다섯 손가락에 불을 붙였다.

"이제 오봉산에 불을 지폈으니 어서 남편에게 가야 한다."

말할 수 없이 고통스러웠으나 오로지 남편의 병이 낫는다는 일념으로 이를 악물었다. 아내는 지친 다리를 질질 끌며 남편이 있는 집에 도착했다.

"여보! 내가 왔어요."

아내는 그 말만을 남긴 채 그만 기절하고 말았다. 깜짝 놀라 방문을 밀치고 나오는 남편은 더 이상 문둥병 병자가 아니었다.

폭군에게 간한 충신

출 자 북 문　우 심 은 은　종 구 차 빈　막 지 아 간
出自北門 憂心殷殷 綜窶且貧 莫知我艱

사 언 재　천 실 위 지　위 지 하 재
已焉哉 天實爲之 謂之何哉

북문을 나섰지만 여전히 근심이 가득하네
초라하고 빈약한 내 신세 아무도 모르리
어쩌겠는가, 이미 하늘이 정하신 일을 어찌하겠는가

_국풍 패풍 북문 國風 邶風 北門

詩
經

연산군의 횡포가 극에 달했던 조선 시대의 일이다.

폭군의 밑에도 수많은 신하가 있었으나 누구 하나 바른말을 고하는 자가 없었다. 그러나 그때 죽기를 각오하고 바른말을 간한 자가 있었는데 바로 환관 김처선이다.

그날도 연산군은 여느 때와 마찬가지로 수백 명의 여인을 거느리고 해괴한 놀이를 벌이고 있는 중이었다. 김처선은 연산군 앞에 나아가 무릎을 꿇고 간했다.

"전하, 이 늙은이는 지금까지 네 분의 군왕을 섬겨왔습니다. 그래

서 그분들의 행적에 대해서는 누구보다 많이 알고 있습니다. 그런데
일찍이 지금의 전하처럼 문란한 군왕은 계시지 않았습니다."

김처선의 입에서 그 말이 나오자 주위에 있던 신하들은 깜짝 놀랐
다. 그것은 자기를 죽여달라고 하는 말이나 다름없었기 때문이다. 당
연히 연산군의 분노가 터져 나왔다.

"저 늙은이가 죽으려고 환장을 한 모양이구나! 오냐, 소원대로
죽여주마!"

연산군은 거칠게 활을 찾아들고는 김처선을 향해 화살을 쏘았
다. 김처선은 곧 옆구리에 그 화살을 맞고 쓰러졌다. 그러면서도 그
는 입을 열어 연산군에게 간했다.

"내시인 제 목숨은 파리 목숨이나 마찬가지여서 이 자리에서 죽
는다 해도 여한은 없습니다. 하지만 전하께서는 용상을 오래 지키
셔야 하는데 제 생각에는 그리될 수가 없을 듯해 그것이 두려울 뿐

입니다……."

김처선의 말이 채 끝나기도 전에 다시 화살 하나가 더 날아왔다. 이번에는 그의 무릎을 관통했다. 연산군은 크게 외쳤다.

"이 버러지 같은 늙은이! 어디 한번 일어나서 걸어보라. 하하하!"

연산군은 마지막까지 자신의 잔인함을 드러냈다. 더구나 김처선이 죽자 그의 가족을 남김없이 죽였으며, 그것도 모자라 그의 부모 무덤까지 파헤쳐 까마귀밥이 되게 했다.

김처선은 연산군 휘하에 있던 신하들 중 유일한 충신이었다.

《시경》의 명구절

^관^관^저^구 ^재^하^지^주
關關雎鳩 在河之洲
^요^조^숙^녀 ^군^자^호^구
窈窕淑女 君子好逑

물수리가 정답게 하수 섬 기슭에서 우네

정갈하고 아리따운 임은 군자의 좋은 짝이라네

_국풍 주남 관저(國風 周南 關雎)

※ 시경의 첫 구절이다.

^아^심^비^감 ^불^가^이^여 ^역^유^형^제
我心匪鑒 不可以茹 亦有兄弟
^불^가^이^거 ^박^언^왕^소 ^봉^피^지^노
不可以據 薄言往愬 逢彼之怒

내 마음은 거울이 아니어서 임의 생각을 비쳐볼 수도 없지요

내게도 형제가 없는 것은 아니지만 내가 의지할 사람들이 아니라오

형제들에게 찾아가 하소연한들 노여움만 살 것이 뻔하오

_국풍 패풍 백주(國風 邶風 栢舟)

我心匪石 不可轉也 我心匪席
不可卷也 威儀棣棣 不可選也

내 마음이 돌이 아니라서 여기저기 굴릴 수도 없지요

내 마음이 멍석이 아니라서 헤프게 둘둘 말지도 못하지요

나의 처신이 이처럼 훌륭하니 이것저것 따질 필요도 없잖아요

_국풍 패풍 백주(國風 邶風 栢舟)

※ 앞 시와 함께 남편의 사랑을 받지 못하는 부인 심정을 노래했다.

我行其野 芃芃其麥
控于大邦 誰因誰極
大夫君子 無我有尤
百爾所思 不如我所之

저 들판으로 가면 싱싱한 보리가 자라고 있겠지

큰 나라에 도움을 청하려 한들 어느 누가 구해주리오

세상의 군자들이여 행여 나를 탓하지는 말아주오

그대들의 생각은 도저히 내 생각에 미치지 못한다오

_국풍 패풍 재치(國風 邶風 載馳)

※ 허나라 목공의 부인이 고국의 패망 소식을 듣고도 고국으로 돌아가지 못하는 마음
  을 노래했다.

瞻彼淇奧 綠竹猗猗 有匪君子
如切如磋 如琢如磨 瑟兮僩兮

혁 혜 훤 혜　유 비 군 자　종 불 가 훤 혜
赫兮咺兮 有匪君子 終不可諼兮

기수의 물굽이 바라보니 푸른 대나무 우거졌구나

아름다운 우리 임 구슬을 깎아 다듬은 듯

쪼고 갈아 다듬은 듯 위엄 있고 너그럽구나

빛나고 의젓한 우리 임을 끝내 잊지 못하리

_국풍 패풍 기오(國風 邶風 淇澳)

첨 피 기 오　녹 죽 청 청
瞻彼淇奧 綠竹青青

유 비 군 자　충 이 수 영
有匪君子 充耳琇瑩

회 변 여 성　슬 혜 한 혜
會弁如星 瑟兮僩兮

혁 혜 훤 혜　유 비 군 자　종 불 가 훤 혜
赫兮咺兮 有匪君子 終不可諼兮

기수의 물굽이 바라보니 푸른 대나무 우거졌구나

아름다운 우리 임 귀걸이 구슬 화려하고

관의 구슬은 별처럼 반짝이네

환하고 너그러운 우리 임을 끝내 잊지 못하리

_국풍 패풍 기오(國風 邶風 淇澳)

※ 앞의 시와 함께 위나라 무공의 훌륭한 덕을 찬양한 노래다.

군 자 우 역　불 일 불 월
君子于役 不日不月

갈 기 유 괄　계 서 우 걸
曷其有佸 鷄栖于桀

일 지 석 의　양 우 하 괄
日之夕矣 羊牛下括

군 자 우 역　구 무 기 갈
君子于役 苟無飢渴

부역 나간 우리 임 벌써 며칠인가 아니면 몇 달인가

언제 볼 수 있을까 닭들은 홰에 앉아 졸고

벌써 날은 저물어 양과 소도 제 집으로 찾아오는데

부역 나간 우리 임은 목마르고 주리지는 않으시는지

_국풍 왕풍 군자우역(國風 王風 君子于役)

※ 나라의 부름을 받고 부역 나간 남편을 그리는 아내의 노래다.

유 토 원 원　치 리 우 라
有兎爰爰　雉離于羅

아 생 지 초　상 무 위
我生之初　尙無爲

아 생 지 후　봉 차 백 리　상 매 무 와
我生之後　逢此百罹　尙寐無吪

토끼는 깡충깡충 뛰놀고 꿩만 그물에 걸렸구나

내가 태어났을 때는 아무 일이 없다가

다 자란 지금에는 온갖 시름만 만났구나

바라건대 잠들어 깨어나지 않게 하소서

_국풍 왕풍 토원(國風 王風 兎爰)

※ 어지러운 세상을 만나 괴로움을 그린 노래다. 교활한 토끼(악인)는 걸리지 않고 아
　름다운 꿩(선인)만 그물에 걸린 것을 비유했다.

면 면 갈 류　재 하 지 호
綿綿葛藟　在河之滸

종 원 형 제　위 타 인 부
終遠兄弟　謂他人父

위 타 인 부　역 막 아 고
謂他人父　亦莫我顧

칡덩굴 치렁치렁 황하 기슭에 얽혀 있고

식구들은 뿔뿔이 흩어져 나는 남을 아버지라 부르네

남을 아버지라 부르지만 그 사람 또한 나를 돌볼 수가 없네

_국풍 왕풍 갈류(國風 王風 葛藟)

※ 난세에 가족이 흩어지고 남의 집에 들어가 살지만 그 사람 역시 곤궁하여 제대로
  돌보아줄 수 없음을 노래했다.

彼采蕭兮 一日不見 如三秋兮

쑥 캐는 이여

하루만 못 보아도

가을이 세 번 지난 듯하네

_국풍 왕풍 채갈(國風 王風 采葛)

※ 상대를 그리워하며 부른 노래다.

將仲子兮 無踰我里 無折我樹杞
豈敢愛之 畏我父母

임에게 바라오니 우리 마을 넘어 들어와

우리 집 버들을 꺾지 말아주오

어찌 버들이 아까우리오만 내 부모님이 두렵다오

임이 그리운 것이야 말할 수 없지만 부모님이 더욱 두렵답니다

_국풍 정풍 장중자(國風 鄭風 將仲子)

※ 어렵게 밀회를 하고 있는 남녀의 애타는 심정을 노래했다.

준 대 로 혜　섭 집 자 지 거 혜
遵大路兮 摻執子之袪兮

무 아 오 혜　부 잠 고 야
無我惡兮 不寁故也

큰길로 좇아 나가 떠나려는 임의 소매 부여잡고 외치네

나를 미워하지 마오 옛정을 생각하여 부디 버리지 마오

_국풍 정풍 준대로(國風 鄭風 遵大路)

※ 남편이 부인을 버리고 떠나는 장면을 노래했다.

청 청 자 금　유 유 아 심
青青子衿 悠悠我心

종 아 불 왕　자 녕 불 사 음
縱我不往 子寧不嗣音

푸르른 임의 옷깃 임 생각에 내 마음 시름 끊이지 않네

내 비록 못 간다 해도 임께선 어이 소식이 없으신지

_국풍 정풍 자금(國風 鄭風 子衿)

※ 여인이 애인을 그리워하는 마음을 노래했다.

동 방 지 일 혜　피 주 자 자
東方之日兮 彼姝者子

재 아 실 혜　재 아 실 혜　이 아 즉 혜
在我室兮 在我室兮 履我即兮

동녘 하늘에 해가 솟았는데

아름다운 우리 임은 내 방에 와 계시네

내 방에 온 우리 임 종일 내 뒤만 따라다니네

_국풍 제팔 동방지일(國風 第八 東方之日)

※ 애인과 헤어지지 않으려는 사내의 마음을 노래했다.

^{무 전 보 전　유 유 교 교}
無田甫田　維莠驕驕
^{무 사 원 인　노 심 도 도}
無思遠人　勞心忉忉

큰 밭을 갈지 마오 강아지풀만 무성해질 것이니

멀리 있는 사람 생각도 마오 마음만 괴로워질 것이니

_국풍 제팔 보전(國風 第八 甫田)

^{원 유 도　기 실 지 효　심 지 우 의}
園有桃　其實之殽　心之憂矣
^{아 가 차 요　부 지 아 자　위 아 사 야 교}
我歌且謠　不知我者　謂我士也驕
^{피 인 시 재　자 왈 하 기　심 지 우 의　기 수 지 지}
彼人是哉　子曰何其　心之憂矣　其誰知之
^{기 수 지 지　개 역 물 사}
其誰知之　蓋亦勿思

복숭아나무 내 집 뜰에 있으니 그 열매 따 먹으리

마음에 근심 있으면 나는 노래 부르리

나를 알지 못하는 이는 내게 교만하다고 말하네

군주가 하는 일을 감히 탓하지 말라고 말하네

내 마음의 근심을 누가 알리오 그 누가 알리오

아무도 그 일을 곰곰이 생각하지 않은 탓인 것을

_국풍 위풍 원유도(國風 魏風 園有桃)

※ 난세를 걱정하는 현자의 노래다.

^{석 서 석 서　무 식 아 서}
碩鼠碩鼠　無食我黍
^{삼 세 관 여　막 아 긍 고}
三歲貫女　莫我肯顧
^{서 장 거 여　적 피 락 토}
逝將去女　適彼樂土

낙 토 락 토　원 득 아 소
樂土樂土　爰得我所

큰 쥐야 큰 쥐야 우리 집 기장 먹지 마라

삼 년 동안 그대를 섬겨왔지만 날 돌봐줄 생각은 애초부터 없었네

이제 나는 그대를 떠나려 하네 저기 즐거움이 있는 땅으로

그곳에 가서 보금자리 새로 마련하리

_국풍 위풍 석서(國風 魏風 碩鼠)

※ 큰 쥐는 과중한 세금을 거두는 관리를 말한다.

주 무 속 신　삼 성 재 천　금 석 하 석
綢繆束薪　三星在天　今夕何夕

견 차 양 인　자 혜 자 혜　여 차 양 인 하
見此良人　子兮子兮　如此良人何

나뭇단 묶고 있으니 동녘에 삼성이 반짝이네

오늘 밤이 어떤 밤인가 우리 임을 보게 되는 밤이라네

아 임이여 가슴이 두근거려 사랑하는 임을 어이 대할까나

_국풍 당풍 주무(國風 唐風 綢繆)

※ 사랑하는 남녀가 결혼하여 만나게 되는 마음을 노래했다.

겸 가 창 창　백 로 위 상
兼假蒼蒼　白露爲霜

소 위 이 인　재 수 일 방
所謂伊人　在水一方

소 회 종 지　도 조 차 장
遡廻從之　道沮且長

소 유 종 지　완 재 수 중 앙
遡遊從之　宛在水中央

갈대 우거지고 이슬은 서리가 되었네

내 마음에 자리 잡은 임은 물 건너에 계신다네

강물을 거슬러 올라가나 길은 멀고 험하네

물길을 따라 내려오지만 나는 여전히 물 가운데 머물러 있네

_국풍 진풍 겸가(國風 秦風 蒹葭)

※ 현자를 초빙하기 어려운 현실 또는 사랑하는 사람에게 다가갈 수 없는 심정을 노
　래했다.

衡門之下　可以棲遲　泌之洋洋　可以樂飢
豈其食魚　必河之魴　豈其取妻　必齊之姜
豈其食魚　必河之鯉　豈其取妻　必宋之子

초가삼간 그 집에서도 마음 편히 살 수 있다네

졸졸 흐르는 샘물로도 굶주림은 면할 수 있다네

고기를 먹는데 어찌 황하의 방어만 고기이겠나

아내를 맞는데 어찌 제나라 공주만이 아내이겠나

고기를 먹는데 어찌 황하의 잉어만 고기이겠나

아내를 맞는데 어찌 송나라 공주만이 아내이겠나

_국풍 진풍 형문(國風 陳風 衡門)

※ 어지러운 세상을 피해 은둔하고 있는 현자의 노래다.

隰有萇楚　猗儺其枝
夭之沃沃　樂子之無知
隰有萇楚　猗儺其華
夭之沃沃　樂子之無家

_{습 유 장 초} _{아 나 기 실} _{요 지 옥 옥} _{낙 자 지 무 실}
隰有萇楚 猗儺其實 夭之沃沃 樂子之無室

습지에 난 쐐기풀 그 줄기가 부드럽기도 하구나

싱싱하고 어여뻐라 무지한 네가 부럽구나

습지에 난 쐐기풀 그 꽃이 아름답기도 하구나

싱그럽고 어여뻐라 남편 없는 네가 부럽구나

습지에 난 쐐기풀 그 열매가 탐스럽기도 하구나

충만하고 어여뻐라 아내 없는 네가 부럽구나

_국풍 회풍 습유장초(國風 檜風 隰有萇楚)

※ 세상살이에 지친 사람이 식물의 무지함을 풍자하여 자신을 비유한 시다.

_{시 구 재 상} _{기 자 칠 혜} _{숙 인 군 자}
鳲鳩在桑 其子七兮 淑人君子
_{기 의 일 혜} _{기 의 일 혜} _{심 여 결 혜}
其儀一兮 其儀一兮 心如結兮

뽕나무의 뻐꾸기 그리고 먹여 살리는 새끼 일곱 마리

어진 군자는 하시는 일이 한결같구나

한결같은 그 일 그 마음이 견고하기도 하여라

_국풍 조풍 시구(國風 曹風 鳲鳩)

※ 새끼를 키우는 뻐꾸기에 비유해 어진 마음을 가진 군자를 찬양하고 있다.

_{상 체 지 화} _{악 불 위 위} _{범 금 지 인} _{막 여 형 제}
常棣之華 鄂不韡韡 凡今之人 莫如兄弟
_{사 상 지 위} _{형 제 공 회} _{원 습 부 의} _{형 제 구 의}
死喪之威 兄弟孔懷 原隰裒矣 兄弟求矣
_{척 령 재 원} _{형 제 급 난} _{매 유 양 붕} _{황 야 영 탄}
脊令在原 兄弟急難 每有良朋 況也永歎
_{형 제 혁 우 장} _{외 어 기 무} _{매 유 양 붕} _{증 야 무 융}
兄弟鬩于牆 外御其務 每有良朋 烝也無戎

<ruby>喪<rt>상</rt></ruby><ruby>亂<rt>란</rt></ruby><ruby>旣<rt>기</rt></ruby><ruby>平<rt>평</rt></ruby> <ruby>旣<rt>기</rt></ruby><ruby>安<rt>안</rt></ruby><ruby>且<rt>차</rt></ruby><ruby>寧<rt>녕</rt></ruby> <ruby>雖<rt>수</rt></ruby><ruby>有<rt>유</rt></ruby><ruby>兄<rt>형</rt></ruby><ruby>弟<rt>제</rt></ruby> <ruby>不<rt>불</rt></ruby><ruby>如<rt>여</rt></ruby><ruby>友<rt>우</rt></ruby><ruby>生<rt>생</rt></ruby>

儐爾籩豆 飮酒之飫 兄弟旣具 和樂且孺

妻子好合 如鼓瑟琴 兄弟旣翕 和樂且湛

宜爾室家 樂爾妻帑 是究是圖 亶其然乎

산앵두꽃 곱게 피어 울긋불긋하네

이 세상 누구보다도 형제가 제일이라네

죽을 고비에서도 형제는 서로 생각하고

송장 깔린 전쟁터에서 형제는 찾아가네

들판의 할미새가 시샘할 만큼 형제는 서로 돕네

좋은 친구 있다 해도 그저 하소연이나 할 상대라네

형제는 집안에서 싸워도 밖에서는 흉보일까 함께 막네

아무리 좋은 벗이 있다 해도 도울 일은 별로 없네

세상 난리가 끝나고 태평성대를 누릴 때는

형제의 고마움을 잊고 친구와 가까워지기도 하지

그러나 좋은 안주에 술을 마실 때

형제가 한자리에 모이면 어린아이처럼 즐거워진다네

아내와 자식이 어우러져 행복에 겨워하듯

형제가 모두 모이니 기쁨이 끝이 없네

온 집안 화목하여 모두가 함께 즐겁다네

이런 이치 깨달으면 즐거움을 알게 된다네

_소아 녹명지십 상체지화(小雅 鹿鳴之什 常棣之华)

※ 형제들이 모여 잔치를 하며 부른 노래라고 한다.

담 담 로 사　비 양 불 희　염 염 야 음　불 취 무 귀
湛湛露斯　匪陽不晞　厭厭夜飲　不醉無歸

담 담 로 사　재 피 풍 초　염 염 야 음　재 종 재 고
湛湛露斯　在彼豐草　厭厭夜飲　在宗載考

담 담 로 사　재 피 기 극　현 윤 군 자　막 불 영 덕
湛湛露斯　在彼杞棘　顯允君子　莫不令德

기 동 기 의　기 실 리 리　개 제 군 자　막 불 영 의
其桐其椅　其實離離　豈弟君子　莫不令儀

함빡 내린 이슬방울 햇볕 아니면 마르지 않으리

이 밤의 즐거운 술자리 취하지 않고는 돌아가지 못하리

함빡 내린 이슬방울 풀잎 사이에서 반짝이네

이 밤의 즐거운 술자리 종묘에서 벌어졌다네

함빡 내린 이슬방울 구기나무 가시나무 뒤덮였네

밝고 진실된 군자들 착한 덕은 빛나리라

오동나무 산유자나무 그 열매가 주렁주렁

편안한 군자들의 위엄 갖춘 자태 흠잡을 데 없다네

_소아 백화지십 담로(小雅 白華之什 湛露)

※ 천자가 제후들에게 잔치를 베풀 때 부른 노래다.

학 명 우 구 고　성 문 우 야　어 잠 재 연
鶴鳴于九皐　聲聞于野　魚潛在淵

혹 재 우 저　낙 피 지 원　원 유 수 단
或在于渚　樂彼之園　爰有樹檀

기 하 유 탁　타 산 지 석　가 이 위 착
其下維蘀　它山之石　可以爲錯

학 명 우 구 고　성 문 우 천　어 재 우 저
鶴鳴于九皐　聲聞于天　魚在于渚

혹 잠 재 연　낙 피 지 원　원 유 수 단
或潛在淵　樂彼之園　爰有樹檀

기 하 유 곡　타 산 지 석　가 이 공 옥
其下維穀　它山之石　可以攻玉

높은 언덕에서 두루미 우니 그 소리 들판 가득 퍼지고

연못 깊은 곳의 물고기도 때론 기슭으로 나와 노니네

저기 즐거운 동산에 박달나무 솟아 있어도 그 밑엔 낙엽만 수북하네.

다른 산의 돌이라도 숫돌은 될 수 있을 것을

높은 언덕에서 두루미 우니 그 소리 하늘 높이 퍼지고

기슭에서 노닐던 물고기 이따금 깊은 못에 숨기도 하네

저기 즐거운 동산에 박달나무 솟아 있어도 그 밑엔 닥나무가 자라고 있네

다른 산의 돌이라도 숫돌은 될 수 있을 것을

_소아 홍안지십 학명(小雅 鴻鴈之什 鶴鳴)

※ 초야에 묻혀 사는 현자를 구하는 노래다.

아 행 기 야 　 폐 불 기 저 　 혼 인 지 고
我行其野 　 蔽芾其樗 　 婚姻之故

언 취 이 거 　 이 불 아 축 　 복 아 방 가
言就爾居 　 爾不我畜 　 復我邦家

아 불 기 야 　 언 채 기 축 　 혼 인 지 고
我行其野 　 言采其蓬 　 婚姻之故

언 취 이 숙 　 이 불 아 축 　 언 귀 사 복
言就爾宿 　 爾不我畜 　 言归思复

아 행 기 야 　 언 채 기 복 　 불 사 구 인
我行其野 　 言采其葍 　 不思旧姻

구 이 신 특 　 성 불 이 부 　 역 지 이 이
求爾新特 　 成不以富 　 亦祇以異

들길 걷노라니 가죽나무 우거졌고

양가 부모 허락 얻어 여기로 시집왔건만

이리도 쌀쌀맞게 대하시니 고향으로 돌아가리

들길 걸어가며 뜯는 것은 소루쟁이

양가 부모 허락 얻어 여기 와서 살건만

이리도 쌀쌀맞게 대하시니 고향으로 돌아가리

들길 걸어가며 뽑는 것은 우엉 나물

옛정은 아니 생각하고 새 사람만 찾으시네

부자 딸도 아니건만 진귀한 새것만을 탐하시네

_소아 홍안지십 학명(小雅 鴻鴈之什 鶴鳴)

※ 타국에 출가한 여인이 시집에서 냉대를 받는 현실을 한탄한 시다.

萋兮斐兮 成是貝錦 彼譖人者

亦已大甚 哆兮侈兮 成是南箕

彼譖人者 誰適与謀 緝緝翩翩

謀欲譖人 慎尔言也 謂尔不信

捷捷幡幡 謀欲譖言 豈不尔受

既其女迁 驕人好好 勞人草草

蒼天蒼天 視彼驕人 矜此勞人

彼譖人者 誰适与謀 取彼譖人

投畀豺虎 豺虎不食 投畀有北

有北不受 投畀有昊 楊園之道

猗于畝丘 寺人孟子 作爲此詩

凡百君子 敬而听之

형형색색 뒤섞여 비단을 짜듯

참언을 짜내니 너무 심하구나

크게 입 벌린 남기성(南箕星)같이

참언을 늘어놓는 자들은 누구와 누구인가

오가며 소곤소곤 헐뜯기만 하는구나

그대 말을 삼가게나 머잖아 그대 말을 믿지 않으리

교활하게 속여 그칠 줄 모르고 참언을 늘어놓으면

내가 당하기야 하겠지만 언젠가는 그대도 당하리라

교활한 자는 즐겁지만 당하는 자는 서럽다네

푸른 하늘이여 교활한 저자의 소행을 굽어보시고

당하는 자를 가엾게 여기소서

참언을 하는 자들은 누구와 모의를 하는 건가

저 무리를 잡아다가 승냥이나 범에게 던져주리

승냥이와 범도 더러워 먹지 않으면 북녘 땅에 내다버리리

북녘 땅도 아니 받거든 하늘로 던져버리리

양원에서 뻗은 길은 묘구로 가게 마련이네

맹자라는 시인이 있어 이 시 지어 노래하니

천하의 군자들은 잠시 멈춰 옷깃 여미고 이 노래 들어주시오

_소아 절남산지십 항백(小雅 節南山之什 巷伯)

※ 중상모략이 난무하는 세태를 비방한 노래다.

요료자아 비아이호 애애부모
蓼蓼者莪 匪莪伊蒿 哀哀父母
생아구로 요료자아 비아이위
生我劬勞 蓼蓼者莪 匪莪伊蔚
애애부모 생아노췌 병지경의
哀哀父母 生我勞瘁 缾之罄矣
유뢰지치 선민지생 불여사지구의
維罍之恥 鮮民之生 不如死之久矣

무 부 하 호　　무 모 하 시　　출 즉 함 휼
無父何怙　　無母何恃　　出則銜恤

입 즉 미 지　　부 혜 생 아　　모 혜 국 아
入則靡至　　父兮生我　　母兮鞠我

부 아 축 아　　장 아 육 아　　고 아 복 아
拊我畜我　　長我育我　　顧我復我

출 입 복 아　　욕 보 지 덕　　호 천 망 극
出入復我　　欲報之德　　昊天罔極

남 산 열 렬　　표 풍 발 발　　민 막 불 곡
南山烈烈　　飄風發發　　民莫不穀

아 독 하 해　　남 산 율 률　　표 풍 불 불
我獨何害　　南山律律　　飄風弗弗

민 막 불 곡　　아 독 부 졸
民莫不穀　　我獨不卒

더부룩한 저것은 새발쑥인가, 아니 그건 다북쑥이네

애처롭다 우리 부모 나를 낳고 고생하셨네

더부룩한 저것은 새발쑥인가, 아니 그건 제비쑥이네

애처롭다 우리 부모 나를 낳고 여위셨네

술병의 술이 떨어지면 술병의 수치라네

궁하고 외롭게 사느니 일찍 죽는 게 나으리

아버지 아니면 누굴 믿고 어머니 아니면 어디에 기대리

밖에 나가면 근심이요 들어와도 마음 붙일 곳 없네

아버님 날 낳으시고 어머님 날 기르셨네

쓰다듬어 길러주시고 키워주시며 가르쳤네

거듭거듭 살펴주시고 나고 들며 안아주셨네

이 은혜 갚고자 하나 하늘이 무정하시구나

남산은 하늘 향해 솟아 있고 회오리바람 거칠게 몰아치네

모두 다 즐거이 살아가건만 어찌 나만 풀이 죽었는가

남산은 하늘 향해 솟아 있고 회오리바람 거칠게 몰아치네

모두 다 즐거이 살아가건만 어찌 나만 부모 봉양을 하지 못하나

_소아 곡풍지십 요아(小雅 谷風之什 蓼莪)

※ 돌아가신 부모님께 효도를 다하지 못했음을 한탄한 노래다.

간 관 거 지 할 혜　사 련 계 녀 서 혜
間關車之牽兮　思孌季女逝兮

비 기 비 갈　덕 음 래 괄　수 무 호 우
匪飢匪渴　德音來括　雖無好友

식 연 차 희　의 피 평 림　유 집 유 교
式燕且喜　依彼平林　有集維鷮

신 피 석 녀　영 덕 래 교　식 연 차 예
辰彼碩女　令德來教　式燕且譽

호 이 무 사　수 무 지 주　식 음 서 기
好爾無射　雖無旨酒　式飮庶幾

수 무 가 효　식 식 서 기　수 무 덕 여 여
雖無嘉殽　式食庶幾　雖無德與女

식 가 차 무　척 피 고 강　석 기 작 신
式歌且舞　陟彼高岡　析其柞薪

석 기 작 신　기 엽 서 혜　선 아 구 이
析其柞薪　其葉湑兮　鮮我覯爾

아 심 사 혜　고 산 앙 지　경 행 행 지
我心寫兮　高山仰止　景行行止

사 모 비 비　육 비 여 금　구 이 신 혼　이 위 아 심
四牡騑騑　六轡如琴　覯爾新昏　以慰我心

굴대 빗장 단단히 지르고 예쁜 사람 맞으러 갔네

목마른 듯 굶주린 듯 상냥한 그 사람을 만나러 가네

좋은 벗 내 옆에 없어도 술 마시며 즐기지 않을 수 없네

저 울창한 나무숲에 꿩들이 모여들어 우네

이제 예쁜 그녀 훌륭한 부덕 지니고 내게 왔네

잔치 벌여 마음껏 즐기세 이 사랑 변치 않으리

맛있는 술은 없어도 흠뻑 마셔 취하고 싶네

특별한 안주 없어도 배불리 먹고 싶네

덕망은 그대에게 미치지 못해도 노래하며 덩실덩실 춤추고 싶네

저 높은 언덕에 올라 굴참나무 쪼개네

굴참나무 쪼개려 하니 그 잎새 무성도 하네

그리던 그대 만나 기쁘니 내 마음 훤히 밝아오네

높은 산은 우러러보고 큰길은 걸어가야 하는 것

쏜살같은 네 필의 말이 달리니 여섯 줄 고삐 조화를 이루고

시집은 그대 맞이하니 내 마음 점점 흐뭇해지네

_소아 보전지십 거할(小雅 甫田之什 車舝)

※ 신혼생활의 즐거움을 노래한 시다.

피도인사	호구황황	기용불개
彼都人士	狐裘黃黃	其容不改

출언유장	행귀우주	만민소망
出言有章	行歸于周	萬民所望

피도인사	대립치촬	피군자녀
彼都人士	臺笠緇撮	彼君子女

주직여발	아불견혜	아심불열
綢直如髮	我不見兮	我心不說

피도인사	충이수실	피군자녀
彼都人士	充耳琇實	彼君子女

위지윤길	아불견혜	아심원결
謂之尹吉	我不見兮	我心苑結

피도인사	수대이려	피군자녀
彼都人士	垂帶而厲	彼君子女

권발여채	아불견혜	언종지매
卷髮如蠆	我不見兮	言從之邁

비이수지	대즉유여	비이권지
匪伊垂之	帶則有餘	匪伊卷之

발즉유여	아불견혜	운하우의
髮則有旟	我不見兮	云何盱矣

수도에서 온 저 사람 노란 여우 갖옷 입었네

언제 봐도 의젓한 모습 말에는 조리가 있네

347

이제 수도로 돌아가면 뭇사람이 우러러볼 것이네

수도에서 온 저 사람 삿갓에 검은 관이 잘 어울리는구나

저 군자의 따님은 새카만 머리카락이 삼단 같구나

이제 수도로 돌아가면 볼 수 없으니 쓸쓸한 내 마음 달랠 길 없구나

수도에서 온 저 사람 옥구슬로 귀막이하고

군자의 따님들은 윤씨 댁과 길씨 댁 규수라네

이제 수도로 돌아가면 볼 수 없으니 내 마음 서러워지네

수도에서 온 저 사람 검은 띠를 늘어뜨리고

군자의 따님들은 전갈 꼬리처럼 머리를 틀어 올렸네

이제 수도로 돌아가면 볼 수 없으니 그 뒤를 따라가고 싶네

일부러 늘어뜨린 게 아니라 띠가 길어서 저절로 늘어졌고

일부러 틀어 올린 게 아니라 머리카락이 바람에 날려 올라간 것이네

이제 수도로 돌아가면 볼 수 없구나

가슴은 왜 이리 아픈 걸까

_소아 어조지십 도인사(小雅 魚藻之什 都人士)

※ 시골 사람이 수도에서 내려온 사람들을 보고 부러워하는 장면을 노래했다.

황 의 상 제　임 하 유 혁　감 관 사 방
皇矣上帝　臨下有赫　監觀四方

구 민 지 막　유 차 이 국　기 정 불 획
求民之莫　維此二国　其政不获

유 피 사 국　원 구 원 탁　상 제 기 지
維彼四国　爰究爰度　上帝耆之

증 기 식 곽　내 권 서 고　차 유 여 택
憎其式廓　乃眷西顾　此维与宅

작 지 병 지　기 치 기 예　수 지 평 지
作之屏之　其菑其翳　修之平之

<ruby>其<rt>기</rt></ruby><ruby>灌<rt>관</rt></ruby><ruby>其<rt>기</rt></ruby><ruby>栵<rt>열</rt></ruby>　<ruby>启<rt>계</rt></ruby><ruby>之<rt>지</rt></ruby><ruby>辟<rt>벽</rt></ruby><ruby>之<rt>지</rt></ruby>　<ruby>其<rt>기</rt></ruby><ruby>桋<rt>정</rt></ruby><ruby>其<rt>기</rt></ruby><ruby>椐<rt>거</rt></ruby>

<ruby>攘<rt>양</rt></ruby><ruby>之<rt>지</rt></ruby><ruby>剔<rt>척</rt></ruby><ruby>之<rt>지</rt></ruby>　<ruby>其<rt>기</rt></ruby><ruby>檿<rt>염</rt></ruby><ruby>其<rt>기</rt></ruby><ruby>柘<rt>자</rt></ruby>　<ruby>帝<rt>제</rt></ruby><ruby>迁<rt>천</rt></ruby><ruby>明<rt>명</rt></ruby><ruby>德<rt>덕</rt></ruby>

<ruby>串<rt>관</rt></ruby><ruby>夷<rt>이</rt></ruby><ruby>載<rt>재</rt></ruby><ruby>路<rt>로</rt></ruby>　<ruby>天<rt>천</rt></ruby><ruby>立<rt>립</rt></ruby><ruby>厥<rt>궐</rt></ruby><ruby>配<rt>배</rt></ruby>　<ruby>受<rt>수</rt></ruby><ruby>命<rt>명</rt></ruby><ruby>既<rt>기</rt></ruby><ruby>固<rt>고</rt></ruby>

<ruby>帝<rt>제</rt></ruby><ruby>省<rt>성</rt></ruby><ruby>其<rt>기</rt></ruby><ruby>山<rt>산</rt></ruby>　<ruby>柞<rt>작</rt></ruby><ruby>棫<rt>역</rt></ruby><ruby>斯<rt>사</rt></ruby><ruby>拔<rt>발</rt></ruby>　<ruby>松<rt>송</rt></ruby><ruby>柏<rt>백</rt></ruby><ruby>斯<rt>사</rt></ruby><ruby>兑<rt>태</rt></ruby>

<ruby>帝<rt>제</rt></ruby><ruby>作<rt>성</rt></ruby><ruby>邦<rt>방</rt></ruby><ruby>作<rt>작</rt></ruby><ruby>対<rt>대</rt></ruby>　<ruby>自<rt>자</rt></ruby><ruby>大<rt>태</rt></ruby><ruby>伯<rt>백</rt></ruby><ruby>王<rt>왕</rt></ruby><ruby>季<rt>계</rt></ruby>　<ruby>维<rt>유</rt></ruby><ruby>此<rt>차</rt></ruby><ruby>王<rt>왕</rt></ruby><ruby>季<rt>계</rt></ruby>

<ruby>因<rt>인</rt></ruby><ruby>心<rt>심</rt></ruby><ruby>則<rt>즉</rt></ruby><ruby>友<rt>우</rt></ruby>　<ruby>則<rt>즉</rt></ruby><ruby>友<rt>우</rt></ruby><ruby>其<rt>기</rt></ruby><ruby>兄<rt>형</rt></ruby>　<ruby>則<rt>즉</rt></ruby><ruby>篤<rt>독</rt></ruby><ruby>其<rt>기</rt></ruby><ruby>庆<rt>경</rt></ruby>

<ruby>載<rt>재</rt></ruby><ruby>锡<rt>석</rt></ruby><ruby>之<rt>지</rt></ruby><ruby>光<rt>광</rt></ruby>　<ruby>受<rt>수</rt></ruby><ruby>禄<rt>록</rt></ruby><ruby>无<rt>무</rt></ruby><ruby>丧<rt>상</rt></ruby>　<ruby>奄<rt>엄</rt></ruby><ruby>有<rt>유</rt></ruby><ruby>四<rt>사</rt></ruby><ruby>方<rt>방</rt></ruby>

<ruby>维<rt>유</rt></ruby><ruby>此<rt>차</rt></ruby><ruby>王<rt>왕</rt></ruby><ruby>季<rt>계</rt></ruby>　<ruby>帝<rt>제</rt></ruby><ruby>度<rt>도</rt></ruby><ruby>其<rt>기</rt></ruby><ruby>心<rt>심</rt></ruby>　<ruby>貊<rt>맥</rt></ruby><ruby>其<rt>기</rt></ruby><ruby>德<rt>덕</rt></ruby><ruby>音<rt>음</rt></ruby>

<ruby>其<rt>기</rt></ruby><ruby>德<rt>덕</rt></ruby><ruby>克<rt>극</rt></ruby><ruby>明<rt>명</rt></ruby>　<ruby>克<rt>극</rt></ruby><ruby>明<rt>명</rt></ruby><ruby>克<rt>극</rt></ruby><ruby>类<rt>류</rt></ruby>　<ruby>克<rt>극</rt></ruby><ruby>長<rt>장</rt></ruby><ruby>克<rt>극</rt></ruby><ruby>君<rt>군</rt></ruby>

<ruby>王<rt>왕</rt></ruby><ruby>此<rt>차</rt></ruby><ruby>大<rt>대</rt></ruby><ruby>邦<rt>방</rt></ruby>　<ruby>克<rt>극</rt></ruby><ruby>順<rt>순</rt></ruby><ruby>克<rt>극</rt></ruby><ruby>比<rt>비</rt></ruby>　<ruby>比<rt>비</rt></ruby><ruby>于<rt>우</rt></ruby><ruby>文<rt>문</rt></ruby><ruby>王<rt>왕</rt></ruby>

<ruby>其<rt>기</rt></ruby><ruby>德<rt>덕</rt></ruby><ruby>靡<rt>미</rt></ruby><ruby>悔<rt>회</rt></ruby>　<ruby>既<rt>기</rt></ruby><ruby>受<rt>수</rt></ruby><ruby>帝<rt>제</rt></ruby><ruby>祉<rt>지</rt></ruby>　<ruby>施<rt>시</rt></ruby><ruby>于<rt>우</rt></ruby><ruby>孙<rt>손</rt></ruby><ruby>子<rt>자</rt></ruby>

거룩하신 상제의 덕이 땅 위에 환히 임하시니

온 세상 두루 살펴보시고 백성들이 편안한 곳 고르셨네

하나라 은나라에 맡기셨더니 제각기 정사를 어지럽혔네

넓은 천지 여러 나라 돌아보시며 인재를 물색하시니

상제께서 대신할 자 정하여 먼저 그 힘을 길러주셨네

서쪽을 돌아보시고 이제 태왕 곁에 머물게 되었네

도끼로 찍어 없애버리네 마른 나무 쓰러진 나무

솎아내 평평히 고르셨네 죽 늘어선 무성한 나무

가지와 줄기도 치셨네 수양버들 영수나무

가지를 쳐 자라게 하셨네 저절로 생겨난 산뽕나무

상제께서 덕 있는 군주에게 옮기시니 오랑캐는 무서워 도망가네

하늘이 그 배필 정하시니 천명이 굳어졌네

상제께서 그 산을 굽어보시니 잡목 뽑힌 자리에 소나무 잣나무 곧게 자라네

이제 하늘이 나라 세워 임금 정하니 태백과 왕계라네

왕계는 마음 넓고 우애 있어 그 형과 화목하니

두터운 복 받으시고 빛까지 더하셨네

이렇기에 복 받아 잃는 것 없었고 천하를 능히 보전하셨네

진정 왕계야말로 상제께서 그 마음을 이끌어

맑은 명성 갖추고 그 덕에는 흐림이 없었네

백성의 인자한 어른으로서 이 나라 왕이 되시니

백성들은 어버이 받들어 모시듯 기꺼이 따랐네

그 아들 문왕에 이르러 그 덕이 더욱 크게 빛나니

하늘이 내리신 복을 받아 자손에게 길이 전하셨네

_대아 문왕지십 황의(大雅 文王之什 皇矣)

※ 주나라가 천명을 받은 것을 칭송한 노래다.

어 목 청 묘　숙 옹 현 상
於穆清廟　肅雍顯相

제 제 다 사　병 문 지 덕
濟濟多士　秉文之德

대 월 재 천　준 분 주 재 묘
對越在天　駿奔走在廟

불 현 불 승　무 사 어 인 사
不顯不承　無射於人斯

지극히 고요한 사당에서 제후들이 경건하게 제사를 돕네

수많은 제후와 이름난 선비들

부드러운 덕을 지녀 문왕의 덕을 받드네

하늘에 계신 신령께 삼가 바치고자 민첩하게 묘당 안을 오가네

밝고 아름다운 큰 덕이기에

사람들은 받들어 모시는 일에 싫증을 내지 않네

_주송 청묘지십 청묘(周頌 淸廟之什 淸廟)

※ 문왕에게 제사를 지내는 광경을 노래했다.

누구나 한번쯤
읽어야 할 사서삼경
개정1판 1쇄 인쇄 2024년 03월 29일
개정1판 1쇄 발행 2024년 04월 05일

엮은이 | 미리내공방
펴낸이 | 최윤하
펴낸곳 | 정민미디어
주 소 | (151-834) 서울시 관악구 행운동 1666-45, F
전 화 | 02-888-0991
팩 스 | 02-871-0995
이메일 | pceo@daum.net
홈페이지 | www.hyuneum.com
편 집 | 미토스
표지디자인 | 강희연
본문디자인 | 디자인 [연;우]

ⓒ 정민미디어

ISBN 979-11-91669-61-9 (03190)